链接

LINK

江国民／著

南方日报出版社
NANFANG DAILY PRESS
中国·广州

图书在版编目（CIP）数据

链接 / 江国民著. — 广州 ： 南方日报出版社，2019.11
ISBN 978-7-5491-2089-5

Ⅰ. ①链… Ⅱ. ①江… Ⅲ. ①商业模式—研究 Ⅳ. ①F71

中国版本图书馆CIP数据核字（2019）第224783号

LIANJIE
链接

著　　者：江国民
出版发行：南方日报出版社
地　　址：广州市广州大道中289号
出 版 人：周山丹
统筹策划：温　斌
责任编辑：张　高
责任技编：王　兰
责任校对：阮昌汉
经　　销：全国新华书店
印　　刷：广州百思得彩印有限公司
开　　本：787mm×1092mm　1/16
印　　张：14.25
字　　数：230千字
版　　次：2019年11月第1版
印　　次：2019年11月第1次印刷
定　　价：68.00元

投稿热线：（020）87360640　读者热线：（020）87363865
发现印装质量问题，影响阅读，请与承印厂联系调换。

写在前面的话

70年栉风沐雨，70年风雨兼程。我和我的祖国，一刻也不能分割。

30年家电风云，30年耕云种月。我和我的“四纬一体·互联互通”商业模式的实践探索，一刻也没有放松。这些年来，从里水出发，我和“中国制造”的小伙伴们八千里路云和月，筚路蓝缕；这些年来，我和“中国智造”新时代的精英们一路豪情一路歌，共同描绘中国智能家电供应链的广阔前景，初心不忘。

中小家电企业的未来？抱团取暖，集聚突围！

这几年来，身边的很多厂商普遍感到焦虑，甚至还出现了“前所未有”的恐慌。特别是在消费持续疲软，以及用户增长性消费收缩的背景下，很多厂商的传统低价格竞争，中高端精品引爆，以及持续翻新的概念炒作和包装，都无法见效。很多厂商甚至担心，未来的日子，如何熬下去？

困难摆在所有家电厂商的面前。对于家电人来说，关于市场困难和经营挑战已经无需更多的描述。大家更关心的问题是，接下来应该如何走出泥潭，活得更好；在这个消费者求新求异的年代里，什么样的企业能够存活。

首先是发展方向上选择正确的企业。但这还不够，选择正确只是前提，在这样的前提下，拥有资金、渠道等资源，有优势的企业才能生存。正如你知道一个项目赚钱，但你没有足够的实力也不能生存一样。一些家电厂商似乎已经找到好的办法：那就是厂家和商家彻底放弃各自的偏见，放弃各自的短期利益诉求和商业立场，通过真诚的牵手，紧密的合作，无间的协同，一起拿出双方各自最优质的资源和力量，在特殊时期一定要通过共同抱团，盘活整个终端的员工信心和销售氛围，共同面向用户想办法。

单枪匹马的时代已经远去，抱团取暖、集聚突围才是未来合作共赢的经营之道。

相较于大企业，小企业的资本终究是有限的，每日除去支付的运营费用外，还需要面对融资、营销与成本等内部的困扰，然后在数以万计的同行里赤膊厮杀，最终一番激烈角逐过后，90%以上的企业很可能在短短数年里无奈退出。

作为最富活力的经济群体，中小企业的困境一直存在，融资难、运营贵、成本高等已是老生常谈，但在消费者决定市场的今天，如何做好市场产品的定位，怎样通过营销手段达到利益最大化，主动发现热门新经济而非被动选择，这是中小企业与大公司之间的根本差距。

面对当前的市场局面，中小企业没有什么更好的办法，就是一定要抱团，真诚地抱团、紧密地抱团。比如，厂家要真的理解经销商的实际困难，不能再继续压库存、收回款，要帮助商家从推销到营销、体验的升级，加快出货；同样，商家也真的不能继续停留在“等靠要”的阶段，需要帮助厂家持续下沉，离用户再近一点、更近一点，知道他们想要什么。

其实，对于家电厂商抱团抗击寒冬，大家对这个招数并不陌生。但是最近几年来，在经历了电商网购平台的快速崛起，以及家电零售渠道的动荡、迭代，越来越多的家电厂商关系一度陷入僵局：厂家指责传统经销商不懂得与时俱进，寻找新办法，适应新形势，应对新挑战；而商家更公开指责厂家一碗水端不平，更多的资源偏向大电商、大连锁，完全忽视渠道经销商的存在。

相互抱怨和指责，这不是生产力。从市场营销角度来看，从最初的大代理强推销时代，到后来的低价格、新概念多样化营销时代，如今开启面向用户的多场景体验，以及超出用户需求的极致服务。这些都不是几家家电厂家，或者商家一方可以完成的。

路只有一条——就是达成一致的认同后，集聚而生，合力强势推进。

从本质上看，企业间合作的关键是背后反映出的企业间发展的生态差异。互联网时代的到来不仅改变了企业的发展模式，更重要的是让整个产业的竞争规则发生了变化，以往单纯依靠企业自身能力参与市场竞争的方式正在改变，以生态圈的形式参与竞争成为产业发展的新常态。单就这一点来讲，竞争方式的变化让企业必须在不断创新提升自身能力的同时，围绕构建核心竞争生态圈体系去完善企业的能力，这才是目前家电行业需要抱团的根本原因所在。

当前，“共享经济”模式优势凸显，以“共享经济”为基础的“中小企业联合体”商业模式，通过共享市场信息、办公设备、运营渠道、销售网点等各种资源，能达到帮助中小企业融资、运营、降低成本、拓展渠道的目的，而这将会成为中小企业主最贴近未来发展的运营模式，也只有如此，中小企业才能在当前凶险而又多变的市场上占据一席之地。

在外部经济疲软、市场需求萎靡、传统市场营销模式乏力的背景下，通过跨行业、跨企业的合作，从而为相关企业寻找新的增长点，这应该是“抱团”的最大动力。通过领导品牌之间的广泛合作，成员既可以建立优势互补的市场网络，也可以共同提升市场的占有率和品牌的忠诚度。此外，抱团也有助于上下游行业的紧密对接，企业在专注自身领域的同时，也能借助与抱团企业的互联互通了解上下游情况，从而准确把握市场；成员之间并不会对同行进行打压，或形成行业垄断或者恶性竞争。

对于企业而言，可以有效整合、共享企业和产品资源，能够巩固和放大单个企业优势。对于消费者而言，一站式采购和整合服务让消费者更加省心、省力、省钱。更为重要的是，对于近年来正处在“转型战略”轨道之中的中国家电业来说，加强自主创新力度，积极推进结构调整，构建全球经营网络，提升全球竞争力，已成为“当务之急”。

当然，家电厂商的抱团说起来容易，做起来难，但这却又是所有家电厂商面对节节败退的消费市场，不得不做出的唯一选择：

首先，要想1+1大于2，绝对不能只是相互依靠和补贴，而是共同向一线市场上的用户需求要商机。

其次，抱团绝不是简单的结盟，搞所谓的形式主义，还需要整合双方的队伍、智慧和手段，寻找改变行业、突破市场困局的手段和方法，针对不同的市场，策划不同的产品和促销内容。

再者，抱团的核心是寻找方法、手段和出路，而不是透支双方的资源、浪费双方的感情。抛开各自的小利益场，要面向用户展现共同的大利益格局，核心目的只有两个：跳出线上、线下的门户之争，寻找更大的市场。

没有什么解决不了的困难，也没有什么跨越不了的高山，相信只要真正达成共识，放下偏见与争执，同舟共济，就一定能顺利到达胜利的彼岸。

来吧！拥抱我，就等于拥抱未来。

江国民

2019年11月于柳州

“四纬一体·互联互通”的柳州践行之路

2019年7月23日，广州白天鹅宾馆。津晶控股集团董事长江国民在柳州市粤港澳大湾区智能家电产业专题推介会上，郑重表示：粤桂智能家电产业集聚区，是柳州市柳江区与津晶控股集团携手打造百亿智能家电产业项目的大胆实践，是津晶控股集团家电产业链的重要战略布局，是“四纬一体·互联互通”独创商业模式的充分体现。项目从对接落地到建成投产仅用不到三个月时间，在这期间，我们感受到了柳州市解放思想、担当务实的发展精神；柳江区真诚热情、锲而不舍的工作作风；体会到了效率优先、高效便捷的“保姆式”服务；也享受到了优化营商环境的扶持政策、完善的产业配套设施带来的巨大便利

2019年10月15日，第126届中国进出口商品交易会在广州琶洲会展中心拉开帷幕。津晶冰洗产品在国际舞台上绽放光彩，国际买家络绎不绝

2019年10月12日，柳州立志重振家电产业：重点发展空调冰箱洗衣机，还要造电视机和小家电。市委书记郑俊康主持召开市委常委会会议，审议通过了《柳州市促进智能家电产业发展的若干措施》

2019年9月21—22日，在第十六届中国—东盟博览会上，柳江区在柳州市投资合作座谈会和东盟博览会主会场，成功签下粤桂智能家电产业集聚区项目投资协议，洗衣机及洗衣机配件项目、智能洗碗机项目、免污洗衣机项目、网传科技智能产品产业园项目和柳州雅居乐·三定岛原乡小镇（一期）项目框架协议，此次签约的六大项目投资总额达58亿元

2019年9月7—8日，柳江区委书记区军雄、区长玉秋静带队赴广州市、佛山市、江门市和中山市开展招商引资活动。考察围绕柳江粤桂智能家电产业集聚区上下游产业链项目的延伸、扩大产业产能规模、打造柳江智能家电产业群展开，招商代表团重点考察了柳州市—粤港澳大湾区智能家电专题推介会上签署了战略合作框架协议的企业

2019年7月23日，广州白天鹅宾馆。柳州市政府主办，津晶控股集团携手广东省家电商会协办的柳州市—粤港澳大湾区智能家电专题推介会

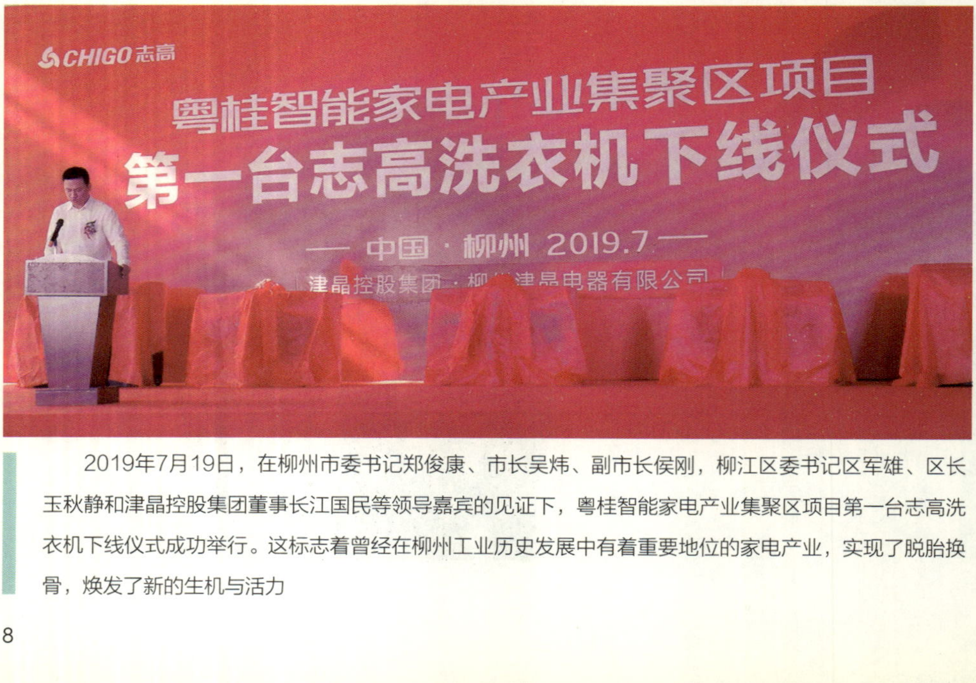

2019年7月19日，在柳州市委书记郑俊康、市长吴炜、副市长侯刚，柳江区委书记区军雄、区长玉秋静和津晶控股集团董事长江国民等领导嘉宾的见证下，粤桂智能家电产业集聚区项目第一台志高洗衣机下线仪式成功举行。这标志着曾经在柳州工业历史发展中有着重要地位的家电产业，实现了脱胎换骨，焕发了新的生机与活力

2019年5月29日，柳州市长吴炜到柳江区就粤桂智能家电产业集聚区项目建设情况进行调研。粤桂智能家电产业集聚区项目是津晶控股集团家电产业链的重要战略布局，项目将依托柳州市和柳江区优越的投资环境以及新兴工业园在区位、交通、服务等各方面的优势，逐步打造成为我国西南部重要的智能电器产业基地

2019年5月16日，柳州市柳江区人民政府与佛山市津晶电器有限公司粤桂智能家电产业集聚区项目投资协议签约仪式在柳州市莲花山庄举行。项目的签约，标志着津晶控股集团正式入驻柳江，这为柳江工业高质量发展进程注入新的活力，写下浓墨重彩的一笔

2019年4月29—30日，柳州市长吴炜带队赴粤港澳大湾区开展招商活动。本次活动重在推进各县区、开发区及政府部门正在洽谈的重大招商引资项目尽快落地，同时大力宣传柳州市良好的营商环境，吸引更多的优质项目入柳发展

2019年2月22日，柳州市“双创办”主任何焕全、柳江区委书记区军雄率柳江区工贸代表团到江苏宿迁经济技术开发区开展考察交流活动。代表团与津晶控股集团智能家电的高层管理团队进行了广泛深入的交流，双方达成了进一步加强合作的共识。柳江区领导玉秋静、谭海托、彭彩华、韦斌忠参加活动

链接 LIANJIE

目录

MULU

第一篇 换挡

中国家电业的现状、挑战和机遇

第二篇 链接

中国家电业的突围和重生

第一篇

换挡

中国家电业的现状、挑战和机遇

2019年10月15日，第126届中国进出口商品交易会（即广交会）在广州开幕，共有来自38个国家和地区的650家企业参加此次展会。其中品牌家电展馆是第一期最吸睛又吸金的展区，“津晶冰洗”展位更是酷炫十足，极具吸引力。“津晶冰洗”作为一个新锐品牌，在展会中，全方位展示自己高质量的新品，第一天上午就接待了约1200人，全球的客户来自越南、泰国、柬埔寨、日本、韩国、阿联酋等几十个国家。津晶控股集团旗下冰洗产品、小家电等板块产品，多种多样的产品类型，颠覆升级的产品功能在人流密集的核心展区中不仅为津晶展位增添“声色”，更成功地吸引了各国外商到场“尝鲜”。

随着新一轮品质消费升级的到来，以津晶为代表的冰箱、洗衣机企业必将掀起新的“冰洗”革命。

津晶多年来深耕冰洗领域，率先搭建“集众电采”平台，推动冰洗行业从“2.0时代”步入智能“3.0时代”，引领健康清新风潮。津晶此举既是保持本心，立足“人民对美好生活的向往”，同时也是源自切身的危机感和紧迫感。在前有寡头竞争，后有新生品牌加盟的市场大战中，一方面津晶选择纵向持续推进产品智能化，渠道扁平化，另一方面则横向挖掘产品的功能边际，开拓新的需求市场。新时代新经济新消费理念，需求的个性化与品质化构成了新的竞争点，津晶抓住了这新的增量市场，进一步维护其“高端冰洗引领者”的品牌定位。

作为国内最早智能化布局的冰洗品牌，津晶每一次的智能产品发布均为行业瞩目。过去的2018“冷年”，津晶冰洗以高端化、智能化矩阵组合提升产品竞争力，以全球化视野打造海外品牌力，集聚发展，以前置化的营销策略实现全行业市场风口的“抢位、占位、霸位”，迎来“品牌+市场+技术”的大满贯。令人瞩目的是，津晶优异“成绩单”的背后，正是基于我本人首倡“四纬一体·互联互通”新商业模式的大胆实践，孜孜不倦。上下求索，只争朝夕。

四纬一体·互联互通
新商业模式

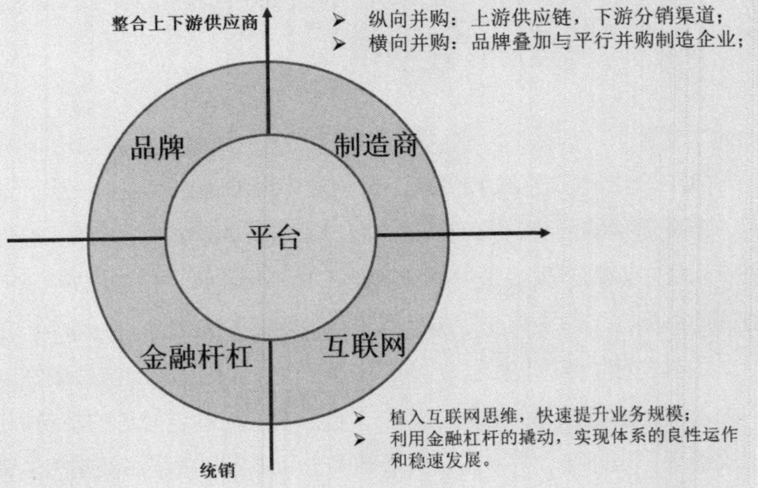

“四纬一体·互联互通”新商业模式

第一章

宏观环境：中国经济迎来“新周期”

2018年是改革开放40周年，中国宏观经济也在2018年经历了世界经济结构的裂变、市场情绪的巨变、微观基础的变异。经济政策的叠加错配以及结构性体制性问题进一步集中暴露，改变了中国宏观经济2016年以来“稳中向好”的运行趋势，宏观经济核心指标在“稳中有变”中呈现“持续回缓”的态势，经济下行压力持续加大。

内外部压力和问题的集中暴露决定了中国大改革的窗口期在2018年全面出现，中国宏观经济既没有“触底企稳”，也没有步入稳定复苏的“新周期”，反而在内部“攻坚战”与外部“贸易战”的叠加中全面步入中国经济新常态的新阶段。

第一节
经济下行压力持续强化

2019年，目前所出台和即将出台的政策和改革，已经开启了中国新的篇章新的征程。世界经济结构与秩序的裂变期、中国经济结构转换的关键期、深层次问题的累积释放期以及中国新一轮大改革的推行期，决定了中国宏观经济的历史方位与国际方位，也决定了2019年经济运行模式可能发生的变化。

2019年，是中国经济新常态新阶段的关键一年。经济增速换挡还没有结束，中国经济阶段性底部还没有呈现，结构性调整刚刚触及到本质性问题，政府扶持型新动能向市场型新动能转换刚刚开始。此外，世界经济周期整体性的回落、全球金融周期的持续错位、中美冲突在其他领域的展开也都决定了2019年中国外部环境将面临持续恶化的风险。

2019年，中国出口增速的回落、贸易顺差的大幅度下降、人民币汇率贬值承压以及局部外向型产业和区域出现明显回落将是大概率事件。经济下行周期与金融下行周期的重叠，外需回落与内需疲软的重叠，大开放、大调整与大改革的重叠，盈利能力下降与抗风险能力下降的重叠，这些都决定了2019年中国经济下行压力将持续强化。

从2009年到2018年底这十年间，家电行业超额收益率显著，这一期间沪深300指数区间收益率为64%，年复合收益率仅为5%，而申万家电指数区间收益率为414%，年复合收益率为17.8%。除了少数年份跑输市场，在大部分时间里家电行业都是有正的超额收益的。

任何一个产业，都有它的成长期和衰退期，这就是生命周期。历史证明：通过二次技术创新，可以避免继续衰退，并带来二次成长。在改革开放初期，我们吸引外资在中国投资建厂，接纳了欧美国家的劳动密集型产业和低技术高耗能产业。而现在，随着中国发展过程中房价、物价、人工、汇率的水涨船高，近几年越来越多的劳动密集型产业开始向东南亚国家迁移。这种迁移过程表明中国的制造业经历高增长后，已经是比较发达国家。

随着市场饱和、成本上升、利润下降，制造业开始衰退。因为制造业既是重资产行业，又是供给端，投入与产出，供给与需求，永远处于微妙的动态平衡，导致制造业很难单纯地靠二次创新或者转型来完成跨周期。所以，寻找新市场才是制造业的正确出路。

第二节
中小企业经营困难明显加剧

据统计，2019年5月制造业PMI为49.4%，比上月回落0.7个百分点，降至荣枯线以下。PMI的下滑意味着经济仍面临一定下行压力，政策逆周期调节力度或加大。在构成5月制造业PMI的五个分类指数中，生产指数和供应商配送时间指数高于临界点，新订单指数、原材料库存指数和从业人员指数低于临界点。

PMI在5月出现了超季节性下滑：一方面，与4月减税降费带来的出货动能消退有关，另一方面也受到当前外部环境不确定性增加的负面冲击。往后看，PMI企业经营预期的降低和工业企业利润的下滑也意味着制造业投资增速有一定压力，固定资产投资也因此受到拖累。从企业规模来看，不同体量企业的景气程度呈现分化态势。数据显示，大型企业PMI为50.3%，比上月回落0.5个百分点，依然高于临界点。中、小型企业PMI为48.8%和47.8%，分别比上月下降0.3和2.0个百分点，位于临界点以下。

中小企业一直是经济发展的“主力军”。然而，2018年，面对经济下行压力和市场的不确定因素，很多中小企业的日子并不好过。民营企业发展遇到的困难和问题，在广东省中小企业发展中也不同程度存在：产业层次、装备水平、创新能力总体偏低，转型升级压力大；人工、土地、资金、物流等生产要素成本居高不下；招工难、留人难问题突出，普通用工和中高端人才均较缺乏……

所有企业的成长，如同孩子的成长一样，都会面临或多或少的问题与挑战。有人说，2019年将成为中小企业的“生死年”。生死这种大事不好预测，但中小企业的确遇到了很大麻烦。2018年，中国经济整体呈现经济增长的放缓态势，拐点出现在二、三季度的交界处。2018年前三季度中国经济增长为6.7%，对比2017年同期的6.9%出现回落。我国经济体量的不断放大，增速出现下行是自然发展规律。有国内学者测算，随着我国制度红利的减弱、资源约束的增强等，我国实现充分就业的经济增速，即潜在增速也就是6%左右。中小企业的“痛感”明显增加，经营困难加剧，用举步维艰来形容也不为过。

资本寒冬真的来了。与2015年底到2016年因资本冷静而出现的资本寒冬现象不同，2018年频频出现的“资本寒冬”让企业家们真正感受到了创投圈的寒冷刺骨。2018年媒体报道开始出现某地区关停企业多少家、几成中小微企业面临倒闭的新闻。这些消息并非空穴来风，在未来下行的经济形势下，缺钱的局面可能更加严峻，融资的成本也将会越来越高，中小企业生存压力可以想象。

2019年1月1日起，基本养老保险费、基本医疗保险费、失业保险费、工伤保险费、生育保险费等各项社会保险费，将由税务部门统一征收。新政策下发，员工和企业肩上的担子都不轻松。假定一位员工税前工资1万元，个人只能拿到手7400元，企业付出的代价是14300元。2017年企业缴纳的社保费合计约5万亿元，也就是说，缴费基数规范化会增加社保征缴收入约7000亿元，工业企业利润将因此下滑3%。可以预见，2019年会有一大批中小企业无法承受社保之重。减税降费，是对民营企业最大的支持，而企业“减负”的关键，还是在于降低社保成本。

第三节
中小企业突围“最关键”时刻

在当前情况下，中小企业需要保持清醒的头脑，对形势的判断要认真分析，重大决策尽量集体进行，要吸收有关人员参与决策，确保决策更加科学，不出大错误。

一般而言，中小企业可以分为三类：第一类是创业型企业，这种企业创新性很强，风险很大，不稳定性也很大，生产经营不稳定，市场也不稳定；第二类是谋生型的中小型企业，这占了绝大多数，市场、技术、组织基本稳定，而且比较少有创新；第三类是成长型企业，多以新技术或者新产品发明创造为基本特征，这种企业生命周期非常明显。

我国中小企业的发展正处于一个非常关键的时期，大多数中小企业已经进入第二次创业阶段，这时候这些企业会遇到投资风险和管理风险，很多企业的管理者、经营者们就感到力不从心，企业发展的方向有点迷茫，企业战略定位不准，企业管理跟不上企业发展的速度，企业内部职工及中下层干部的观念跟不上企业领导层的思路和理念，业务发展适应不了市场激烈竞争的要求。

由于很多中小企业的多角化经营，使得产业链被拉长，而自身的小而精的优势逐渐在丧失，主业快速发展的优势逐渐会变成劣势。随着企业的扩张，区域公关能力在减弱，本地化地缘优势也在慢慢减弱，而大多数中小企业的企业文化尚未完全形成，企业员工的凝聚力反而会在一定程度上减弱。许多中小企业还存在观念落后，产品结构急需调整，生产要素成本大幅上升，技术创新能力薄弱，人才缺乏，企业内部管理落后，企业家素质不高等瓶颈。当前我国大多数中小企业走出去遇到了重重障碍。我国当前中小企业靠的是大量劳动密集型产品出口，但发达国家的反倾销、反补贴、337调查、安全壁垒、质量壁垒等等，使得“中国制造”面临了重重障碍。

目前，我国仍然有些政策还不利于民营企业的发展，不利于中小企业的发展。

当前，充分利用社会资本对于企业尤其是中小企业发展的重要性不言而喻。简单地说，企业的社会资本就是指企业建立在信任和规范基础上的各种社会关系的总和。例如，当你为他人提供了一定服务，并确信他会因此对你承担特定义务时，你就拥有了一定的社会资本。企业可以从社会关系网络中获取对自己行动有用的信息，这种社会关系网络就是社会资本，社会资本能够规范、引导、甚至制约人们的行动。因此拥有越多的社会资本，企业就越拥有独特的竞争优势，获取资源能力越强，企业就越可能获得独特的竞争优势。

想要获取社会资本，中小企业抱团或者和大企业合作，实施企业集群战略最为合适。企业在经营活动中会与社会各方面结成无数个合作关系，每一个合作关系都能为企业带来信息、技术、人才、资金等各种有形资源及无形资源，因此企业领导人不要只看到企业内部的人、财、物等资源，还应看到企业外部的有形资源与无形资源，中小企业如何把企业外部的这些资源整合到企业内部来，形成企业的核心竞争力，形成企业的竞争优势，这对于一个企业家尤其是中小企业的管理者来说非常重要。

第二章

行业变化：家电行业调整迫在眉睫

第一节 行业“换挡”：从“狂奔”到“洗牌”

过去十年家电行业能够取得如此优异的成绩与中国飞速发展的经济大环境密不可分：中国城镇居民消费水平从2008年的1.4万元提升到2017年的3.1万元，农村居民消费水平从2008年的4065元提升到2017年的1.17万元，整体复合增长率达到11%。在经济水平如此快速发展的情况下，家电作为重要的大类消费品取得17.8%的年复合收益率也就不足为奇了。

房地产行业作为中国经济增长的引擎，特别是对下游消费拉动也非常明显：过去十年房地产生产总值从1.47万亿增长到5.98万亿，年复合增长率达到15%。家电普及率也大幅提升，以冰洗为例，2008年家用冰洗内销量接近3000万台，而2018年家用冰洗内销量接近9200万台，复合增长率达到12%。国家统计局数据显示，2008年城镇居民每百户冰洗保有量为100台，而农村只有9.8台，到2017年城镇每百户保有量提升到了128.6台，而农村居民也提升到了每百户52.6台。

过去十年，是1987—1990年这一波“婴儿潮”从20岁到30岁的十年，85后这一波婴儿潮人口基数大，物质相对不充足，因此这波婴儿潮叠加父辈婴儿潮带来了很多必选消费品的繁荣——10年间销售了6.5亿台冰箱，3.8亿台洗衣机。城市实际渗透率提高幅度并不大，主要是新增城市人口2亿和农村需求的释放，带来了大量的需求。

过去十年经济周期性波动较为明显，而一些政策的变化形成了家电行业的周期。2008年金融危机发生后，宏观经济发展步入低谷，家电主要产品销售增速也明显下滑。为刺激国内需求，国家在2009年先后出台“家电下乡”“以旧换新”“节能产品惠民工程”和提高产品出口退税率等政策，拉动内需，刺激家电市场需求强劲增长。

中国过去十年以现价计量的GDP增速达到了11.6%，2008—2014年平均增速为13.29%，最近4年平均值为8.75%。未来十年中国经济增速可能保持在7%左右，人均GDP会从8000美元提升到20000美元左右。经济增速放缓，难以实现过去10%以上的增速，而且经济的增长方式也将改变，从经济增长中受益的行业也将发生变化。

从总人口来看，由于90后人口锐减，加上出生率的下降，总人口难以继续增长。1990年新生儿人数为2600万，而2000年新生儿人数已经降至1400万，未来10年的年出生人口在1300万左右，总人口很可能难以继续增加。据测算，2030年前人口将保持在14亿左右，之后人口开始下降，2040年人口将降至13亿左右。结合总人口和城市化率来看，未来新增城市人口将减少，城市化带来的消费刺激将减弱。

过去十年技术的进步、渠道的变化是形成目前家电行业格局的重要原因。过去十年家电龙头企业通过产能扩张和渠道建设不断赢得市场，洗衣机CR2从50%以下提高到了60%以上，冰洗CR2也从45%左右提高到了60%。可以认为，过去十年由于刚性需求的存在，制造企业主要的任务是扩大产能和扩张渠道，做好这两方面的同时不断取得技术进步的企业均已脱颖而出。

产能的不断扩张带来的规模效应使得家电龙头的盈利能力不断增强。家电行业提价能力一般，甚至要低于CPI水平，但是凭借产能的不断扩张，家电企业规模优势不断体现，盈利能力不断增强，而且渠道网络的不断建设形成了较好的品牌力，这也使得费用得到控制。

可见，过去十年，更多的是单位成本的下降。在行业竞争中突出重围之后，费用也不断下降，净利率从5%提升到了15%。十年激烈的竞争，家电行业中龙头的盈利能力已经基本展现出来了。作为传统制造业很难期待盈利能力再像过去一样得到大幅的提升，无论是冰洗还是油烟机整体销量空间已经接近天花板，销量复合增速在10%以内，而家用电器的提价能力一般，年提价3%以内，因此长期来看成长性比较弱。

但家电行业目前的竞争格局比较明朗，龙头企业由于规模优势和品牌力盈利能力出色，长期业绩确定性较强，显然更具备优势。

第二节 家电行业周期性复苏有望

今年年初，国家发布《进一步优化供给推动消费平稳增长促进形成强大国内市场的实施方案（2019）》（以下简称《方案》），提到支持绿色、智能家电销售，促进家电产品更新换代，这是继十年前“家电下乡”以后，国家再次出台刺激家电消费的政策。在家电行业增速放缓的大环境下，新政策的出台无疑是一针强心剂，有利于拉动内需、促进消费升级。

《方案》提到，有条件的地方可对产业链条长、带动系数大、节能减排协同效应明显的新型绿色、智能化家电产品销售给予消费者适当补贴；有条件的地方也可对消费者“以旧换新”给予适当补贴，推动高质量新产品销售。若该政策在全国推广，在2019年至2021年期间，预计可以增加1.5亿台高效节能智能家电的销售，拉动消费约7000亿元，全生命周期节电大概800亿千瓦时。

我国对家电产业上一次的大规模补贴是在十年前。2009年2月，“家电下乡”在全国全面实施，当年中央财政安排“家电下乡”补贴资金预算200亿元。对比两次政策可以看出，不管是实施要求还是实施范围都有所不同。

十年前的“家电下乡”是全国范围内的硬性规定，明确了补贴的具体政策，而这次更多的是因地制宜，根据各地方的具体需求制定政策刺激消费。此次政策覆盖地为

“有条件的地方”，给予地方更大的自主实施权，这和十年前统一覆盖的政策有所不同。值得注意的是，十年前的政策突出的是“下乡”，即针对农村市场，而此次没有这个限制。

2009年“家电下乡”政策出台时，正是家电行业压力最大之时，彼时，冰洗（连续9个月）、冰箱（8个月）、洗衣机（2个月）均出现同比负增长，电视机2009年1月增速环比大幅下滑至接近零。这次同样是在市场不景气的背景下出台家电刺激消费政策。家电行业目前增速明显放缓，房地产市场严格管控，行业整体承压严重。2018年家电销售情况不是很理想，而实体政策对拉动内需有很大的价值和作用，这和十年前推出家电下乡政策的初衷如出一辙。

数据显示，2018年，国内彩电市场零售规模为1490亿元，同比下降8.6%。被誉为“家电行业最后一块利润高地”的厨电行业也遇冷，行业规模同比下降2.7%至678亿元。出现这种不景气现象的原因是，中国家电产业已经呈现出“阶段性的井喷式普及”，很多家庭的家电保有量居高不下，而作为耐用消费品的家电，面对勤俭持家的消费理念，大量家庭的老旧家电换代需求不强烈，导致家电的增长空间遭遇瓶颈。另一方面，产业升级换代加快，AI、5G、IoT等技术深度影响着行业发展，因此，家电产品的更新换代也是一个必经的过程。

此次《方案》明确提出，支持绿色、智能家电销售，促进家电产品更新换代。经过多年发展，我国家电行业取得长足进步，生产企业众多，产业链完善，市场规模庞大。但从结构上看，绿色、高效、智能产品的市场占比还不够高。补贴政策能够拉动内需、刺激消费。十年前的“家电下乡”政策扶持了一大批中小品牌。根据商务部公布的数据，家电下乡政策实施的四年内，全国累计销售家电下乡产品2.98亿台，实现销售额7204亿元。

此次的新政策也不例外，一项好的政策对行业、企业都有较好的影响，家电企业应该快速响应政策，并根据具体政策制定产品策略、渠道销售策略，尽量匹配政策，最后达到双赢的效果。新的刺激政策有助于推动家电市场向好反弹，也有利于推动产业升级和消费升级。

2019年4月17日，一份关于征求对《推动汽车、家电、消费电子产品更新消费促进循环经济发展实施方案（2019—2020年）（征求意见稿）》意见的函，在相关行业内广泛传播。征求意见稿指出要进一步扩大汽车、家电、消费电子产品更新消费市场，促进循环经济发展，深化供给侧结构性改革，特制定实施方案。意见函称，拟开展家电“以旧换新”活动，对新型绿色、智能化家电产品给予不高于产品价格13%的补贴，单台上限800元。

此前多个地方政府已经在执行或在研究家电补贴政策，历史上，家电行业经历过家电下乡，以旧换新，能效补贴一系列政策刺激，效果显著。2018年9月20日，国务院发布关于进一步激发居民消费潜力的若干意见，当时就出现补贴政策预期。2019年1月，多部委多次通过不同的方式提出家电刺激政策。而现行政策鼓励有条件的地方给予消费者适当补贴，支持绿色、智能家电销售，支持以旧换新，支持推广超高清视频产品消费。

也就是说，之前强调各地政府自己制定补贴政策，即需要各地政府自己支付补贴资金，这导致补贴政策落地偏慢。但最新征求意见稿表明中央政府可能支付补贴资金。从对家电的影响上看，这次文件的发布将降低家电行业的成本，促进我国家电产业的消费，提升家电企业的盈利，对于家电行业来说，也是极为重要的利好消息。

第三节
迎接新周期　赋能新零售

迎接新周期，赋能新零售，这是中国家电行业未来发展的主导方向。

去年下半年以来，中国家电市场13%以上业绩下滑成为行业的新常态；个别地区、企业出现连续多个月份的20%以上下滑，家电流通行业遭遇了多年罕见的巨大挑战，企业面临着前所未有巨大压力，新周期到来之前的效应非常明显。

消费需求疲软、市场经济环境不好、家电保有量阶段性饱和，以及房地产市场拖累等等，均导致这一轮家电市场的下跌。过去20多年以来，中国家电产业规模做大的背后，正是一轮房地产市场的兴起。而最近几年间，随着国家对于房地产调控进入

“深水区”，防止房地产变成“类金融行业”，采取了“稳调控”的重举措。

过去几十年来，一直依靠房地产市场高速增长带来的新增需求驱动，从而实现规模化增长的家电产业，如今不得不面临着“新增需求”减少和断流的尴尬。短期来看，国家对于房地产市场的调整不仅不会变化，反而会趋于严格和规范。由此，家电产业如果要摆脱对房地产带来的增量市场依赖，寻找“以旧换新”存量市场，需要时间，更需要方法。

其次，任何一个行业在百年发展历程中，都不可能“只涨不跌”。对于家电产业，在中国市场已经发展近40年时间，过去一直保持着高速的增长势头，如今进入互联网时代驱动下的新经济周期，整个行业的阶段性回调已是必然。这其中，既存在中国家庭对于家电的需求量出现阶段性饱和，也存在整个家电产业的低价格营销手段对于用户的吸引力锐减，而新技术、好产品、优服务等手段还没有快速引爆，从而让家庭用户出现了疲劳的消费衰减。

还需要进一步看到，整个中国家电产业自身的调整、优化也迫在眉睫。如果继续按照现有的商业竞争手段和市场经营目标，以低价格驱动大规模成本、营销推广，是很难继续推动和承载整体产业的高速稳健发展，必然会引发一轮行业性的发展危机和危局。

所以，这一轮周期是家电行业市场性机制自我修复的绝佳机会，通过放慢市场增速，从而让一些家电企业和商家可以反思，是不是有能力继续参与市场竞争，如何才能解决问题。只有这样，中国的家电产业才会在中国经过了近40年的市场化狂奔和发展后，真正进入成熟期。

中国家用电器商业协会理事长彭宝泉日前表示，中国经济已经进入新的发展周期，中国家电产业必须围绕“中国制造2025规划纲要”来谋划企业发展战略，不断提升科研和制造水平，向高质量发展是每个家电企业未来发展的主线和价值观导向，“一带一路”倡议要求中国广大家电企业，尤其是头部企业敢于走出去，积极参与国际市场竞争。

第三章

发展趋势：抱团再造家电“智造”新优势

第一节 增量市场转向存量市场

2013—2017年中国家电行业的销售收入呈现波动性变化，从家电行业的运行态势来看，在经历了数十年的快速发展后，中国家电行业已走过普及使用带来的快速成长期，进入到以消费升级，根据消费者需求细分化家电产品为主要特征的低速成长和整合提升的阶段，2018年上半年中国家电行业的销售收入达到0.74万亿元，同比增长13.10%。

在这样的发展背景下，我国家电行业已开始出现加速转型、升级和分化的趋势：家电行业大量中小企业逐渐淘汰出局，行业集中度大幅提高，部分细分品类已进入寡头竞争阶段发展。2017年家电行业规模以上企业数量为2700家，各细分行业CR4均达到50%以上，其中冰洗、洗衣机的CR4超过70%，行业集中度高。

从家电行业生产规模来看，目前我国大家电生产规模为3.75亿台，而小家电生产规模高达26亿台，大家电（包括白电、黑电及厨电）的市场发展成熟，饱和程度较高，整体存在一定的库存压力，而小家电由于一二线结构升级市场规模不断扩大。

2018—2023年，预计家电市场规模还将继续增加，保守预计到2023年有望达到1.75万亿元。尽管消费市场需求相对清淡，但中国家电消费升级态势保持良好，各企业都把创新作为突破口，重视研发投入，产品结构持续优化，产业转型升级促进家电行业健康发展。

过去，市场是增量市场，龙头品牌的扩张增量是依靠增量需求来实现的，因此在市场上，大、小品牌都还能各自守住自己的“一亩三分地”；但当市场逐渐进入到存量市场时，情况就发生了根本性的变化，龙头品牌的增长意愿不减，仍然期待每年既定的增长目标，此时没有增量来满足增长空间，就需要向其他品牌来要增长空间，受到冲击的必然是那些实力不济，市场基础比较差的品牌。

在市场上，那些有机会就来，没有机会就撤的投机者，肯定是最没有市场基础的，必然就成为洗牌的对象。捣糨糊者大都没有自己的制造工厂，自己注册一个品牌，或者是傍一个名牌，几乎都是靠OEM（代工）来获得产品。另外，一些二三线品牌受冲击也是必然的，只要策略得当，国内市场之大，层级多样，需求个性，可以为不同定位的企业、品牌提供腾挪辗转的空间。

可以预见的是，未来家电行业市场在品牌格局、竞争手段和商业模式会出现两个显著变化：

首先，竞争的“马太效应”进一步激化，虽然行业洗牌在家电行业已持续十数年，但今年上半年家电制造巨头、家电零售巨头在一线市场上主动出手、强势洗牌超出很多中小厂商的预期。同时，受到消费升级、品质主导，超过半成的中小家电企业面临被淘汰出局压力。目前，在大量的三四级农村家电市场上，良币淘汰劣币的非名牌、杂牌淘汰赛已经打响，下半年还将进一步持续上演。

第二，整个家电厂商的商业竞争体系正在发生新的变化。家电行业过去是典型的“大厂家配小商家”或“小厂家配大商家”的强弱配，今年以来则是“大厂家配大商家”的巨头配。其中最为经典的是海尔、美的、海信等制造巨头与京东、天猫、苏宁等零售巨头的合作力度越来越大。一方面，说明家电产业格局的巨头化趋势突出，另一方面说明在商业资本撮合下家电新一轮整合开启，这也将会带来下半年家电品牌竞争格局和家电零售渠道格局的变化。

第二节
龙头品牌主导市场方向

2019年，家电业似乎异口同声——市场难打理，生意不好做。或许这是市场的共性，毕竟大家都在同一个市场环境中，外部环境的差别不会太大，加上政府今年的各项减税政策，外部影响市场的力度，相比往年并不会特别突出。

那么问题就来了，企业都在喊叫压力大，那压力大在哪里?难道以前就没有压力吗？其实，把市场拉开看，站得更高一点来看，市场压力确实存在，但是不同层面的企业压力显然不一样。一句古诗说得好——不识庐山真面目，只缘身在此山中。如果我们跳出这个行业来看，市场的变化是真真切切：从市场总量上来说，近几年的增减波动幅度并不大，但应该看到，消费者用户购买的行为和动能却悄然发生变化——以往是为了拥有一台家电产品而紧衣缩食，现在是为了用一套更好的家电而轻松消费。

既然消费者的购买能力上来了，掏银子买家电照理是应该更容易，怎会市场反倒难做，压力加大呢？其实，用户购买力提升只是一个方面，另一方面用户家里的家电普及程度已经很高，再要购买就得等更新迭代需求的变现。这是一个需要较长时间积累的过程，不是着急就可以实现的。

用户购买行为的变化，实质上是市场性质的跃升——从普及性市场转变到更新迭代性市场。典型的标志就是：第一，厂商的集中度明显提升，细分行业出现寡头；第二，产品向高端过渡，高端产品比例逐年在增加；第三，更新迭代需求对应的是成熟市场，需求的个性化提上了日程。

当然，市场性质的变化是一个从量变到质变的渐进过程，而身在其中的厂商们，就应该把注意力从产品销售转移到市场的开拓管理上，包括需求个性、产品结构，再到模式创新。

再看一下，主导整个市场的是谁？是哪些品牌？不言而喻，是那些细分子行业的龙头们，他们都是市场方向和趋势的引领者，他们的一举一动对整个行业而言，更具有重要意义。

随着今年以来整个家电消费市场的持续升级，消费者对于家电产品的选购理念也已呈现“一高一低”两极分化趋势。“一高”是指高端、高品质、大品牌的产品，“一低”是指高性价比、低价格的产品。家电除了比拼价格和性能，还要比拼质量和服务，更关注低价格高性能。这也就意味着整个家电消费市场将掀起“品质化浪潮”——这不只是停留在产品的高端、品牌的洋化和服务的质感，而是追求从售前、售中到售后等环节的全面立体化和质感化，而这些也是龙头企业才可能做到的变革。

从品牌方到商场方、代理商、经销商，中国家电行业的从业人数是巨大的。中国家电行业的发展经历了专卖店、专业大卖场、百货商场、家电连锁、线上以及各个APP的端口销售，所有的线下品牌遇到了新的瓶颈和对自身的重新定义。在家电的卖场里，流量在不断地减少，品牌的集中度越来越高，其余品牌的生存难度已经非常明显，行业的从业人员里不再进入新的力量。

众所周知，对于整个家电市场来说，当前低价格的竞争手段已无法破解终端市场的需求低迷和反弹乏力等问题。因为，价格早已不是拯救家电市场和企业的核心手段，即使是龙头企业迫于增长压力，也绝对不可能随时“拿低价手段洗牌市场”，重走当年的“利亏量继续下跌”老路。对于龙头企业而言，其渠道库存庞大，而且政策是月月套牢，一旦终端降价，此前的商业库存如何补差，众多代理商和直营商的利益如何保障？另外，不少龙头企业当前处在产品结构性调整的关键时期，而且早就走过以价格抢规模的发展阶段，目前在一步一个脚印通过产品领先谋求市场做强，绝对不可能直接降价伤害品牌的信誉和地位。

在这种情况下，2019年市场环境对于家电厂商来说，挑战不少、压力不小，但绝对不会出现行业性的深跌危机和失控局面，整个行业规模还将在保持2018年的基础上进行“横盘”调整和优化；虽然大中小微企业之间的竞争会更加白热化，但大中型企业也不会继续愚蠢到“还拿低价格”冲刺市场和消费者，那无疑是“搬起石头砸自己的脚”，没有一个冰洗厂商会做“亏损买卖”。

第四章

历史机遇：大湾区培育世界级产业集群

第一节 全力建设先进制造业基地

中共中央、国务院2019年印发了《粤港澳大湾区发展规划纲要》（以下简称《纲要》），是指导粤港澳大湾区当前和今后一个时期合作发展的纲领性文件，规划近期至2022年，远期展望到2035年。粤港澳地区的11个城市组合成为了继纽约湾区、旧金山湾区、东京湾区之后的世界第四大湾区，其中，高端制造业、现代服务业、新经济将是粤港澳大湾区蕴含的产业机遇。

粤港澳大湾区拥有广泛的产业结构，除了拥有大量高新技术产业之外，还存在许多不同的传统制造业，这为人工智能、智能制造、机器人、新材料、云计算、工业互联网、新一代信息技术等先进技术与传统工业结合奠定了基础。粤港澳大湾区制造业发达、产业体系健全，这为相关生产性服务业的发展提供了广阔的空间。

《纲要》提出，粤港澳经济发展水平全国领先，产业体系完备，集群优势明显，经济互补性强，香港、澳门服务业高度发达，珠三角九市已初步形成以战略性新兴产业为先导、先进制造业和现代服务业为主体的产业结构，2017年大湾区经济总量约10万亿元。展望未来，《纲要》提出，大湾区将构建具有国际竞争力的现代产业体系。通过深化供给侧结构性改革，着力培育发展新产业、新业态、新模式，支持传统产业改造升级，加快发展先进制造业和现代服务业，瞄准国际先进标准提高产业发展水平，促进产业优势互补、紧密协作、联动发展，培育若干世界级产业集群。

粤港澳大湾区拥有300多个各具特色的产业集群，产业结构以先进制造业和现代服务业为主，区域内产业分工较为完善。

近年来珠三角九市的转型升级成效不断显现。广东在2008年金融风暴中受到很大的冲击，自此之后就开始大力转型升级。在产业和劳动力“双转移”的战略下，企业纷纷加大了研发投入，调整最早、力度最大，这几年广东创新驱动的成效逐渐显现。与此同时，粤港澳大湾区制造业发达、产业体系健全，这为研发、物流、金融、信息技术、商务、节能环保等生产性服务业的发展提供了广阔的空间。与此同时，优质生活圈的建立也意味着休闲旅游、养老、教育、文化娱乐生活性服务业也将迎来又好又快的发展阶段。科技与创新是推动粤港澳大湾区成为世界级城市群的重要因素。

这其中，作为世界级的制造业基地，工业制造业是大湾区的基础。《纲要》提出，要围绕加快建设“制造强国”，完善珠三角制造业创新发展生态体系。大湾区要推动互联网、大数据、人工智能和实体经济深度融合，大力推进制造业转型升级和优化发展，加强产业分工协作，促进产业链上下游深度合作，建设具有国际竞争力的先进制造业基地。

在制造业的布局方面，目前珠江东岸的深圳、东莞、惠州等地电子信息制造业十分雄厚，是全国信息产业最强的区域，而在珠江西岸，则主要是装备制造业，两者构成了大湾区实体制造业的强大支撑。《纲要》提出，发挥香港、澳门、广州、深圳创新研发能力强、运营总部密集以及珠海、佛山、惠州、东莞、中山、江门、肇庆等地产业链齐全的优势，加强大湾区产业对接，提高协作发展水平。支持东莞等市推动传统产业转型升级，支持佛山深入开展制造业转型升级综合改革试点。此外，将推动制造业智能化发展，以机器人及其关键零部件、高速高精加工装备和智能成套装备为重点，大力发展智能制造装备和产品，培育一批具有系统集成能力、智能装备开发能力和关键部件研发生产能力的智能制造骨干企业。支持装备制造、汽车、石化、家用电器、电子信息等优势产业做强做精，推动制造业从加工生产环节向研发、设计、品牌、营销、再制造等环节延伸。

在加快发展先进制造业的同时，未来大湾区也将培育壮大战略性新兴产业，通过依托香港、澳门、广州、深圳等中心城市的科研资源优势和高新技术产业基础，充分发挥国家级新区、国家自主创新示范区、国家高新区等高端要素集聚平台作用，联合打造一批产业链条完善、辐射带动力强、具有国际竞争力的战略性新兴产业集群，增强经济发展新动能。

粤港澳大湾区的建设被提升到国家战略的层面，北雄安，南粤港澳，是国家的千年大计。纽约、旧金山、东京，作为全球大湾区经济的典范，提供了建设经验。中国的体量巨大，粤港澳大湾区，必将载入世界的史册。这意味着，粤港澳大湾区将成为中国湾区经济的实验者，为中国推行湾区经济，带来新的契机。

粤港澳合作不是新概念，大湾区城市群的提出，应该说是包括港澳在内的珠三角城市融合发展的升级版，从过去三十多年“前店后厂”的经贸格局，升级成为先进制造业和现代服务业有机融合最重要的示范区；从区域经济合作，上升到全方位对外开放的国家战略。这为粤港澳城市群未来的发展带来了新机遇，也赋予了新使命。

第二节
打造家电产业集群成题中之义

《纲要》提出，要优化珠三角的制造业布局。以珠海、佛山为龙头建设珠江西岸先进装备制造产业带，以深圳、东莞为核心在珠江东岸打造具有全球影响力和竞争力的电子信息等世界级先进制造业产业集群。同时，加强产业分工协作，促进产业链上下游深度合作，建设具有国际竞争力的先进制造业基地。

伴随大湾区规划的进一步实施，珠三角内部的产业融合度将进一步上升。这其中，香港与内地之间的连接将进一步增强，无论是对于内地还是对于香港，产业资源补充的作用都将进一步凸显。粤港澳大湾区规划势必会给珠三角的制造业带来显著的影响和改变。更加重要的是，大湾区规划整体上是一项基于开放的政策，通过开放倒逼改革，目的还在于推动改革，这是此前的珠三角地区发展规划中不具备的地方。

在珠三角九市中（广州、深圳、珠海、佛山、惠州、东莞、中山、江门、肇庆），不同地区形成了具备自身特点的产业形态，仅以珠海西岸为例，就有佛山市顺德区的智能装备制造，佛山市的节能环保装备等若干优势产业。

佛山过去是以内贸主导型的制造业为主，虽然制造业基础比较牢固，但中小企业居多，大企业数量不够，且以传统产业为主，在外部环境面临下行压力的情况下，传统产业增长乏力，因此也面临着转型升级的需求。珠三角的制造业布局优化的一个题中之义是实现产业互补，在这方面，内地和港澳地区可以实现优势互补。目前，两地的产业共建业已展开。对内地来说，佛山、珠海、江门等中小城市，作为大湾区内的制造业集中地，可以以内地制造能力弥补港澳地区的“工业空心化”，港澳的服务业能力则可以反哺内地，促进珠三角的制造品出口，达到扩大内地开放的效果。

不过，对于制造企业来说，丰富的当地供应链资源才是最重要的考虑之一。《纲要》对于珠三角制造业的定位，主要聚焦在发展高端制造业。在过去，因一线城市居高不下的成本，使得制造企业的运营处于颇为紧张的局面，部分制造企业不得不搬离成本昂贵的区域，转向成本更低的地方。城市之间在以融合为目标进行规划的大湾区发展规划下，再不能只盯着自己的一亩三分地，而是必须将大湾区作为整体来谋划各自的发展。

此次广东发布的方案提出，到2022年，电子信息、绿色石化、汽车、智能家电、机器人等五大集群规模分别突破5万亿元、1.8万亿元、1.3万亿元、1万亿元、0.2万亿元。随着智能家居、人工智能、物联网、互联互通等创新科技的深入发展，智慧生活逐步成为趋势。智慧生活需要高品质的创新产品支撑，标准化与科技创新的协同发展是产品质量的重要保障。

目前，围绕粤港澳大湾区进行产业集群建设已经成为了题中之义，“智能家居标准与技术国际创新联盟”也已成立，目的就是为了支撑智能家居产业技术创新以及质量升级，开展智能家居全产业链关键技术标准研制，支撑智能家居产业的优化升级以及新兴技术产品的市场化，推动家用电器及电器附件制造业向“互联网+”、智能化、高端、节能环保、人工智能方向发展。

除了“智能家具标准与技术国际创新联盟”，目前国家技术标准创新基地（家用电器和电器附件国际标准化）还将建设6个平台，分别是国际标准培育与研制平台、标准验证试验平台、国际及区域标准化组织对话合作平台、国际标准化高端人才培养平台、国际标准法规数据平台、一站式技术标准创新公共服务平台。

家电企业要积极融入粤港澳大湾区建设，聚焦“产、城、融、智”四个字，在发展中注入创新、绿色、智慧要素，大力推进理念创新、平台创新、管理创新、业态创新、机制创新、科技创新、服务创新等“七个创新”，通过“三借”借力、借脑、借智，促进产业转型升级，推动家电行业实现从粗放发展向精细高端发展过渡，从零散碎片向集聚区发展过渡，从传统制造向先进制造过渡。

第三节
解决企业供应链难题

如今，粤港澳大湾区建设加快，打造世界第四大湾区势在必行。粤港澳大湾区建设在“一带一路”、京津冀协同发展和长三角经济带的背景下，弥补了中国南部城市群版图，完善了国家区域战略。

毫无疑问，作为大湾区的主角之一，广东将迎来前所未有的机遇与挑战。在正在提速的粤港澳大湾区建设中，家电企业更应该在“更具活力的世界级经济区”中发挥作用。以产品类别来说，目前广东彩电销量已占全球总量的1/3；冰洗占全球总量的六成多；厨卫电器和电暖器、电风扇等30多种小家电产品的产销量继续保持世界首位，销量占全球半壁江山。事实证明，中国家电行业经过40年的改革开放洗礼，现已形成最具有国际市场竞争力的行业。而广东家电正引领产业潮流，在新时代背景下，在粤港澳大湾区经济机遇面前，创新创造出更多高价值产品，带动更多品牌企业走向世界。

那么，粤港澳大湾区究竟可以给广东家电带来什么？毫无疑问，大湾区建设会加速“洗牌”进程，注入更多“创新”基因，促进广东家电产业的“转型”发展；一方面，高大上的大湾区建设容不下“劣质、擦边”企业及产品的存在；另一方面，随着用户生活水平的提高，对产品也有了更高质量的追求，不少家电城智慧门店对入驻产品质量已经开始进行史无前例的严格把关，限量产品、品牌联动，让“低品质企业及产品”没半点机会。

目前大湾区中小企业占比高，迫切需要现代供应链整合长尾市场。2018年的数据显示，广东省民营的中小企业近1000万家，占全省各类市场主体的比重超过90%。而大湾区的中小民营企业多以中小制造业为主，更注重专业度、技术、服务，其单兵作战的采购周期较长、采购流程模式僵化，方式烦琐，客观上提高了交易成本。采购流程从订单开始，涉及供应、仓储、财务、质量检验和生产、销售、运输等各部门，将采购职能分割，由不同部门完成，既缺乏系统筹划，又导致手续烦琐，工作效率低下，而且企业对于紧俏的原材料，往往采用提前采购、大量囤积的方法，从而增加了企业的采购成本，提高了产品成本和产品价格，削弱了产品在市场上的竞争力。

如今，家电传统零售渠道正向“新零售”转型。粤港澳大湾区建设带来的机遇是前所未有的，可以让广东家电产业更进一步接轨国际市场。无论是家电企业自我转型升级，还是市场倒逼产业转型升级，转型都势在必行，并在大湾区建设过程中愈演愈烈。随着产业结构的调整及外部环境的变化，广大中小企业亦在战略调整与转型中积极寻求创新发展的方向，同时也涌现出一批具有核心竞争力及创新模式的新型中小企业。建设好粤港澳大湾区既是国家战略，也是新时代赋予企业家的使命，更是广大中小企业在新经济环境下转型发展的巨大机遇。

《纲要》多次提到加快供应链产业发展。在全球化时代，供应链水平决定了一个国家在全球范围内的资源配置能力、协同能力和服务支撑能力。公开数据显示，粤港澳大湾区有着发展现代供应链得天独厚的产业土壤。大湾区内顶级港口扎堆，聚集了中国80%的供应链企业，拥有300多个各具特色的产业集群，物流运输体系发达，经济发展潜力和消费潜力巨大，为供应链产业发展提供了优良的产业基础和广阔的发展腹地。

当前，大湾区正处于传统产业加快转型升级、新兴产业加速创新发展的重要上升期，现代供应链在这里大有用武之地，其所拥有的基础性产业服务能力，可以有效推动城市群、产业群的核心资源流通和供需精准匹配，进一步加速产业融合、推动集成创新、提升产业链整体效率，为大湾区培育具有国际竞争力的现代产业体系解决“后顾之忧”，夯实产业腾飞的基石。

粤港澳大湾区为制造业带来无限的发展机遇，但同时，对于广大中小家电企业来说，要把握湾区先机仍存在不少挑战，如企业起点较低，技术、资本、人才等方面可能不如巨头，再加上随着湾区的不断发展，必然会吸引国外高端企业入驻，来自区域内部和外部的竞争将同时并存。中小企业如何在竞争中取得优势，将是需要思考的问题。投入供给侧改革浪潮脱离、落后于市场需求，是众多传统企业被淘汰的主要原因。经济社会的快速发展带动消费者需求的个性化和多样化，因此，国家大力推动供给侧改革，引导传统制造企业从“制造流”转向“趋势流”，通过大数据应用和制造技术的改进，提升生产效率，快速响应市场需求，为消费者提供定制化的专属产品和服务。

传统家电企业一方面要学会做“减法”，在相对弱项上采用外包合作等方式为自己减负；一方面要学会做“加法”，专注于自己的核心业务与能力，做专注型企业。尤其是在互联网时代，传统企业可以通过B2B电商平台快速找到所需的生产原料或零件，减轻库存、降低采购成本，同时也可以通过线上线下结合的营销方式，扩大市场，提高用户粘性。

投入升级转型的浪潮，是中小家电企业在粤港澳大湾区机遇挑战下的必然出路。在当前新一轮科技革命和产业变革蓄势待发的时代背景下，家电行业从中国制造走向中国“智造”是必然趋势。如何用改革的办法推进结构调整，减少无效和低端供给，扩大有效和中高端供给，增强供给结构对需求变化的适应性和灵活性，提高全要素生产率，让工业特别是制造业得到提质、转型、升级，即实现从价值链低端向中高端的转移，是推进制造业与“互联网+”深度融合，实现家电智能智慧制造升级的关键。

第五章

市场前景：增长虽趋缓但红利仍在

2018年，随着经济增速放缓，中国家电市场无论线上还是线下的渠道，各主要产品的增速普遍低于2017年。在此情况下，市场未来的强心剂在哪儿？整个产业还有增长红利吗？成为很多人心里的问号。实际上，短期的市场增长停滞并不代表长期红利的消失，未来中国家电仍大有可为，至少还有城市化红利、代际更迭带来的个性化消费红利、技术变革带来的创新红利三大红利。

第一节 城市化激发消费需求

家电消费和人们对美好生活的追求息息相关。因此，家电行业的发展前景，首先要看全球城市化、中国城市化的未来能够提供多大的空间。根据联合国发布的《世界城市化展望（2018年修订版）》显示，自1950年至2018年，世界城市人口从7.51亿增加到42亿。2018年在全球76亿人口中，有55%生活在城市，预计2050年全球人口为

94—102亿，届时将有68%的人口居住在城市。从现在到2050年，全球城市人口将增加25亿人。

众所周知，中国不仅是家电消费大国，同时也是家电生产和出口大国。全球的城市化趋势意味着家电产业依然是一个“市场增长型”行业。与世界其他国家一样，中国的城市化也是一个不可逆的进程。从中国的情况来看，城市化率从1998年的33.3%上升到2008的46.9%，再到2018年的59.58%。20年来，中国城镇化水平持续快速增长。而这个趋势仍未结束，根据联合国的预测，预计2030年中国城市化率将达到70.6%，城镇人口10.2亿。

城市化过程是消费释放的基础。研究表明，一个人在城市落户和不落户时，其消费意愿是大相径庭的。国家发展改革委发布的《2019年新型城镇化建设重点任务》提出，2019年要推动1亿非户籍人口在城市落户目标取得决定性进展，实现常住人口和户籍人口城镇化率均提高1个百分点以上。中国正在谋划、即将展开的现代化都市圈建设将会大大提升都市化的集约程度。都市圈是城市群内部以超大特大城市或辐射带动功能强的大城市为中心、以1小时通勤圈为基本范围的城镇化空间形态，它将带动中心城市周围的城市（镇）的同城化发展，加快消费的现代化、同步化。所以，尽管家电业增速放缓，但大家电仍在增长，厨电、小家电增长更快，具有前瞻思考的企业其实已经在布局。

第二节
反向定制抓住代际更迭红利

如果说城市化的空间发展带来的红利更具普遍性，代际更迭带来的红利更有成长性、多样性。中国的社会人口结构已经发生了重大变化，1980年之后出生的7亿多人口（其中80后2.28亿，90后1.74亿，00后1.47亿，10后预计1.64亿），占总人口已经超过一半。财经作家吴晓波说，全世界都在讨好年轻人，他们好奇新生事物，愿意为创新和理想生活买单，从代际变化的角度看，此话不假。

年轻群体的一个重要特征是社交化、圈层化。饭圈女孩、佛系养生、懒癌晚期、黑科技达人、有矿家庭、理智消费派、肥宅快乐族，诸如此类的圈层代表着更具个性化和自我价值主张的新消费的崛起。这些新的代际群体提出了新的消费需求——个性化、创新成为关键词。

C2M（从消费者到生产商）反向定制的原理就在于此。即通过大数据，整合用户分析、售前咨询、商品退货原因跟踪、售后用户评论分析，为供应商提供产品决策依据。当前家电市场的需求呈现高端化、个性化、多样化等趋势，一方面消费升级带来中高端产品持续增长，另一方面设计新颖独特、性价比高的产品仍广受市场欢迎。反向定制的前提是大数据。京东通过大数据分析和反馈，与家电企业合作，精准满足市场需求，有效地降低了生产企业与消费者沟通的成本。

如果说空间红利与代际红利都是已经确定无疑的，对家电行业来说，未来最大的变数就是技术红利。目前正热的一些概念，如AI（人工智能）、IoT（物联网）、5G等，对家电产业会产生哪些大众可感知的影响?

家电业的几大趋势——智能化、网络化、时尚化、柔性化、便利化，都和技术变革有关。5G大规模商用到2020年后会开始，而物联网和之前的移动互联网不一样，它在技术标准方面的复杂程度比移动互联网更高，所以在真正大爆发之前还需要更多时间，但无论如何，智能互联的大趋势是明显的。

通过对数据的挖掘，把过往运营的全链路进行数字化的沉淀和改造，实现品牌数字化、产品数字化、营销管理数字化以及供应链数字化，从而洞察客户需求，建立企业与用户的深度融接。为了建立基于大数据的千人千面的服务能力，并且赋予每个客户独特的个性化体现，就必须把碎片化的用户轨迹和用户需求的特征进行整合，建立全触点、全流程运营的能力，把用户从一个纯粹的购买者变成参与者，把终端产品变成满足精神和生活的产品，并且实现柔性化、个性化的生产定制，而这些都是基于大数据的精准营销，只有大数据平台才能实现。商业的本质是为消费者提供好的产品和服务。无论是智能化还是大数据，最终都是为了实现精准和个性化匹配的问题，而个性化又和代际更迭密不可分。年轻的一代是更加具有自主性的一代。

由此可见，未来家电的红利，无论是城市化还是代际更迭，都离不开技术的创新，离不开数字化、在线化、智能化。如果抓住了城市化的空间红利、代际更迭带来的个性化消费红利和技术变革带来的创新红利，不仅“线下再造一个家电业”是可能的，整个家电业也将重现勃勃生机，充满想象力。

案例一

对接大湾区产业机遇　打造智能家电行业标杆

曾经，柳州的双马电扇、都乐冰箱行销全国，但随后没落。柳州家电产业重新崛起，一直是柳州人的梦想，但20年来鲜有起色。

3月28日，柳州市柳江区人民政府与津晶控股集团签订《粤桂智能家电产业集聚项目投资框架协议》，双方将联袂打造一个智能家电产业园。据悉，该项目拟选址于柳江新兴工业园柳石路东片区，总用地约2000亩，战略定位为西南基地，将覆盖我国华南及东盟国家，力争年内实现投产。根据规划，集聚区项目建成投产3年后产值将达到50亿元，5年后产值达到80亿至100亿元，同时产业园将引进各类中小企业、非津晶品牌主题厂及配套厂40至50家，建立家电原材料“集众电采平台”。

家用电器行业一般可细分为三个子行业：白色家电、黑色家电和小家电。白色家电一般指洗衣机、电冰箱、冰洗等，最初以其白色外观得名。作为白色家电的领头企业，津晶与美的、海尔、格力一同被业内称为“四大冰洗家族”。2009年，津晶控股在香港联合交易所主板上市，旗下核心企业广东津晶冰洗有限公司创建于1994年。其总部位于广东佛山市，以家用冰洗、中央冰洗的研发、生产、销售为主，并向生活电器及冰洗（冰箱和洗衣机）等其他电器领域延伸的大型现代化企业。

目前，津晶家用冰洗年设计产能达1000万套，是国内拥有包括压缩机在内的集群式冰洗产业链企业之一，业务遍及全球200多个国家和地区，已经发展成为年产值近200亿的家电集团企业。津晶控股集团专业从事电冰箱、洗衣机等多种产品的研发和生产销售，目前在全国的销售网络实现了全面覆盖，海外营销也建立起非常完整的体系。

改革开放初期，柳州工业发展迅速，一度成为华南仅次于广州的工业城市。当时，柳州人生活中所用的工业产品几乎全是本地造，柳州市电扇厂、两面针牙膏厂、柳州开关厂等国企当时被誉为“八大金刚”。当时，柳州的都乐冰箱、双马电扇、三角电饭锅等家电，在中国小家电市场有着举足轻重的地位。“都乐冰箱，天下都乐”的电视广告语，传遍全国大街小巷。如果现在回家淘一淘，不少柳州人的家里还能找到这几样宝贝。而那时，白色家电巨头格力、津晶等都还未诞生。随着时代的变迁，这些曾经闻名全国的品牌逐渐淡出人们的视野，柳州人家里的电器也被国内乃至国外家电品牌替代。每每人们提及柳州工业历史时，家电行业的辉煌总是浓墨重彩的一笔。这些品牌的消失，给人带来强烈的遗憾之感。不少柳州人盼望着，柳州能在家电行业打一场“翻身仗”，重新崛起。

近年来，柳江区委、区政府积极落实广西壮族自治区、柳州市工业高质量发展大会精神，全力实施工业发展“三次创业”，工业经济实现扩量提质增效。全区实现工业总产值391.8亿元，增长10.5%；规模以上工业总产值356.3亿元，增长10.7%；推动了新兴合力伟业公司项目（一期）等一批重大项目建成投产，工业经济发展后劲不断增强。津晶项目进驻后，将加快带动智能家电产业及其配套产业项目向柳江区集聚发展，填补柳江区、柳州市的产业空白，推动柳江区以及柳州市产业结构优化调整，也将为今后柳江工业发展提供强大的推动力。

随着科技的进步，智能化已成为家电行业的发展趋势，智能电视、智能冰箱、智能洗衣机等，越来越多智能家电产品进入到人们的生活当中。在智能家电领域，津晶控股集团早在2012年开始布局。2012年，津晶推出智能云冰洗，拥有智能云冰洗大数据中心，同时也是冰洗行业云技术广东省地方标准制定者；2015年，津晶建立冰洗“智能云+”生态系统。本次合作双方将重点落在“智能家电”上，致力于撬动这个市场的消费潜力。

此次将和津晶控股集团联袂打造的是一个智能家电产业园项目，项目的启动将拉动柳江工业新一轮投资高潮，吸引大量高新技术人才进驻柳江，提高柳江区就业率及区域高端人才占比。双方还签订了《粤桂智能家电产业集聚项目投资框架协议》，此次津晶前来投资创业，柳州市委市政府也承诺将竭尽全力做好项目落户和推进工作，努力实现政企双赢。据悉，该智能家电产业集聚项目一期，将有约20家企业进驻。根据规划，该集聚区项目建成投产3年后产值将达到50亿元，5年后产值达到80亿至100亿元。

该项目进驻后，将加快带动周边智能家电产业及其配套产业项目向柳江区集聚发展，推动柳江区以及柳州市产业结构优化调整，为柳江工业发展提供强大推动力。未来，柳州将新增一个百亿元产业。该项目的入驻，将引进更多先进的家电生产技术进入柳州，从而带动柳州市智能家电产业及其配套产业项目的发展，填补柳州市相关产业空白。此外，也将带动相关产业的投资，并拉动当地的就业。

1. “智能”撬动市场消费潜力。据悉，本次合作双方将重点落在“智能家电”

上，致力于撬动这个市场的消费潜力。随着科技的进步，智能家电已成为行业发展趋势。解放人们大脑的智能家电已步入寻常百姓家。例如，智能冰箱拥有智能提醒功能，当冰箱里的蔬菜瓜果临近变质期时，智能管家会在手机里提醒你需要在几天内食用等。

在智能家电领域，津晶控股集团早在2012年开始布局。2012年，津晶推出智能云冰洗，拥有智能云冰洗大数据中心，同时也是冰洗行业云技术广东省地方标准制定者；2015年，津晶建立冰洗“智能云+”生态系统。该项目的入驻，将引进更多先进的家电生产技术进入柳州，从而带动柳州市智能家电产业及其配套产业项目的发展，填补柳州市相关产业空白。此外，也将带动相关产业的投资，并拉动当地的就业。这也为柳州市在家电行业再出发，创造新的机遇。

2. 打造智能家电行业标杆。津晶控股集团以家用冰洗、中央冰洗的研发、生产、销售为主，并向生活电器及冰洗（冰箱和洗衣机）等其他电器领域延伸的大型现代化企业，目前家用冰洗年设计产能达1000万套，是国内拥有包括压缩机在内的集群式冰洗产业链企业之一，业务遍及全球200多个国家和地区。目前，该企业已经发展成为年产值近200亿元的家电集团企业。

据悉，此次签约项目，津晶将总投资25亿元，主要生产、销售津晶及同行业品牌冰箱、洗衣机、冰洗等智能家电产品。项目选址于柳江新兴工业园柳石路东片区，项目规划用地面积1000亩。项目竣工投产后实现年产冰箱、洗衣机约300万台套，家用、商用冰洗约300万台套，三年内预计实现年销售收入65亿元以上，五年内实现销售收入100亿元以上。项目分为三个阶段进行，第一阶段为冰箱、洗衣机，第二阶段为冰洗，第三阶段为配套项目建设。目前，柳江官方提供了5万平方米的过渡厂房，力争今年7月进行试投产。

3. 布局大湾区家电产业集聚区。从3月28日签订项目投资框架协议到正式签约，相隔不到两个月，这足以说明双方合作的诚意与决心。柳州作为广西最大的工业城市，地理位置优越，工业基础雄厚。柳州市不仅面向西南，而且背靠东盟，该项目定位为西南基地，将覆盖我国西南、部分华南地区，以及东盟国家。柳州拥有得天独厚的自然和丰厚的条件，与柳州市和柳江区携手，津晶之举正努力把粤桂智能家电产业集聚区打造成为行业标杆。粤桂智能家电产业集聚区项目是津晶控股集团家电产业链的重要战略布局。项目建成后，业务范围将覆盖我国西南、华南地区，这不仅能融入“一带一路”，更能扩大对东南亚地区家电产品的出口。

第二篇

链接

中国家电业的突围和重生

当前新一轮科技和产业革命正在兴起，原有的生产方式、业务模式、渠道业态正在变革，人们的消费力量和消费模式也发生了巨变，市场与行业的竞争生态面临重塑。在这种大变革的形势下，如何应用人工智能、大数据等新技术，更好地洞察用户需求，进而不断地满足用户需求，是整个家电产业链需要共同面对的新课题。

随着人工智能、大数据、云计算、移动互联网等前沿技术的快速发展，消费者的购物习惯、购买渠道以及对于产品的需求都在改变，我国家电行业的渠道业态、商业模式乃至生产模式也在经历深刻的变化。即将到来的5G，更是为家电行业在零售模式创新领域提供了丰富的想象空间。

集众电采由津晶科技信息服务（广州）有限公司致力打造，月交易额已突破千万元，目前PC端、APP端及微信端均已投入使用。除了提供线上交易服务，平台更不断推进围绕供应链企业发展的服务。

首页
服务中心
新闻中心
关于我们
集众电采商城
家电产业供应链互联网平台
- 集众电采 -

第一章

供应链变革

第一节
家电行业产业链价值分析

中国家电产业已日趋完善，成为国内市场化程度较高的行业之一，整体处于行业成熟期，竞争充分。然而，不同细分行业的行业特点、产业链价值分布和决定企业竞争力的要素有所不同。

家用电器行业一般可细分为三个子行业：白色家电、黑色家电和小家电。白色家电一般指洗衣机、电冰箱、空调等，最初以其白色外观得名；黑色家电一般指彩电，名称最早来源于采用珑管显示屏的电视机；小家电是指除了大功率输出的电器以外的家电，一般这些小家电都占用比较小的电力资源，或者机身体积也比较小，可分为厨房小家电、家居小家电和个人生活小家电三大类。

家电生产企业属于中游行业，其上游为中间部件制造企业，包括压缩机、电机、面板、集成电路和芯片等，最上游的原材料则包括铜、铝、钢材等；下游为经销商，包括苏宁和国美等家电连锁企业、沃尔玛和家乐福等大卖场以及其他三四级市场经销商，最终到达终端客户。

白电大宗原材料主要为钢板、铜管、铝箔和塑胶原料等，以及模式化装配的零部件包括压缩机、电机、电控组件和注塑件等。整体来看，原材料成本在白电产品中占比约85%，因此白电企业对原材料价格波动较为敏感。目前我国白电生产企业的原材料基本可从国内采购，部分电子元器件或根据客户指定从国外采购（以日韩为主）。

冰箱和空调最核心的部件是压缩机（将低压气体提升为高压气体的一种从动的流体机械，为整个系统提供动力），占其生产成本分别约为25%和33%，洗衣机的零部件相对繁多，较核心的有电机、电控组件和离合器等。压缩机行业是个充分竞争的行业，虽然进入门槛较高，但仍存在产能结构性过剩，中低端压缩机产品竞争激烈的问题，高效化、变频化、小型化仍将是整机厂实施竞争差异化的重点。

目前国内家电配件生产企业相对分散，可以分为配套企业市场和非配套企业市场，配套企业市场是指家电整机制造企业旗下拥有自建的压缩机产线，非配套企业市场中，生产零配件的企业其下游客户为自身的非关联方。国内企业在零部件领域已经形成一定规模，但面临“大而不强”“量增利不增”的困扰，以压缩机为例，无论从技术、品牌、定价权方面，离全球最强的压缩机生产商仍存在一定差距。

我国市场规模较大的白电相关企业多为整机厂商，以空调为例，中国为全球空调最大的生产基地，产量占全球总产量的70%以上，但产业垂直一体化发展程度最低。大部分整机生产企业的上游零部件主要采用外购方式，目前仅有白电龙头格力、美的及格兰仕等公司和四川长虹拥有自建压缩机生产线，整体而言，白电企业对产业链掌控能力相对较好，对上游零部件厂商具备一定的议价优势。对下游，家电企业一般先预收部分货款，同时给予家电连锁14天到1个月不等的账期，80%货款采用票据结算。

从目前渠道格局来看，当前家电零售渠道可细分为全国性家电连锁、大型商超、区域家电连锁、百货商店、乡镇家电专卖店、企业直营店和新兴的线上电商渠道。近年来，我国家电行业线上线下呈现了“冰火两重天”的景象，一方面传统线下渠道依旧惨淡，另一方面线上市场增长飞速。从市场集中度来看，大家电的线下市场品牌集中度远高于线上市场，一线品牌在传统的线下渠道优势十分明显，而二三线品牌则在线上具有一定先发优势，但随着一线品牌纷纷加大电商渠道的布局，未来线上市场集中度有逐步提高的趋势。

在白电产业链中，原材料供应商由于集中度很低，议价能力和盈利空间相对较低。零部件厂商中，虽然压缩机是最核心的部件，但由于白电巨头多自建产线，而压缩机行业存在结构产能过剩，管件、板件等零部件厂商盈利能力仍弱于整机制造企业，整机制造环节的盈利能力整体是优于零部件制造环节的。

整体看，零部件企业的盈利及获现表现均较为弱势，大部分企业缺乏核心竞争力；整机制造企业盈利能力较好，占用上下游资金能力较强，在产业链中有较强话语权；销售渠道商受零售行业景气度下降等影响，近年盈利表现有所下滑，但获现能力相较于家电企业处于较好水平。

彩电产业链较长，涉及子行业众多，主要有玻璃基板、液晶材料、偏光片、彩色滤光片、背光源等。其中，玻璃基板是生产液晶面板最核心的部件，虽然相对于背光模组而言，玻璃基板的成本并不是最高的（玻璃基板约占整个面板成本的15%—20%，背光模组则占30%左右），但是却是生产难度最大、技术含量最高的部分，目前主要被美国和日本的企业垄断，也是我国整个面板产业链中发展相对滞后的环节。

液晶面板是彩电的核心部件，占彩电成本70%左右。液晶面板行业是典型的高技术壁垒（生产线代数不断提升）、高资金投入（一条产线投资需上百亿元）的行业，一般情况下进入行业后随着资金投入的加大，将要面对的是产能过剩、降价、亏损、新技术新市场被开发出来、产能不足、市场提价、再投入增加产能等一个循环过程。整个面板行业基本上很难有比较好的退出模式，通常都是采用直接关停的方式去产能。

由于液晶电视是典型的模块化生产，而且产业分工具有明显全球化的特点，因此符合价值链驱动产业发展模式，具体表现为液晶电视价值的增值在生产环节向流通环节转变过程中先减少后增加；另一方面，液晶电视产业链各部分价值呈现不对称的微笑曲线（面板生产价值增加最快，IC组件和电视代工、组装最低，终端品牌渠道价值介于两者之间）。因此在液晶面板产业链上游的核心材料玻璃基板享有最高的价值增加。

面对日新月异的零售技术变革，家电生产企业与零售平台均在开展持续探索，“新零售”“无界零售”“智能零售”“全场景零售”等概念陆续推出。2016年，阿里巴巴率先提出“新零售”的概念，通过整合自身强大的支付、物流以及云计算能力，打通线上与线下渠道资源，阿里巴巴希望改变传统的零售业态，促进零售企业数字化转型。

在家电领域，智慧零售创新正在成为一场席卷整个行业、全产业链上下游深度参与的浪潮。进入新的历史时期，中国家电行业已经站在更高的起点上蓄势待发。中国家电行业正处在由大变强的发展关键期，科技赋能与用户驱动已经成为趋势，创新变革是唯一的出路。

第二节 家电企业供应链的特征

家电制造企业的原材料供应商有塑料供应商，钢、铜、铝等金属材料供应商。一些大型家电企业的产品设计、研发、生产、制造、销售环节都是由自己企业来执行的，由于产品的结构和种类日益丰富、产品更新换代加快等因素的影响，供应链下游分销商出现多元化，线上电商也因此发展起来，但还有许多问题需解决。

家电产品是人们日常生活中的必需品，用户对家电要求在不断提高，而智能化、节能化产品以及各样功能小家电的出现，则逐渐削弱这一矛盾。目前家电企业走向产品定制化生产模式，这种模式是供应链中信息流、资金流、物流的驱动源，提高其柔性，并满足用户体验。

家电企业供应链的时间性体现在两个方面：一是产品研发周期。产品研发周期的长短是影响企业市场占有率的因素之一。如何缩短研发周期，这就促使企业根据市场需求，合理配置资源。二是产品的销售时间。七八月份，五一、元旦等时间段，家电产品如电冰箱和空调销售进入旺季，促销等活动的出现增加销量。故时间性对家电的销售状况影响很大。

供应链的最终目标是实现动态联盟的整体利益，但就目前大多家电企业发展形势来看，只有当核心节点企业发展壮大，才会去选择供应链合作伙伴，这就导致这个过程会产生差异性。其次，核心节点企业在供应链上下游的位置不同，研究的侧重点会发生巨大的变化，如以制造商为核心的海尔、格力等，注重“制造”；以销售商为核心的国美和苏宁，注重“销售”；以电商为核心的淘宝、京东等，注重“电子商务”。

家电供应链运作结果的成败取决于产品，影响产品销售的包含两个方面。一方面是产品本身，即产品质量，产品质量的好坏直接影响销售量。另一方面是产品的销售信息，电视、空调等大家电是主流产品，但是随着技术的不断创新以及消费者的要求的提高，家电产品的种类和功能更新的速度在不断地加快。同时产品信息的反馈能确定消费者需求嗜好，在一定程度上能降低成本。

家电产品体积大、易受损等特点，使产品运输、安装和维修的过程中成本增加。家电产品本身是高能耗，对环境产生一定的污染，同时国家相关法律、法规和规定的约束，虽然技术和管理上的创新能缓和这一矛盾，但是节能环保问题不容乐观。产品最终的使用者是消费者，而消费者对产品的功能和外观等因素要求在不断提高，个性定制化生产方式的产生正是响应消费者的不同需求。

首先，家电制造企业与其供应商、销售商等尚未形成长期稳定的合作关系，合作层次较低，主要是以某种交易目的为主，这会造成家电制造企业信息沟通不畅，产生“牛鞭效应”，可见，供应商对家电制造企业来说至关重要，这可以利用销售预测、能力需要预测、总体规划等过程来规范供应商库存管理。

其次，家电连锁企业的各种促销活动策略加剧了企业之间的竞争，导致利润率不高。此外，家电企业流通成本偏高，阻碍了家电供应链的运行效率。家电产品最终是配送到消费者手中，并且消费者对家电的物流、配送和体验要求越来越高，特别需要构造出供应链整合模式。

此外，家电产品已日趋个性化和智能化，并且为了满足消费者的体验需求，家电产品的品种在急速增加，家电产品的更新换代速度也越来越快，导致相关资源的不断消耗，环保问题也迫在眉睫。

在新一轮的市场冲击下，单打独斗的小企业劣势尽显。小企业先被消费者抛弃，因为产品单一；后被行业抛弃，因为毫无竞争力。服务标准化、家电清洗、家电零售等一站式家电服务越来越受到企业与消费者的青睐。在消费者越来越清醒、市场越来越饱和的情况下，大企业需要明确定位，小企业需要平台支持，单凭一己之力的确很难立足市场。在以往家电维修负面新闻中，我们不难看出，单一销售、资金链薄弱、服务体系不完善等是导致家电服务企业无法做大做强的主要原因，在科技的发展、时代的进步、消费需求的升级等现实因素面前，家电服务企业要么细化品类，做精做强；要么整合资源，寻求新的出路，抱着过去的模式不进化，就只能被行业淘汰。

整个产业的互联网创新已经由链接时代、交易时代过渡到了供应链时代。如何掌握供应链、怎样巩固供应链？这是需要思考的问题。

业内人士认为，家电服务行业至今还没有形成品牌效应，原因就是家电维修服务频次低，但是如果加入家电清洗、家电安装、家电零售，那么可以取得事半功倍的效果。行业内也有很多在做整合，但是往往南辕北辙，把家电维修、水电维修、家政保洁混为一谈，利用水电维修、家政保洁打造出一个到家服务的生态圈，但是最后往往是失败的。因为家电、水电、家政他们不是一拨人，所涉及的品类众多，整合起来相当复杂，想要做到高效又精准的供应链整合，难度更大，但没有供应链就没有优势，没有效率，更没有性价比。

现在80后的年轻群体已经成为家电市场的主力消费群体，一旦用户认可维修门店的服务水平，未来就可以不断发生交易链条，在这样的交易链条中，你可以卖家电有关的任何服务。越来越多的家电维修公司也开始转变为一站式家电服务供应链平台，未来谁能够提供给消费者便捷、专业的服务，谁就能在年轻化的家电服务市场占有一席之地。在“互联网+”的时代，服务的口碑很重要，家电产品如果以次充好、以假乱真、胡乱报价，就会丢失周边所有用户。

“未来的竞争不是企业和企业之间的竞争，而是供应链之间的竞争。”供应链管理专家马丁·克里斯托弗认为，谁更充分利用、发挥供应链管理的作用，谁将在激烈的市场竞争中抢得发展先机。对于物流企业而言竞争力的关键不再是单纯的提供物流运营业务，而是能够输出上下游供应链一体化的解决方案。

2018年4月，商务部等八个部门联合下发《关于开展供应链创新与应用试点的通知》，在全国范围内开展供应链创新与应用试点，确定了北京等55个试点城市和TCL集团股份有限公司等266家试点企业。当前互联网技术的广泛应用，信息技术的运用更加充分，数据交互的效率显著提升，为供应链带来了发展机会。从源头生产环节、存储环节、区域仓储环节到末端各个渠道之间的数字化协同、2C和2B的融合越来越重要，同时在各个环节间的可视化需求越来越强烈。

在家电领域，无论从技术还是生态角度来看，供应链服务都面临挑战。罗克韦尔和德勤发布的《下一代供应链报告》显示，客户需求是当今供应链所面临的最大挑战，其次是聘用熟练工人的困难，如何将技术集成到更广泛的供应链中尤其具有挑战性。

第三节
新零售推动家电产业链重构

说起供应链就离开不了“四流”，即人流、物流、信息流、资金流，它又把供应商、制造商、分销商和最终用户连接在一起管理，这就是供应链。具体来说，它一般分为以下几种类型：

1. 推式

计划经济时代的供应链叫推式供应链，就是供应链源头端能做什么你做就好了，后端需求你满足不了，有多少要多少。

2. 拉式

推式供应链之后的一个时代是拉式供应链，存在了很短的一段时间。前边有需求、有订单，后端才组织采购原材料组织生产，这个周期非常长，一般是几个月的交货时间。在相对垄断的时代，不等也要等，再后来演变成集成化的敏捷供应链。

3. 推拉结合

集成化的敏捷供应链中间有一个核心部分——“物料计划系统”，也叫“信息系统”，几乎所有的信息都会汇集到这个系统里面，这个系统的所有方是整个供应链的盟主企业，也就是话语权最高的企业，一般是品牌商。把所有信息汇集之后形成指令，再分散到原材料采购、生产制成的计划、物流运营以及销售等过程中。这个供应链也叫“推拉结合式供应链”。这个模式是当前主要研究和使用的。

什么叫推拉结合？按照信息系统的需求预测，源头端按照计划指令组织生产，过程中基于前面的更准确的需求信息，修正和调整源头端的生产计划，后推前拉，相互结合。前面的需求周期调整是多长时间呢？一般是一周，月预测之后周调整，用这种方式来减少供应链生产的失误。不要认为这个是很顺畅的过程，因为信息交互准确性和信息加工是很难的事情。

4. C2B

这个供应链看起来结构简单，它是以纯消费者拉动为核心的供应链，即所谓的高端定制。以前我们说的高端定制只有能够承担起高成本的高端人群才能享受，敏捷供应链做好了，就可以把高端定制变成普通定制，比如多加50块就可以定制你的产品。但是这个供应链的形成是有先决条件的：一是产品模组化平台必须要强；二是要有组件、大部件、半成品的产品构架能力。需求一来，根据需求再做出成品，属于高度柔性的供应链，目前全企业采用这种供应链还比较少。

家电“新零售”渠道变革主要爆发于四级及以下市场，目前苏宁、京东、阿里三足鼎立。新零售概念最早由马云在2016年下半年提出，对家电行业而言，行业真正开始较大幅度受到“新零售”或者说“O2O”模式影响实际始于2018年，至2017年底，苏宁主要负责开拓乡镇市场的苏宁零售云加盟店仅仅39家，对行业影响仍然较小。

苏宁系：“一大、两小、多专”布局，2020年目标开店“2万+”。苏宁新零售的发展爆发主要在2018年，2017年苏宁易购广场、苏宁易购直营店、苏宁零售云门店和3C零售店数量合计仅2615家，到2018年已经超过1万家。未来发展上，苏宁计划到2020年将实现2万家互联网店的规模，我们预计未来开店主要集中于负责四级以下市场的苏宁零售云加盟店、苏宁小店，和家电较为相关的主要在苏宁零售云加盟店。

京东系：“京东帮”到“京东家电专卖店”，分级城市步步推进。2017年，京东开始对三四级以下城市开始渠道下沉，渠道载体由京东帮服务店延伸为京东家电专卖店。未来规划上，京东预计2019年将再增加5000家门店，互联网门店数量将达到2万家。

阿里系：“农村淘宝”到“天猫优品”，2021年覆盖15万村庄。阿里系的家电渠道变革前身由其2014年提出的“农村淘宝”战略升级而来。2014年10月，阿里巴巴启动“千县万村计划”战略，计划在未来3至5年内投资100亿元，建立1000个县级服务中心和10万个村级服务站，天猫优品是农村淘宝的第四次升级业态。战略布局上，未来三年内，天猫优品服务站将覆盖1000个县、15万左右的村庄，占据中国近1/4的村庄。由于有着农村淘宝之前的基础，从下沉农村渠道的角度，阿里目前在三大家中战略更为领先。

对家电行业渠道而言，目前还是整体可控的，但低层级品牌受到的冲击较大：

首先，从空调行业整体来看，目前空调1—3级市场销售占整体空调销量的90%以上，四级市场销售占比不到10%。因此即使从极端角度考虑，新零售渠道变革对家电的主要边际影响也主要在这10%的四级以下市场，对行业的冲击整体可控。

其次，从上市公司层面，龙头公司依托前期较为完善的渠道布局，在1—4级市场的市占率分布较为均衡，而新近崛起的互联网家电品牌如“苏宁极物”则呈现一、二级市场市占率低，四级以下市场市占率高的结构。而O2O销售领军企业奥克斯，本质仍然是通过低价策略抢夺一二级市场对价格敏感度较高的消费者，而较难动摇四级市场传统家电企业地位。最终行业的洗牌或主要在四级以下市场，并对低层级品牌冲击较大。

发展到现在，中国家电产业链尤其是销售的变化很大，从渠道来讲，有一些新闯入者，最近广电系统也开始介入，图书系统也开始介入到家电的销售。从另一端来看，电商的发展，到现在大店销售一定会保证电商的销售率，如果产品销售体验保证能够到位，和实体店变成合作关系，能够打通这个渠道。制造商的变化是提供一种服务体验，服务体验是产品的服务体验。从消费者来看，变化更明显，简单讲，比如，老人、孩子以及孕妇、单身这种实实在在的，还有一些在大城市很明显的变化，比如，消耗时间的变化，我需要花钱，怎么让我把这一个小时舒舒服服度过去，这是一种新的销售体验。在平台上，大家开始自我认同，更加重视所选的品牌效应，至于性价比已经不太在乎了，这是从细分的角度需要有所了解的。

新零售形态整体变化可以总结为“一单”“一小”“一大”“一变”。具体来说：

“单”，就是单身。单身男女对市场的基本贡献多是在电商平台上的贡献，而单身人群有一个特点，就是人数不断增大，年龄跨度大，他们消费迅猛，对高端产品的购买力比较强。

“小”，不是纯粹的规模小，而是精准对内。如今卖场越做越强，小的店面提供几种极致的产品，同时还承担买卖提货的功能，比如无印良品主攻机场的商务人士，产品集中于跟出差相关的袜子和牙刷，到衬衫、西服以及箱包等，针对特定的群体，这样来看小并不是不好，小、专、精是新零售的一种发展方向。

“大”，是我们所说的大卖场。大卖场有餐饮、有娱乐、可以带动不同消费在一个地方实现。很多人说大卖场过时了，实际上，仅仅2016年就有几万、十几万元的盈利在大卖场，在长三角新建的大卖场增加60多家，大卖场对消费的拉动和推动力依然很强。除此以外还有创新，创新体现在几个方面：外观内部会越来越舒服，会迎合消费者的需求，把一些新的跨界的新事物、新消费、新体验都集中在大卖场，吸引更多的年轻人到大卖场来消费。

“变”，即空间改造。把空间进行改造后，会变成另一个场景，迅速地为下一个亮点，这种变化在2017年表现也比较突出。消费场景无处不在，过去我们说的很多消费场景，时间或者距离太远，而目前的这些空间、时间以及距离都不会是问题。

“新零售”给家电行业产生的最大冲击或许就是放弃了低价促销，家电行业对于“新零售”是这样认为的：表面上是通过优化供应链和零售链，实现了效率最大化和成本最优化，但实际上却是以更好的产品、更好的服务，来满足消费者的需求，抢占市场用户。

如果说只是从软硬件的角度，让家电行业打造新零售商业平台和物种，并非很困难，家电行业认为这是很自然的事，最大的挑战并不是新物种本身，而是家电企业商家能否在这条新道路上坚持走下去。家电零售商、家电企业要实现产品升级、竞争裂变，要使用“破立并存”的方式，也就是说针对中高端产品要建立高品质、高体验，而不是价格战吸引用户，同时传统的促销也不能扔到一边，一边探索创新的道路，一边维持转型升级的步伐。

这个时代，我们已经不能再错过。当一二线市场趋近饱和，电商巨头不约而同将目光瞄向乡镇市场，并以标准化、客单价高的家电品类打头阵。近年来，乡镇市场已吸引阿里、京东等众多电商巨头入局。不过，从“村淘”到“新通路”，尚未有掘金成功者。面对市场无限的小镇经济，电商下沉或因不够了解市场而水土不服，或因不接地气而未获市场认可。

从零售门店到全渠道平台，电商企业对于县镇市场的野心不小，不过实现并不容易，背后也更加考验企业的供应链构建、数字化能力。目前，大品牌的供应链和物流体系，会随着家电以外的品类扩展，同时，也会搭建自己的供应链体系。而在数字化方面，由于乡镇市场的电商渗透率并不高，电商的使用率和客单价都还有进一步提高的空间，如何研发出更适合县镇用户需求的数字化平台和模式还有待探索。

从某种程度上说，“新零售”是实体商业与互联网经济相互融合、相向而行的必然结果。新零售缘于新消费和新技术的联姻。从消费背景看，我国消费整体上已由从无到有、总量扩张阶段，发展到追求品质、求新求特的阶段。“十二五”时期以来，基础设施、住宅、汽车、家电等市场增速先后见顶回落，这些行业增长的“黄金期”渐趋结束。与此同时，我国居民消费结构进入新一轮升级阶段。移动互联网等新技术则加速了某些创新应用，年轻人群、白领群体的消费需求日益向大型城市群聚集，成为带动本轮消费升级的重要动能。

从消费特征看，目前无论在消费主体、消费偏好，还是消费内容和消费方式等方面，都与过去有明显变化。个性化、多层次、多元化的消费需求，日益取代同质化、规模化、低端化的消费需求，消费者正在从价格敏感转变为效应敏感。市场不断被细分，交易范围日益扩大，产品生命周期明显缩短。消费升级的新趋势与新变化，使市场信息更加膨胀和分散。现代信息技术和商业模式的创新应用，为适应市场、满足需求、改善供给提供了有效的途径和手段。当前，新技术和新商业模式不断向各行各业渗透，实体企业“上网”，互联网企业“落地”，日益呈现生产、流通、消费融合发展和协同创新的格局。未来，产业链和价值链将更加以消费者为核心。

第四节
新流通为供应链带来新活力

2017年10月13日，国务院办公厅发布《关于积极推进供应链创新与应用的指导意见》，将供应链创新与应用上升为国家战略，表明我国经济在转型升级发展过程中进入到供应链创新时代。由此可见，供应链创新与应用，将有助于推动我国经济发展方式转变，提升经济效益，优化产业结构，创造新的竞争优势，对于解决当前民营经济困境有重要推动作用。

融资不仅难且贵，中小企业供应链有苦难言。中小企业供应链的运作过程中需要资金的支持，但其资金需求得不到有效满足。我国政府采取了多项刺激经济发展的措施，比如说大幅度增加全国信贷规模，但是急需资金的中小企业并没有获得这些资金，中小企业融资难的问题没能得到缓解。

依据清华大学经管学院中国金融研究中心在2018年初发布的分析表显示，我国中小微企业面临着严重融资难、融资贵问题，难以获得银行等主流融资机构的支持，保理、小贷、网贷等机构资金是中小微企业的主要融资渠道。

供应链金融是中小企业融资的重要渠道之一，但国内企业采用供应链融资服务的比例相对较低，与发达国家的数字相比差距较大。相关数据显示，使用供应链融资服务的企业仅占被访企业的30％；煤炭和钢铁行业是开展供应链融资最为活跃的两个行业，有28％的企业正在研究和考虑各种供应链融资方案；余下的42％尚无实际行动。大型企业在开展供应链融资方面较中小型企业活跃，大约45％的受访企业正在积极采用供应链金融方案，降低上下游的供应链融资成本。

参与供应链金融的企业当中，应收账款融资和存货融资占据主导地位，而预付账款融资次之。企业在选择供应链融资服务银行时，考虑的前三位购买因素分别是贷款利率、贷款额度和银行品牌，说明资金成本仍是企业的首要关注因素。在所有融资渠道中，银行贷款的利率是最低的，但银行渠道对中小企业的支持显然太少了。

随着商品经济的发展和信息技术的进步，物流外包已成为中国的普遍现象，物流外包比例逐年提升，第三方物流发展迅速，但与发达国家相比仍有一定差距。20世纪80年代末“供应链”概念的提出，以及后续供应链管理思维的深化为企业解决物流、采购、库存、资金痛点提供了全新的视角，而供应链上任何环节的运转都是由商流、物流、信息流、资金流等“四流”所驱动，伴随供应链管理思想延展开来的供应链服务实际上是提供一套解决方案，将四流合一。

我国现有的国产供应链服务平台起步于90年代末，从为加工贸易企业代理通关、退税等业务升级而来，其演变过程大致分为三个阶段：

第一阶段以进出口代理为主，融合物流和信息流，并逐渐以供应链金融为切入点，将服务扩展至采购和分销执行。

第二阶段以提供全链条集成式服务为特点，为客户提供供应链方案设计、采购、分销、库存管理、资金结算、通关、物流、生产管理以及信息系统支持等，建立集商流、物流、资金流、信息流“四流合一”的供应链一体化服务平台。

第三阶段是供应链服务网络化延伸拓展，供应链绩效优化、生态圈互利共赢模式。

以深圳为例，得益于改革开放、背靠珠三角密集的产业集群、发达的对外贸易市场氛围以及毗邻香港这一全球物流枢纽的优势，深圳成为全国供应链服务企业的发源地和集聚地，诞生了一批具有行业代表性的企业，如怡亚通、腾邦、朗华、越海、飞马、普路通、东方嘉盛、九立等。

根据前瞻研究院预测，未来五年我国物流及供应链服务市场价值复合增长率将保持在10%左右，到2020年，我国物流及供应链服务市场价值将达32万亿元。

在面对如此庞大的市场空间，新时代的供应链思维一定是专注自身核心业务，非核心业务外包给有优势的合作伙伴完成，从而提升自身核心竞争力。

英国著名的供应链专家马丁·克里斯多夫曾说，21世纪的竞争不是企业之间的竞争，而是供应链之间的竞争。如何搭建从原材料采购、成品分销直到终端零售的全程供应链服务平台，通过采购、分销、零售、营销、物流等场景充分识别企业的供应链需求，并以“新流通”积极推动中国流通商业变革，引领行业发展，成为家电业接下来亟需解决的问题。未来，打造扁平化、共享化、去中心化的新流通，将推动流通业供应链的创新变革，解决企业发展痛点，推动产业转型升级。

第二章

供应链“四流”

第一节
人流：选好战略伙伴

供应链上的合作伙伴管理是供应链管理的一个重要部分，其核心问题在于如何协调处理好供应链企业成员之间的利益，增强供应链伙伴之间稳定、互信的合作关系，从而发挥出供应链的整体性优势，最终实现降低成本和利益最大化。

综观世界上具有前瞻性的大型企业，如沃尔玛、思科等公司，成功建立起了时间跨度长、合作范围广、覆盖面积大、伙伴数量多的供应链合作伙伴管理体系，展现出了极强的企业生命力。在家电行业，越来越多的优秀企业开始实施供应链合作伙伴管理。

什么是好的供应链合作伙伴管理？供应链企业间的关系经历了三个历史发展阶段：传统的企业关系阶段、物流关系阶段以及合作伙伴关系阶段。从这个角度上说，合作伙伴关系是供应链企业关系的高级形式。然而，目前国内不少家电企业与供应链上的企业关系还停留在传统的企业关系阶段，表现为基于单次采购的买卖对立状态，缺乏信息沟通和共享，相互信任水平低。

许多企业在供应商管理上存在诸多误区。比如，常通过招投标的方式，货比三家，最终选择合适的供应商，往往这些供应商都是最低价。企业采取这种选择供应商的方式，能够在一时压低市场价格，降低企业采购成本。但这样的做法往往伴随着“劣币驱逐良币”效应：一些优质的供应商反而可能因很难盈利而不再供应建造材料；中标的供应商则会偷工减料、以次充好，避免亏本。再比如，一些企业在供应商选择上走捷径，轻选择、重淘汰。这些企业不重视供应商选择，缺乏计划，没有一套专业的供应商筛选体系，总是寄希望于找到一个供应商之后，未来慢慢完善。但有时，找错了供应商，给项目带来巨大影响，企业就可能承受巨大的经济损失。

相反，好的供应链合作伙伴关系不同于单次交易中企业与供应商之间短暂的买卖对立关系，表现为互相信赖、配合度高、交易成本低等特征。企业与供应链合作伙伴在多次合作中建立了互信的合作关系，获得了合作伙伴极高的配合度和生产资料的优先供应权。而建立这种供应链合作伙伴关系需要企业之间长期的磨合和培养。一般而言，企业在建立供应链合作伙伴关系的过程中，应注重几个方面的建设：

（1）重视供应链合作伙伴的选择，建立完善的合作伙伴评价标准和评价体系。

（2）培养信任机制，建立统一的合作价值观。当培养起信任机制之后，供应链合作伙伴对于合作有了一定预期和判断，能够更容易化解合作中的冲突和矛盾。

（3）建设利益共享机制。关系双方应保持互惠互利的价值观，通过向合作伙伴输出技术培训、为合作伙伴扩展营销资源等方式建立利益共享机制。

（4）信息交流与共享。良好的信息交流和共享能够提升企业和合作伙伴的亲密程度，从而促进合作。具体而言，信息的交流和共享可以通过举办沟通交流会议、设立信息共享平台等方式来实现。

（5）建立恰当的合作激励制度。

一种产品的成本由供应链的整体效率决定，要看链条上的各合作伙伴之间的信息是否透明共享、物流是否畅通无阻、资金是否分配合理。20世纪80年代，美国零售商和制造商分享的信息很少，双方关系和现在中国零供关系非常相似。宝洁公司和沃尔玛的合作彻底地改变了这一局面。他们合作的具体形式是：双方企业通过EDI（电子数据交换）和卫星通信实现联网，借助于这种信息系统，宝洁公司除了能迅速知晓沃尔玛物流中心内的帮宝适纸尿裤库存情况外，还能及时了解纸尿裤在沃尔玛店铺的销售量、库存量、价格等数据。这样不仅能使宝洁公司及时制定出符合市场需求的生产和研发计划，同时也能对沃尔玛的库存进行单品管理，做到连续补货，防止出现商品结构性机会成本（即滞销商品库存过多，与此同时畅销商品断货）。沃尔玛则从原来繁重的物流作业中解放出来，专心于经营销售活动。同时在通过EDI从宝洁公司获得信息的基础上，及时决策商品的货架和进货数量，并由MMI（制造商管理库存）系统实行自动进货。

这样做的结果是：沃尔玛将物流中心或者仓库的管理权交给宝洁公司代为实施，这样不仅沃尔玛不用从事具体的物流活动，而且由于双方企业之间不用就每笔交易的条件（如配送、价格问题）进行谈判，大大缩短了商品从订货到进货、保管、分拣到补货销售的整个业务流程的时间。随着宝洁与沃尔玛的供应链协同管理模式的确立，美国零售商和供应商的目光开始转向如何加强供应链管理以降低综合运营成本，以及提高顾客的满意度，而不再仅仅盯住渠道控制权。宝洁—沃尔玛模式给我们的启示是：制造商和零售商都应该把对产品价格和营销资源的关注逐步转移到对各自内部流程的再造，以及通过整体供应链的高效运作以不断降低彼此的经营成本、提高双方的营利能力，最终实现共赢局面。

那么，家电企业如何做好供应链合作伙伴管理？实现家电供应链共赢的关键是供应链上的每一个企业都集中精力去巩固和发展自己的核心竞争力，并利用自身的资源优势，通过技术程序的重新设计和业务流程的重组，做好本企业能够长期控制的、比竞争对手更擅长的、能够创造出特殊价值的关键业务，而不是将精力集中在如何垄断渠道、掠夺资源上。通过利用现代各种信息技术手段，对业务流程进行改造和集成，以及与供应商和客户建立协同的业务伙伴联盟，为企业实现内部资源和外部资源的有效控制、优化调配提供了可能，从而大大提高企业的竞争力。

在制造商与供应商的重复交易中，最终追求的都是“利益”。只要双方都关心彼此的长期利益，那么双方建立战略合伙伴关系就是上上之选。相互信任是巩固制造商与供应商的战略合作伙伴关系的基础。相互依赖性强，应该制定共同的战略和运作目标，以促使双方从长期战略合作关系中获得最大的利益。建立合理的收益分配机制，从而稳定双方的战略合作伙伴关系；定期对合作模式和效果进行评估和修订，为未来的合作打下坚实的基础。

必须注意的是，为保证制造商与供应商在交易过程中严格遵守事先签订的协议，双方必须制定完善的合同约束机制，使违约方因为背叛协议而必须承担的违约责任以及高额的诉讼费用超过违约获得的利益，以此打消合作各方背叛协议的念头。

第二节
物流：走向智慧化

家电物流就是以家电产品为主要对象的物品及相关信息系统规划、运作和管理过程，重点是家电产品的正向物流，也包括返修、回收等在内的反向物流。有时也将家电企业物流包括在内，即从原材料采购到产品发运、售后服务等的一系列物流活动过程，我们将上述过程合在一起称为家电供应链物流。

家电物流根据自身产品的特殊性，在物流运作过程中具有单品价值高、季节性波动、网络布局高等特点，如今电商行业发展迅速，家电需要也逐渐增长，所以家电物流配送在整个家电物流市场中显得尤为重要。未来，随着智慧物流的发展，家电物流市场前景会更加广阔。根据家电产品的特点，其物流运作组织过程也具有自身的特点：

首先，家电物流运作对象的单品价值一般较高，多数有精密的电子器件，运输过程颠簸与野蛮装卸都可能造成电器故障与损坏，故家电物流运作过程中的运输与装卸搬运环节要求较高，在仓储环节一般不能直接堆码，需采用高位货架等。

其次，家电物流组织具有季节波动性的特点。如空调的销售旺季（4—7月），每天的出入库量很大，配送及时率与准时率要求比较高。家电产品在五一、国庆、春节等节日前后销量通常会猛增，物流需求比平常增加很多，如何对所需车辆、仓库资源进行合理配置，对作业人员进行合理安排等，都是家电物流运作组织需要考虑的重要问题。

第三，家电物流对网络布局要求高。区域配送中心，简称RDC，常见的还有中央配送中心（简称CDC），地方配送中心或地方接驳中心（简称LDC），这些是家电物流网络常用的结点类型之一，其选址要对销售网络数据、交通运输条件、地理环境、客户分布等因素进行深入研究，通过定性与定量的分析后才能得出合理的物流网络布局。

第四，家电物流运作直接与订单管理密切相关。家电生产计划多由订单拉动，而牛鞭效应会增加家电库存的增加，由于型号等需求、库存调节功能在家电领域有所降低，对于实行零库存模式的家电生产企业，其库存调节功能更是薄弱，这样就要求生产企业具有高度柔性化的生产加工组织，同时对家电物流运作组织的柔性提出了更高的要求。例如，对于空调产品销售而言，虽波动性很大，但仍有规律可循。但经销商为确保在旺季不缺货，往往向上游企业加大订单的数量，订单变动程度比零售数量的波动大得多，而生产企业为了满足订单需求，自然将加大对零部件供应商的采购量，最终导致库存量加大。而随着渠道商的控制能力的增强，无条件退货条款的签订，又在客观上加大了渠道商的订货量，最终在整个供应链上，多余的产品基本上积压在生产商或渠道商库存里，这也最终导致了现在所谓的实现“零库存”其实就是转移库存的事实。

从产业链角度来看，在家电的零部件生产、采购、家电生产加工、成品销售等过程中，涉及的主体主要有：零部件生产企业、家电制造企业、物流企业、家电批发与零售企业、电子商务企业、最终用户等。通过对上述相关企业主体的组合或剥离，就形成了多种家电物流运作组织形式。对具体的家电物流组织与管理而言，家电物流组织与其他行业的物流组织有很多类似之处，但也有其自身的特点。家电物流组织按其生产流程一般可视为：零部件采购与供应物流组织→零部件仓储与生产线配送组织→家电生产物流组织→成品家电仓储与配送组织→RDC配送中心作业组织→终端配送组织6个环节，在这些环节中，家电企业的一贯做法是生产物流自营，而上游零部件运输与配送至厂内、下游成品运输与终端配送是由物流供应商负责的一种物流运作组织体系。

家电领域是竞争最激烈的领域之一，白热化的竞争使服务于家电的物流业务愈发务实。尽管家电供应链比较长，触角也比较深，涉及生产物流、销售物流、逆向物流、废弃物回收等等，但在这个链条上，主角只有三个——家电生产企业、家电营销企业和第三方物流公司。

他们的自由搭配和排列组合形成的各种各样的模式不过是表象，其实质在于便于提供服务，而服务的精华在于配合。无论是为加快供应链的响应速度而建立的品牌集群，还是为避免同质竞争而采取的差异化运作，还是因商流变化而随机应变产生的省级，在功能改进完成之后，中国的家电物流将进入系统优化、供应链整合阶段，这是大势所趋。

国内家电业是市场化最早的行业，也是市场化程度最高的行业，同时也是最具国际竞争力的行业之一。不论从哪个角度来看，家电业物流这几年的变化都比其他行业要大，比其他行业物流管理水平要高。有个流行的说法很能说明这个问题“家电业只需汽车业的物流费用就可以达到汽车业现在的物流服务水平。”这几年，家电业物流有很多亮点出现，很多家电企业在物流管理方面有明显的功能改进，值得家电企业和其他行业关注。在不久的将来，我们会看到，优秀的家电企业将会从功能改进走向系统优化，成为国内物流领域的典范。近几年来，很多家电企业就自身及自身所处的供应链做了很多变革性的尝试，取得了很大成绩。较早直面国际化竞争的家电业，近几年的日子又好过起来，应该可以认定物流管理水平的提升功不可没。这种行业范围内的物流变革，有它的必然性。可以说，家电业物流变革是在巨大压力下不得不进行的一场革命。

在近几年，电商行业发展迅速，销售量急速上涨，这也迫使物流配送服务的需求量也越来越大，其中家电物流配送尤为凸显。也正是在这种背景下，整个家电物流配送市场的前景一片大好，现如今的家电物流配送公司，遍地都是，这就导致整个行业的服务参差不齐，有好有坏，对于这种情况，家电物流配送行业未来的发展方向是什么呢?趋势在哪里呢?

首先是智慧化。智慧化是指在提供家电物流配送服务时的设施智慧化，也可称之为智能化。现如今我国科技不断发展，出现了许多的先进设备设施，这些设施能够有效提高服务效率及服务质量，从而降低服务成本，增强用户体验。其次是便捷性。便捷性主要指的是未来家电物流配送时配送时间安排灵活，配送信息沟通方便，配送效率高效等，只有这样才能为用户带去优质的服务体验，从而提高客户黏性。第三是广泛性。企业可以根据自身规模实力和发展的需要，通过自建家电物流配送系统或者与其他机构和企业合作，构建广泛的家电物流配送体系，对现有资源进行有效整合，扩大企业自身的客户群体，这其中能够创造出巨大的商业价值。最后是协作化和规范的问题。企业应与一些机构或单位进行合作，比如学校、大型写字楼等，为其提供相应的货物运输服务，从而拓展自身业务渠道，多方面发展，拓展企业的赢利点。规范化是必然趋势，现如今整个行业呈现一片乱象，规范化发展是如今家电物流配送行业急需解决的问题，只有规范化的行业才能更受消费者的认可，从而促进整个行业的发展。

家电物流配送，已成为不可或缺的部分，因此，在未来想要不被淘汰出去，只有走在前端，提升企业的服务质量，从客户角度出发，多方位发展，提高用户体验度，解决客户需求，只有这样才能在这个行业中持续发展。

电器行业过去一般的产品生命周期在4—5年，最短的也是3年，现在比较正常的是一年，有些产品是半年。为电商节准备的产品更短，可能只有一两个月，产品生命周期短给物流供应链带来非常大的挑战：反应速度要求越来越快；产品价格透明且单向。一个双“十一”几乎透支了几个月的销售，这个峰值比传统线下销售峰值高很多。传统线下销售的高峰春节、元旦，这一个月的销售可能会顶上前面的两个半月到三个月的销售，电商不是，双“十一”这一天可能抵过原来的两个月、三个月的销售，这对物流而言，是非常大的压力。

在智能制造大环境下，作为智慧供应链必不可少的重要组成部分，智能物流正在成为制造业物流新的发展方向。即通过互联网和物联网，整合物流资源，最终实现生产者和消费者的直连状态。《2016年智能制造综合标准化与新模式运营项目指南》的出台，首次将“智能物流与仓储系统”作为五大核心智能制造装备之一，智能物流被赋予了更重要的使命。那么，新形势下智能制造对物流系统提出了哪些新要求？

1. 高度智能化

智能化是智能物流系统最显著的特征。与人们常说的自动化物流系统有所不同的是，智能物流系统不局限于存储、输送、分拣等单一作业环节的自动化，而是大量应用机器人、激光扫描器、RFID、MES、WMS等智能化设备与软件，融入物联网技术、人工智能技术、计算机技术、信息技术等，实现整个物流流程的自动化与智能化，进而实现智能制造与智能物流的有效融合。

2. 全流程数字化

在智能制造的框架体系内，智能物流系统能够将制造企业内外部的全部物流流程智能地连接在一起，实现物流网络全透明的实时控制。而实现这一目标的关键在于数字化。只有做到全流程数字化，才能使物流系统具有智能化的功能。未来物流的发展方向是智能的、联通的、透明的、快速的和有效的，而所有物流活动的实现都需要全流程的数字化作支撑。在这个过程中，大数据、云计算技术的应用将发挥重要作用。

3. 信息系统互联互通

智能制造对物流信息系统也提出了更多的需求：一方面，物流信息系统要与更多的设备、更多的系统互联互通、相互融合，如WMS系统与MES系统的无缝对接，这样才能保障供应链的流畅；另一方面，物流信息系统需要更多依托互联网、CPS（信息物理系统）、人工智能、大数据等技术，实现网络全透明和实时控制，保证数据的安全性和准确性，使整个智能物流系统正常运转。

4. 网络化布局

这里所讲的网络化，主要是强调物流系统中各物流资源的无缝连接，做到从原材料开始直到产品最终交付到客户的整个过程的智能化。智能物流系统中的各种设备不再是单独孤立地运行，它们通过物联网和互联网技术智能地连接在一起，构成一个全方位的网状结构，可以快速地进行信息交换和自主决策。这样的网状结构不仅保证了整个系统的高效率和透明性，同时也最大限度地发挥每台设备的作用。

5. 满足柔性化生产需要

对于智能制造来说，还有一个极为显著的特征就是“大规模定制”，即由用户来决定生产什么、生产多少。客户需求高度个性化，产品创新周期持续缩短，生产节拍不断加快，这些是智能物流系统必须迎接的挑战。因此，智能物流系统需要保证生产制造企业的高度柔性化生产，根据市场及消费者个性化需求变化来灵活调节生产，提高效率，降低成本。

第三节
信息流：转型智造的关键

供应链管理是当前最引人瞩目的全新企业管理思想，它的本质是强调在当今科技迅速发展、全球竞争空前激烈的情况下，任何一个企业都不可能在封闭的单一个体环境中求得生存和发展，市场的竞争不再是企业和企业间的竞争，而是联盟即供应链之间的竞争。

物资、资金和信息的流动是在供应链的各个相邻环节之间进行的（是一种链式结构）。对于物资和资金来说，供应链的运作原则决定了它们一般只在相邻环节之间流动，但信息就不同，信息流是整个供应链运作的核心纽带，只有对信息流进行合理的分析和组织，物流和资金流才能正常运作。在过去的几十年中，信息技术的飞速发展使得供应链的管理手段、方式发生了巨大的变革，它使供应链各个环节、各个阶段之间的管理和协调成为可能，使企业运作成本大大降低，并且使整个供应链能够对顾客的需求做出快速的反应。在这种情况下，链式的信息流理论就暴露了其内在的缺陷：

现代供应链管理要求供应链的成员能够及时对顾客的需求做出反应，这种反应应该无滞后性，并且与其他成员同步。然而在链式的信息流模式下，除了与顾客相邻的环节（如零售商）外，其他环节要得到需求信息都必须经过至少一个环节的传递，信息获得的滞后就会导致各个环节反应的延迟和异步，从而导致整个供应链对市场变化反应迟钝。在不同环节之间传递信息时同样会出现这个问题。在链式信息流供应链的协作中，总是涉及到一系列公司，除初始原材料供应商外，每一个都包含有前驱和后继的订货问题，但供应链的每个环节对信息的传递是有误差的，这就导致牛鞭效应的出现，即整个供应链系统的信息误差大大增加。

当今供应链涉及的厂商环节越来越多，整个系统庞大而且复杂，链式的信息流管理会使供应链的效率低下，甚至根本无法运行。另一方面，链式的信息流架构降低了系统的灵活性，不符合现代供应链要求有很高动态性的原则。由于这些缺陷的存在，链式的信息流理论已不能适应现代供应链管理的要求。所以笔者认为有必要重新分析供应链信息传递的过程，并建立一种新型的供应链信息流动作模式。链式信息流思想认为供应链内部的信息交流基本上是在相邻环节之间进行的，然而在信息技术高速发展的今天，供应链的任何一个成员都可能借助先进的信息交流手段直接获得其想要的信息——无论是最终顾客的需求，还是供应链上其他成员的生产状况等等。相邻环节传递的信息不再是每个成员经营决策的唯一依据。换句话说，供应链上每个成员和其他成员之间都有可能存在直接的信息流。

传统的链式信息流模型实际演变成了一种网络状的信息流结构，我们把它称之为信息流网络。在这个网络中，每个结点都可以和其他节点直接地交换信息，这将使得传统的供应链管理思想发生全新的变化。如前所述，信息技术的发展尤其是计算机网络的出现和广泛应用是供应链信息流网络化的必要条件。过去供应链的每个成员要获得链上每一环节的有关信息需要花费很高的成本。因为科技水平限制了信息传递的手段，成员只有从相邻的成员那里取得信息的成本才是最低的。但在数字化时代，每个企业可以很直接地获得最终顾客的需求、偏好等信息，供应链的成员为了共同的目标也可以利用各种科技手段实现最大程度的信息共享。因特网的迅速发展使得位于全球各地的企业能够彼此便捷地沟通，这种全球性的计算机网络本身就为供应链中网络式的信息流结构提供了最合适的基础。

与传统的链式信息流结构相比，信息流网络有其明显的特点和优势。现代供应链管理研究和实践表明，实施供应链管理的关键在于增加供应链节点企业间的联系与合作，提高信息的共享程度，用覆盖整个供应链的决策系统代替单线、分散的决策体系，使整个供应链各个环节都能清楚地观察物流、资金流和信息流，从而更好地在各个节点间协调，降低供应链成本，降低各个环节的延迟时间，消除信息扭曲的牛鞭现象。通过建立信息流网络，整个供应链的运行将会得到强有力的保证。在由适应性和创新性构成的供应链柔性空间里，只有具有很好的适应和创新能力时，供应链才具有较高的柔性。适应和创新首先需要有足够的内外部信息可供分析利用，网络式的信息流结构使得供应链能够充分地吸收外部信息并在内部自由的交换信息，从而为其适应性和创新性的提高提供了便捷的基础条件。

网络是价值网建立的基础。在现代供应链管理的研究中，许多学者提出了新的价值链的概念，新价值链不是由增加价值的成员构成的链条，而是虚拟企业构成的网络，它经常改变形状，扩大、收缩、增加、减少、变换和变形，称之为价值网。而虚拟企业正是建立在信息处理数字化和网络化的基础上。价值网络能使供应链成员在现实中交换关键的信息与知识，并为共同的利益一起努力，以达到理想的效果。从信息论的观点来看，信息是具有价值的，我们可以认为信息流网络为供应链创造了价值。可见信息流网络和价值网具有密不可分的关系，信息流网络是价值网的基础，同时也是价值网的有机组成成分之一。

随着供应链管理理论的发展，信息传递的网络化、信息处理的系统化以及信息流结构的灵活化已经成为供应链正确动作以及实现目标的基本要求。但从另一个方面来说，信息系统的大型化、复杂化和动态化使得系统的实现越来越困难。目前这方面较新的看法是供应链可以把信息流处理外包给专业的信息处理服务商，从而实现信息处理的专业化、高效化，这就降低了成员的信息自理成本，同时也使企业能够较容易地进出供应链，使供应链更加灵活和敏捷。

传统的管理对象包括人、财、物等实物形体，然而随着社会的发展，信息作为一个特殊的管理对象要素越来越占据核心地位。信息流管理就是要对贯穿于供应链全程中的信息流动进行控制、协调，以期达到有效流动，各节点企业实现信息无缝衔接，最终达到价值增值的目的。充分利用先进的信息技术，构建信息流动的高速公路，“链条”中的各方能及时有效地获取其相邻企业的各种需求信息，并快速做出正确的反应，满足他们的需要，快速供货，提高企业的服务水平。

进入21世纪，科学技术的不断进步和经济的不断发展，带来了全球化的信息网络和全球化的市场，围绕着新产品的市场竞争变得日趋激烈。企业如何缩短交货期，提高产品质量，改进服务成为企业须迫切解决的问题，供应链中的信息流连接着供应链这个大组织中的各个节点企业，信息的传递形成信息流。信息流是商流、物流和资金流的沟通和传递，是商流、物流和资金流的共同支撑力量。信息流是公路和桥梁，是买卖、物品和资金流通的载体，没有信息的沟通和传递，商流、物流和资金流将变得支离破碎，处处受阻。信息控制着买卖、物品、资金流动的方向、大小和速率，畅通、及时、准确的信息从根本上保证了商流和物流和资金流的高质量与高效率。总之，信息流在供应链四流中起到融会贯通的作用。

信息的有效流动直接关系着企业的决策与运营。在许多企业中，尤其是组织复杂的大企业，各种信息流错综复杂，纵横交错，如何获取、传递、分析这些信息并最终形成各种决策，从而支持企业战略目标的实现将变得至关重要。

供应链中的信息包括供应源信息、生产信息、配送信息、零售信息和需求信息。供应链管理者须运用这些信息做出驱动供应链的重要决策：库存水平决策需要来自顾客的下游信息，来自可利用的供应商信息，以及现存库存水平的信息；运输策略的制定需要了解顾客、供应商、运输路线、运输成本、运输时间以及运输数量的信息；设施的决策既需要了解供需信息，又需要了解企业内部的生产能力，收益及成本的相关信息。畅通、敏捷有效的信息加速了决策的速度，提高了决策的质量。

信息更是供应链运营中最大的驱动要素，信息包括供应链中采购、库存、运输、销售及顾客的资料，事实证明，有效信息的增长带来了利润的成倍增长。此外，信息联系着供应链的不同阶段，使各个阶段相互协调，且对各个阶段的日常运营来说十分重要：例如生产日程安排利用需求信息制定生产计划，使工厂能够用高效率的方式生产出满足需求的产品。信息就像发动机，带动了供应链这台机器的高速旋转。

更为重要的是，信息共享是消除需求信息不确定性的有效方法。作为下游终点的用户对商品的需求是起伏不定的，当下游需求发生变化时，由于供应链的固有属性，这种变化的信号就会沿着供应链自下而上逐渐放大。这种“牛鞭效应”现象产生的原因在于伴随销售信息流动的基础上其他相关动态信息不确定性。信息共享即集中信息需求使供应链中所有的企业都能直接得到最终用户的实际需求信息，增加了供应链中各节点企业的透明度，减少了重复建设和重复运作中人、财、物等资源的浪费，大幅降低了供应链中各节点企业的库存，相应地减少了供应链上的不确定性。

目前，长三角、珠三角的制造企业目前都在上马机器人。机器人智造是一个趋势，一台机器臂能代替一个员工，但是其速度更快，可旋转的机器臂一次可以维护两条生产线，效率大概能达4人。在工作环境比较恶劣的情况下，如机器使钣金成形的这一环节机器噪音大、油污多，用机器人代替员工来进行取、放等基本动作，可以帮助改善员工的作业环境。

但如果没有系统的支持，自动化无法满足大规模定制的需求，单纯去采购机器人意义不大。在引入机器人的过程中，只懂机器人不懂生产，或者只懂生产不懂机器人，都不能让智能化工厂最终落地。系统的设计要基于不同工厂定义软体的架构，智能装备在体系中不仅减少人力，还吞吐数据，这就使得问题非常复杂。如何利用看不见的信息流，这可真是一个世界性难题。这需要厂商对生产、市场等数据形成系统性的收集归档，而企业基于竞争或者商业机密的考虑，也很难做到数据共享。所以，难题不是上马机器人，而是背后支撑工厂开放运作的整个体系的柔性部分。

信息流是从销售端的需求信息往源头来的，传统方式是分销商、零售商、渠道商，一直往经销商去汇集需求，数百家经销商还要再往厂商汇集，这样形成的需求预测的数据准确率有多少？行业内都知道没有高于50%的，这个数据几乎不可用，按照这个数据组织生产，呆滞库存会很可怕。这就要求家电销售的电商部分直接从电商平台抓取数据，累计的动销数据作为接下来生产计划判断的主依据，这不能依靠某些有经验的员工来判断，他们不具备这么烦琐的计算能力和这么多发货需求的应对能力，只能通过大数据工具，让订单通过物流信息控制塔自动输出，来判断哪个节点出货，哪条路径是最优的。

目前，在企业内部SCM（供应链管理）需要与包括工程、质量和生产计划等非后勤学功能进行集成。产品工程决定产品的功能和构形，它以前完全与SCM功能无关。为了快速向市场的提供特定的顾客化产品，最近并行工程技术要求企业同时考虑以前被串行处理的问题。将上下游的功能合并在一个工作阶段时，人们发现需要将产品工程与SCM进行集成。在设计者和后勤人员之间建立接口和合作，可以在并行工程环境中使后勤学参与产品设计和开发的早期阶段。产品方案不仅由工程和生产因素确定，而且必须考虑SCM方面的因素。

另外一个显著的发展方向是供应链管理与企业资源规划系统（ERP）的集成。ERP系统广泛地用于制造企业的经营和生产管理，其安装数量正在稳定地增加。供应链管理系统实施将不可避免地与存在的ERP系统发生冲突。如果SCM支持者和ERP支持者都采取“自我中心”的态度，在两者之间就会产生一个障碍。目前的ERP系统膨胀覆盖了许多后勤功能，因此一些企业认为SCM对他们的经营作用很小。在另一方面，SCM应用系统的供应商也贬低ERP作用，努力与ERP进行竞争。为了克服这个障碍，人们必须对企业生产经营过程保持一个更整体和全面的看法。尽管SCM和ERP在努力扩大业务范围时，造成应用功能上的一些交叉，但是他们是两个不同的互补的管理哲学。它们需要对方数据输出，因此这两个应用系统共享一致的信息视图是很重要的。在未来也许人们将开发一个综合的应用程序体系结构包括SCM和ERP功能。然而，目前的研究应该努力被导向到ERP和SCM之间的集成。

供应链中企业之间信息集成负责在合作伙伴，及供应商、制造商和顾客之间实现信息共享。信息集成保证对分布信息源的受控访问以及支持对分散的功能活动协调。显然，在运行良好的供应链中各企业组织的局部决策之间存在密切关联。例如，在一个公司内部的生产计划需要考虑对它的伙伴造成的影响；一个制造商的生产计划需要与它的主要供应商、外协伙伴和经销商进行协调；制造商应该与它的伙伴谈判和一起决定供应和分发计划以便保证自己的生产计划的可行性。自然，包括供应商、制造商和经销商在内的全部企业试图进行可以优化它们自身性能的决策，这些决策有时会彼此矛盾。因此，必须对整个供应链内的活动进行协调。

在明确可以改进的环节之后，供应链企业就可以采取相应的措施改进整个供应链的绩效。因此，供应链信息整合是开展供应链其他流程整合的基础，只有基于准确、及时、充分的信息，供应链企业才能正确地做出系统改进决策。同时通过信息整合也能避免成员企业之间因信息不透明而引起过高的库存、迟缓的市场反应速度和错误的生产、销售计划。

我国家电行业供应链成员企业间的信息交换，主要是订单信息的传递，很少涉及其他方面的信息，造成供应链信息孤岛的现象。我国家电行业供应链信息整合有利于家电行业供应链各成员间的信息共享，提高供应链信息的可视性。同时，这也有利于我国家电行业供应链各成员企业间的业务合作我国家电行业供应链各成员企业间的业务合作，一般是买卖关系，各自以自己的利润最大化为目标，使得利润只是在供应链中转移，而供应链的整体价值并没有增加。家电行业供应链信息整合，是通过供应链信息共享来强化成员间的业务合作，减少供应链的不确定性，从而降低供应链库存，降低供应链整体成本，创造供应链的整体价值。

我国家电行业供应链信息整合，要求各成员在供应链的系统标准下，实现企业内部的流程优化和企业内部的信息共享。供应链各成员企业，必然要采用相应的信息技术和先进的管理方法，从而提高提高各成员企业的管理水平。据统计，我国家电行业供应链中，实施了信息整合的供应链，相比没有实施信息整合的供应链，资金周转的时间要少40%—60%，也就意味着信息整合提高了我国家电供应链的资金利用率。企业通过实施供应链信息整合，可以大大缩短满足消费者需求的时间，从而获得更大的竞争优势。现阶段中国家电市场上产品品种越来越多，消费者需求变化越来越快。所以，在这个变化的市场中，成本固然是一个重要的竞争优势，但是快速响应消费者的需求，进而有效的满足消费者的需求才是竞争的根本，通过实施供应链信息整合可以改进供货可靠性99%—99.9%，缩短供货时间10%—20%。

实施供应链信息整合，使供应商和零售商实现信息共享，供货商们可以直接进入到企业的系统，相互的信任度大大加强，双方不再是零和关系，而是建立在共赢基础上的受欢迎的业务合作伙伴。例如，沃尔玛实行的零售链接，供货商们就可以随时了解销售情况，对将来货物的需求量进行预测，以决定生产情况，这样他们的产品成本也可以降低，从而使整个流程成为一个无缝的过程。

有些因素会阻止外部供应链信息流程的整合，导致信息失真，带来更高的整体成本并降低了客户服务水平。比如，供应链成员企业的观念陈旧。供应链成员企业常常不能意识到他们的行为对供应链，对长期竞争力和盈利水平有哪些影响，这种我赢你输的陈旧观念在对客户给予很少的关注，对新产品和服务配置很少的资源"最终这样的企业会在质量、成本、服务水平等方面制造对供应链有害的许多问题。在供应链信息整合中最难克服的障碍就是存在于成员企业的陈旧观念，在成员企业内部也存在各部门之间的相互分割的情况。例如，运输部门希望将全年的运输成本压到最低从而无意中造成安全库存过高、缺货及客户服务水平下降。

为克服观念陈旧，成员企业必须将供应链目标和企业的目标与激励措施相统一，在制定某个职能部门的决策时也要考虑对企业以及整个供应链的影响。对企业经理的绩效评估要包括整合内部和外部信息流程以及满足整体供应链目标的能力。在企业外部，经理必须做工作，说服供应商和客户考虑他们的行为对整个供应链和最终用户的影响，这是建立供应链合作伙伴关系和信息流程管理的重要内容。最终，对供应商应该每年进行一次评估，如果他们的信息系统没有改进的话就要换掉这家供应商。

再比如，供应链缺乏可视性也是导致供应链信息整合出现问题的一个因素。在2002年的一次调查中显示，有2/3的制造企业没有将他们的信息系统的运作与合作伙伴同步。另外，有2/3的被访问者声称他们所使用的信息系统技术与合作伙伴的不同，这阻止了外部信息的获取，并且限制了信息的可视性。如果合作伙伴的信息不能很轻松地更新和共享，并且不得不花费很长时间从他们的原有系统中筛选出有用的数据传递到其他合作伙伴的系统上进行更新，那么在这上面耽误的时间就意味着客户的丢失，造成供应链成员间的成本更高。

除了陈旧观念和缺乏信息可视性，缺乏信任也被视为供应链信息整合中的一个主要障碍。在供应链合作伙伴中，当你赢得了信任，你也就在某个业务领域赢得了声誉，虽然这种观点是老生常谈，但相互信任的关系的确会带来双赢的结果，或是合作伙伴间多赢的结果。然而不幸的是，企业的实际行动和人的本性不会在短时间内能够改变，只有等到合作各方真正理解、相互信任和信息共享对其自身最有利时，供应链信息整合才容易成功。

供应链成员企业间的信任可以在合作过程中逐步培育，有如下建议：先从一个小范围开始合作，先拿一个小项目，比如说相互通报投资情况。一旦企业能看到信任与合作的好处，再开始更大一些的项目；与外部合作伙伴建立信任关系的前提是企业内部能够建立信任关系，消除内部沟通和整合的障碍；建立信任的最好方法就是合作伙伴面对面地开圆桌会议，倾听别人的反对意见，制定议程。当有人离开或管理层变更时，重新做这些事情；合作是一种新方法，大企业不应采取威逼的方法对待合作的小企业，而是培育一个环境，让供应链成员的业务最大化；建立信任的一个最简单的方法就是开始信息共享。如果一切进展良好，成功培育了信任，合作伙伴就可以做更大的事情。例如，零售商向制造商提供实际的需求信息或是所有的销售点的数据，这些实际的需求信息可以减少制造商的安全库存，从而减少供应链的整体成本。

第四节
资金流：破解融资难

供应链金融，是指以核心客户为依托，以真实贸易背景为前提，运用自偿性贸易融资的方式，通过应收账款质押登记、第三方监管等专业手段，封闭资金流或控制物权，对供应链上下游企业提供的综合性金融产品和服务。供应链金融的功能是指协作供应链的职能，而不仅是单个组织的职能。之前，企业与企业之间是竞争关系，在供应链金融生态下，它们开始展开合作，建立协作型战略关系。

不同供应链成员之间的金融资源流动是供应链金融的核心。能够追踪资金流动情况，是资源重新分配到更有效率的地方的一个重要前提。如果要识别、测量和交流真实的现金流数字，就必须追溯到支付的源头。这对于静态的资产负债表和收入表来说，其无法综合反映某一段时间内的现金流情况，因为这种方法并不能反映资金来源、使用和发生的时间，也不能揭示交易的原因。为了能够使供应链各成员追踪到价值创造过程中的支付交易，成员应该共同建立一个会计核算中心，从而获得相应的财务信息，避免信息偏误带来的分歧和风险。供应链金融最强大之处就在于用资金整合产业链条上的每一个环节。

供应链金融走过了长达百年的1.0时代，这个阶段主要是进出口商为达成交易，在银行主导下进行点对点的贸易金融活动。例如，汇丰银行贷款给英国企业，以方便其在殖民地之间进行贸易，也包括前往中国贩卖鸦片。1980年以后，ERP技术的发展使企业的流程管理得到规范，银行开始大量尝试与接入ERP的企业合作，步入企业端的供应链金融2.0时代。又过了二三十年，一些研究系统解决方案的科技企业转型为第三方服务平台，为银行等金融机构提供运营服务，这表示供应链金融3.0时代的开启；现在的供应链金融已经进入了4.0时代，其特征就是大量运用人工智能、区块链、云计算、大数据等技术为其赋能。下一步，供应链金融将会迅速进入5.0时代，5.0时代是供应链生态的时代，核心企业的功能将会弱化，焦点将会更加集中在核心企业和其多级供应商、经销商之间的交互关系上，更加关注的是一个行业整体生态圈的形成和建设。

供应链金融从4.0向5.0过渡的阶段，正是金融科技高速普及的阶段。供应链金融和金融科技的结合，伴随着一个高速普及期的到来，这个普及期就是全社会通过各种合作伙伴和竞争对手不断向各种原始资产方、投行角色、资金方去普及一套以金融科技方法论为依托的资产证券化理论。前沿科技对金融领域产生了四个方面的影响：一是减少人力成本，二是降低操作风险，三是提高业务效率，四是增加能力输出。人工智能可以看成大脑，应用于贷款审批、资产评估、风险评估和刷脸支付等领域；大数据好比血液，应用于交易反欺诈、精准营销、风险评估、股价预测、智能投顾等领域；区块链是人体的神经，应用于供应链金融、支付清算、数据票据、征信等领域；云计算就像肌肉，（连接着各个组织，是人体的基础设施）。可以说，这四大科技涵盖了金融业务的全流程，牵引着金融行业的变革与进化。

从广义解释，做存货融资、保理、票据等都可以叫供应链金融；从狭义解释，就是把供应商、制造商、分销商、物流商和经营商通过互联网化经营与集成，然后进行计划、组织、管理和优化，最后提供金融服务。供应链金融是基于交易过程向核心企业和其上下游相关企业提供的综合金融服务，中国中小企业协会政策研究部主任董涛对《经济》记者表示，该模式突破了传统信贷业务受理调查和审批等诸多限制，创新了融资方式，对支持中小企业发展具有重要的现实意义。

供应链金融作为产融结合的重要方式得到实业界和学术界的高度关注，这一横跨产业供应链和金融活动的创新日益成为推动金融服务实体，尤其是解决中小企业融资难、融资贵问题的重要战略途径。在供应链体系中，实体企业的上下游企业整体实力一般相对较弱，他们大多没有足够的抵质押担保物，信息透明度偏低，抗风险能力弱，信用级别不高，因此很难从银行获得贷款，但这些中小企业对周转资金的需求又较高，导致了中小企业融资的需求得不到满足。

过去，传统金融机构很少给中小微企业贷款的原因主要有两方面：一方面是成本问题，银行操作成本比较高，贷款1亿元和100万元的操作成本是一样的，而银行对客户经理的业绩要求比较高；另一方面是风险问题，小微企业本身在产业链的末端，自身产品竞争力包括经营者的能力都比较弱。而通过供应链培养核心企业的互联网化，能够极大提升效率，银行放贷1亿元和100个100万元的成本一样。通过供应链金融融资模式，银行可以依托核心企业的信用优势，结合中小供应商与核心企业的真实交易信息，基于中小企业的应收账款、存货、预付款等资产，对其提供资金支持。为化解中小企业融资难、融资贵这一难题，近年来我国大力推动供应链金融的发展，有相关数据预计，到2020年我国供应链金融市场规模将达到27万亿元。供应链金融作为将供应链商流、物流、信息流与资金流紧密结合的一种全新产融创新模式得到了迅猛发展。

反过来看，供应链金融对核心企业来说，也刚好贴合了其转型升级的一些诉求。其实，供应链金融是一个很好的金融杠杆，上游的供应商可以有更好的融资工具，有稳定、长期的供货，下游渠道也有更充足的资金提升业绩，核心企业则会获得供应链上现金流的稳定和业绩的提升。

过去，供应链金融存在很多弊端，在传统的供应链金融融资过程中，银行一般通过线下掌握的订单、发票等交易信息，确定中小企业的信用状况，同时通过跟踪、监控相关的物流、资金等信息状况，从而确定是否贷款以及贷款金额。这种操作模式，不仅效率低，而且容易导致造假行为。

如今，传统的供应链金融通过科技的赋能成为金融机构与企业重点关注和大力发展的领域。第一是互联网技术的应用，在降低金融服务交易成本，加快信息流通、减少信息不对称，增进金融服务可得性方面具有巨大优势。第二是大数据技术的应用，作为处理数据的有效工具能够帮助金融机构实现有效信息识别，云计算作为动态可伸缩的虚拟化资源能够为数据存储的完整性提供保证。金融机构已经开始广泛探索大数据和云计算在市场营销、风险控制、运营管理等多个领域的运用。第三是物联网技术的应用，随着射频识别装置、传感器技术等应用不断成熟，物联网的可靠性不断提升，成本大幅降低，物联网技术应用在供应链金融领域可有效推进业务创新，例如可辅助各类物资实现全流程系统化管理，自动化监控。

未来，区块链技术也将逐步应用到供应链金融业务中。供应链金融业务一般涉及机构较多，比如金融机构、实体企业即核心企业、上下游企业即中小企业以及物流企业等，他们存在操控数据的可能性。通过区块链分布式的账本，可以使得不同参与者使用一致的数据来源，保证了供应链信息的可追溯性，实现供应链透明化，而且可以降低交易成本。可以说，运用金融科技技术可以快、准、全地勾勒出供应链上下游企业间的相对关系，将中小企业真正纳入到供应链的网络体系中，从而建立真正公平高效的交易规则和信用体系，营造良好的供应链金融生态和环境，提高供应链的管理效率。

此外，之前核心企业参与度不高，而近两年随着实体企业对供应链金融的理解越来越深刻，其开始利用自身的信用能力、对产业的理解和对上下游的控制能力，纷纷布局供应链金融。一些企业或金融机构会用自己的资金或通过外部融资资金，直接对上下游中小企业提供融资服务。譬如，海尔和很多大公司一样都有自己的财务公司、保理公司、小贷公司等金融公司，服务的客群先覆盖海尔集团内的客户，再扩展到整个行业。哪个供应商给海尔供货，供货的及时率好不好，产品的质量好不好；海尔什么时候会给这些供应商付货款，会不会按时付等，海尔体系内的金融公司一定比银行更了解这些客群。所以很多核心企业或大企业会自己做金融服务。

在传统的单一企业之间的竞争已经转变为供应链与供应链之间竞争的全球化背景下，供应链金融各参与主体必须把过去单一主体的经营思维，转变为共生共赢的供应链整体思维，围绕供应链管理建立基于产业链多方参与的，集提供物流服务、信息服务、商务服务和资金服务为一体的供应链金融生态平台。同时，需持续加大供应链金融产品服务的创新力度，针对供应链不同交易层次和交易主体，不断创新升级专业化、定制化供应链金融产品和一揽子综合化供应链金融服务方案，开辟供应链金融信贷绿色通道，为供应链上下游企业提供更为便利的融资渠道。

具体来看，供应链金融本质是整个产业链的信用共享，是共享经济的一部分，必须要先实现信用信息的共享。全国和地方信用信息共享平台应该尽快与人民银行的征信系统实现充分对接，促进供应链上相关企业实现信息共享，形成信息透明对称，使银行等金融机构较为便捷获取有效信息。

目前，参与供应链金融的金融主体不断增加，融资渠道多元化趋势明显。商业银行、第三方支付、保理公司、小贷公司、信托公司等金融机构参与供应链金融业务热情高涨，这些金融机构根据风险偏好的不同，容易形成协同效应。高科技的发展确实可以加快以上难点的解决，国家和企业也很重视这方面的发展，投入了大量资本和人力，但资金和专业知识的相对匮乏，使高科技解决这些难点仍存在广度和深度上的欠缺。尤其是中小微企业必须增强自身的存活、创新和盈利能力。只有企业能够自身盈利，出资方在供应链金融中有利可图，才可能从根本上解决中小微企业在供应链金融中的参与资格问题。

企业在解决信息非对称问题的时候容易遇到信息非对称困境，一方面企业希望得到各方面的数据，另一方面又视自己的数据如珍宝，担心过度竞争，不愿意共享数据或者共享非全面甚至造假的数据，加剧由于信息不对称性而产生的道德风险问题。因此，国家层面也需要考虑立法保护企业信息同时杜绝非法竞争。

为加快供应链创新与应用，国务院下发的《关于积极推进供应链创新与应用的指导意见》中提到，到2020年，形成一批适合我国国情的供应链发展新技术和新模式，基本形成覆盖我国重点产业的智慧供应链体系。在当前的形势下，金融科技赋能成为供应链金融风险控制的主要手段；供应链金融将更加强调平台化和生态化；供应链金融的线上化将成为主流；供应链金融将向垂直化和细分化的方向发展。对于金融科技，会使供应链金融的风险控制水平得以大幅度提升。比如大数据，银行原来的信贷产品是基于一些企业的财报、公开数据等有一整套体系，但供应链金融更多的是对应小微企业，信息不全面；供应链更注重的是买卖双方的交易数据和交易背景真实性，对于这方面银行的产品是缺失的，或者很难获取真实数据；有了更多的大数据范围，完善三方类的、交易类的平台、物流资金流等数据，未来供应链金融能有更多的市场空间。

可以预见的是，中国供应链金融未来要做成产融结合的生态系统大平台，由平台模式搭建成一个产融结合的生态系统，不再是单向流动的价值链，而是能促使多方共赢的商业生态系统。就线上化的趋势来看，各参与主体通过建立线上供应链金融服务平台实现资源整合，优化物流链、资金链和信息链，为大型实体企业和上下游中小企业提供专业化和定制化的金融服务。供应链金融发展的线上化趋势提升了资金使用效率，并打破了传统商业银行主导的供应链金融模式，进而大大拓宽了传统供应链金融的范围边界。因为供应链金融是从行业角度去做的，不同行业向下都是不同的属性。金融要嵌到整个供应链的交易环节里，就需要往垂直化和细分化的方向发展。比如快消品和大宗商品这两个行业，快消品的特点是单笔采购额很小，可能几万元，但频次很高，可能一周采购一次，大宗商品频次可能一个月采购一次，但每次的交易额很大，可能几千万元甚至上亿元。

总体来说，供应链金融要发展需做到三点：一是增强发展供应链金融意识，完善供应链金融发展政策法律制度，健全供应链金融信用体系，营造良好的供应链金融运营法制生态环境。二是创新“科技＋金融＋供应链”的供应链金融物流监管与风险管理体系，构建基于完全共享及我国供应链金融业务运作模式时传递的信息链，推动实现供应链封闭式高效整合运行。三是加强供应链金融专业人才引进培养，成立全国统一的供应链金融行业自律组织，建设供应链金融协同创新中心，为供应链金融发展提供智力支持和人才保证。最终，供应金融的一个矛盾点或者融合点，就是创新和风险的结合。如果有一定的风险控制手段，该业务就可以批量、快速地做起来；如果风险控制不住，抑或是没有创新属性，那该业务一定会被市场淘汰。

企业发展，离不开资金流，尤其对于需要原材料投入生产产销的生产型企业，资金的支出和收入状况往往决定了企业的命运。一方面原材料的持续性投入需要资金，一方面生产的成品和半成品产销库存导致资金回笼不及时。在生产—销售中，大型企业占据着优势，可凭借实力在交易过程中快速将资金回笼，但处于弱势的中小企业，向上游进货受到各种条件的压制和进货价的不平等，在销售交易中会存在先货后款、应收账款迟迟回不拢的情况，这种因企业实力而导致交易过程中处于不平等地位的现象很常见，有需求就有市场，供应链金融平台的诞生也是顺应市场需求，面向企业提供资金流服务，企业可获资购买原材料和其他生产要素，以继续生产。虽然银行金融机构也能提供信用贷款，化解企业资金短缺之难，但就现状来看，很多中小企业难以向金融机构信贷借款，外加国内信用机制不完善，针对有些行业，银行无法打破边界，金融开放程度较低。

“中小企业融资难”依然是2019年的热点。政府工作报告中12次提到“小微企业”，其中6次是关于融资难，可见政府对中小企业发展的关注、对中小企业融资难的关注。这不难理解，毕竟中小企业贡献了50%的税收、60%的GDP、70%的发明专利和80%的城镇就业岗位，在市场主体中占比超过90%。成为活跃市场、解决就业、推动创新、增加税收和改善民生的主力军。然而，中小企业因生命周期短（平均不到3年）、信息不透明（90%无正规财务报表）、缺少银行认可的抵押资产等原因，在正规金融低风险偏好和贷款风险定价未完全市场化的背景下，其融资问题一直得不到有效改善。据统计，近40%的中小企业融资需求得不到满足，融资缺口达12万亿。即使拿到银行贷款，其成本至少是大型企业1.5—2倍。虽然最近出台了一系列政策利好，但根据工商联的最新调研，超过80%的中小企业认为融资环境并无本质改善。

在无法完全市场化风险定价的前提下，要想低风险批量服务中小企业，既满足监管考核和指标要求，又要防控不出过高风险，这就需要解决信息不对称、操作成本高、缺乏抵押资产难增信的问题，这单靠客户经理一户户拓展、依托中小企业自身信用很难达到的。而除了传统冲指标的“票据大法”外，供应链金融有望成为可持续性的切实破解这一难题的关键，这也是今年以来很多银行开始关注供应链金融的原因。

从产业角度看，绝大多数的中小企业均处于某一供应链垂直场景中，通过整合供应链中的信息流、资金流和物流来解决信息不对称问题，将核心企业信用分享传导至供应链长尾端中小企业来解决增信难题，有望成为破解这一传统难题的突破口。从国内实践来看，当前仅有少数大型银行（不超过10家银行）拥有在线供应链金融服务能力，模式主要是服务于少数特大型企业（大型央企、国企和上市公司）及部分有应收账款一级供应商，而处于供应链长尾端多级中小供应商和经销商仍然无法享受到真正的供应链金融服务。

究其原因，一是长尾端中小企业与核心企业信息并未联通，互相信息割裂，未建立一套互信机制；二是线下操作和纸质凭证流转效率低、欺诈风险高、审核难，造成核心企业信用难以实现多级穿透覆盖；三是下游经销商风险确实高于上游有核心企业“兜底”的风险。而金融科技的发展，特别是区块链、大数据、AI和物联网等技术在供应链体系中的逐渐应用，将构建起一个智能化供应链金融生态，推动供应链金融服务模式的2.0变革，有望成为中小企业融资服务的第二曲线。

在2019年政府工作报告中，首次提出“智能+”，强调“深化大数据、人工智能等研发应用”。而这些科技在与供应链产业各环节的逐渐融合过程中，为开展智能供应链金融提供了历史新契机。从本质来看，金融科技不是产业信用的创造者，真正的信用创造者是供应链中的企业本身，但是金融科技可以作为产业信用的传递者，通过技术让信息更为透明、让企业信用在供应链体系中传递，更好地帮各方防范风险。以金融科技驱动的智能供应链金融平台，具有智能在线连接多方打破信息孤岛、智能互信交叉多维验证确保链上企业资质与数据真实可信、智能穿透实现核心企业“信用流+资金流”多级分享和可控、智能生态实现不同企业供应链的跨链共享防范风险的功能。依托这四大特点，智能供应链金融平台构建起全新的智能供应链金融生态圈。

在传统供应链金融服务模式中，核心企业、中小企业、银行和第三方服务商（如物流公司、仓储公司）等各参与方的信息相互割裂，存在严重的信息不对称问题，带来很多欺诈风险。互联网和云计算的发展，推动了企业内外部业务和管理的线上化、数据化、云化。智能供应链金融平台通过云端服务，可构建起连接中小企业、核心企业、银行、物流、仓储以及海关、税务、电信等的互信供应链网络，从而打破信息孤岛，实现银行、金融、监管、司法等大数据信息的连通，构造起供应链丰富的生态。由此，供应链中信息的透明度大幅提升，商流（订单、发货单等）、物流（仓单、运单等）和资金流（支票、本票等）动态匹配、实时监控，构建起客户数据资产全景视图，这极大帮忙银行等金融机构提升效率，降低风险，此为第一个维度。

智能互信交叉多维验证确保链上企业资质与数据真实可信。中小企业在供应链体系中普遍居于长尾端（部分一级，主要二级及以上），而且与上下游的交易主要依赖纸质单据、手工操作，线上化程度低，造成以下困难：一是自证难，即证明与核心企业关系难，毕竟“隔了一层窗户纸”，更难以分享供应链中核心企业的信用、借助真实贸易关系增信；二是风险高，即手工操作、纸质单据易篡改、核验难，操作风险、欺诈风险高，重复融资难验证。智能供应链金融平台可以借助区块链技术，实现供应链上的信息可记录、交易可追溯防篡改、信用可传导等特性。当链条上的核心企业和上下游企业集群集体上链时，有望解决中小企业自证难问题。同时连通物流、仓储、工商、税务等的多维数据，通过交叉验证，进一步解决银行与企业之间的信息不对称、贸易真实性难核验等问题。此外，目前国内领先的IFAB贸融平台，已开始运用区块链零知识验证技术来帮助银行防范重复融资风险。

传统供应链金融，主要是大银行服务特大型企业的供应链，中小银行受限于人才、风控等很难介入供应链金融服务，地区大中型企业供应链往往难以获得大型银行的供应链金融支持。同时，传统供应链金融主要是服务于核心企业的一级供应商/经销商，70%以上的长尾端中小企业无法分享核心企业信用，难以获得融资支持。依托智能供应链金融平台，发挥其数据可追溯、可留痕的特征，电子凭证支付可实现自由拆分流转，两者结合，可实现核心企业信用多级穿透。特别是基于真实交易背景，可将核心企业强信用层层传导至供应链的末端，将原先超过70%无法覆盖的中小企业纳入供应链信用体系，从而极大改善供应链长尾端中小企业的融资困境，提升整个供应链的竞争力。

传统供应链金融中，供应链金融服务都是围绕某一核心企业服务其上下游的单一链条，核心企业之间、银行之间、国内国外贸易之间相互独立割裂。而且供应链金融产品、资金来源等比较单一，制约了银行的服务能力和业务边界。以人工智能、区块链、云计算和大数据为代表的金融科技将带来供应链金融服务模式的全新变革。云计算降低了中小银行和中小企业业务线上化的成本，区块链实现了供应链的多级穿透和跨境互联，人工智能和大数据则提升了供应链金融的服务效率和风控能力。因此新一代智能供应链金融平台，将会是连接多银行、多核心、国内外、全供应链的智能供应链金融生态圈。打通资产、信贷、ABS、理财、保险，构建起金融全产业链生态。

传统供应链金融中因为供应链上下游信息不对称、操作以人工为主成本高，导致大型银行主要服务于供应链上的一级供应商/经销商，更需要融资服务的长尾端中小企业依旧难以获得融资服务。智能化的供应链金融平台一是拓展了核心企业的范围，从而将更多的中小企业纳入供应链金融服务的范围；二是拓展了金融机构的范围，中小银行的引入，可以提供更多不同风险偏好的供应链金融产品和服务，从而更好地满足供应链长尾端中小企业的融资需求。此外，金融科技的应用，也会大幅提高供应链金融的服务效率，申贷、审批、放款等全流程的线上化、智能化，缩短了服务响应时间，从而更好地契合中小企业“短、频、急”的融资特点。

不论是传统企业、金融机构还是信息化企业，支撑其商业模式的核心价值在于：如何优化行业供应链，为客户创造价值，而互联网作为一个重要的工具，能够将这种价值以最有效率的方式传导到行业内的每个角落。在这样的大背景下，许多企业虽然手握某项资源，也想涉足供应链金融平台，但是往往不知其门，更不得而入。搭建平台的关键切入资源有三个，分别是产业资源、IT技术和资金资源，而这三种资源，恰恰又与供应链的三个要素紧密关联，分别是实物流（产业资源）、信息流（IT技术）和资金流（资金资源），三者缺一不可。产业B2B平台的本质还是产业供应链平台，只不过借助了互联网的工具，在流动的效率和速度上为产业创造了新的价值。所以，搭建一个成功的供应链金融平台，首先要把这三种资源找齐。

拥有产业资源的往往是在这个产业浸淫多年的传统企业、社团组织甚至是个人，如制造商、批发商，或者是从事这个行业多年的物流企业、信息平台等服务商，甚至是一些行业协会、或者行业大咖。这些企业和个人深耕行业多年，具有深厚的产业背景，熟悉上下游交易的过程，深谙交易环节中的痛点。拥有IT技术的往往是那些了解互联网，有过互联网SAAS平台架构和开发经验的企业或个人。前几年，国内互联网B2C兴起，培养了许多互联网人才。然而，真正具有全平台搭建经验的精英人才毕竟凤毛麟角。当然，IT平台的搭建往往不是一人之力就可以完成，需要寻找到能够高屋建瓴的行业大咖，也要寻找能够干活的靠谱团队。

拥有资金资源的平台表面上看上去挺多，各类P2P、基金、私募满天飞，但是对于驱动供应链金融业务的关键问题不仅仅是有没有资金，而是资金的成本有无竞争力，风控体系是不是完善，各类牌照是不是健全。反过来也一样，资金的介入，往往需要找到优异的资产。在架构上，需要在资金收付和增值循环中形成闭环，否则风险不可控。即便抛开供应链金融服务不说，平台自身的建设也需要大量的资金投入，至少要上千万的资金作为储备，后续还需要N轮融资来补血。当然，假如是做自营类的平台，启动资金相对少很多，但是靠自身运营来补血，步伐也会走得更慢些。

第三章

供应链优化

近几年，家电行业发展平稳，主要家电品类保持产销稳定，伴随互联网、AI、IoT等新技术发展和消费者需求的变化，家电行业也面临着许多新的挑战和变化。据《2018年中国家电行业半年度报告》显示，2018年上半年，中国家电市场规模（不包含3C产品）达到4213亿元，同比增长9.7%，相比2017年的11.9%有所回落，但中高端产品在结构上的变化非常明显。

线上市场继续延续了高速增长的态势，对于整个上半年市场的企稳增长起到重要作用。然而，线下渠道在整个市场的占比还是相当大，具有绝对权重。可见，中国家电行业的产业升级正在提速，高端、高品质的舒适型、智能型、健康型家电更加受到市场追捧。同时产品结构的进一步升级，也凸显出售后服务的重要性，具备良好体验感和贴心服务的服务商也将会加速美好生活的到来。

第一节
挑战：告别故步自封

事物都有两面，家电业平稳发展的同时，也存在一些潜在的隐患，或者说挑战，主要体现在以下三个方面：

1. 山寨情况比较严重。山寨产品一直都存在，也很难完全杜绝，并非只是产业问题，更是一个社会问题。但近年来，随着新兴渠道平台的出现，山寨产品有大张旗鼓批量涌现的趋势。此前，随着主流电商平台打击力度的增强，山寨产品在线上已经没有太多的存活空间，更多地出现在线下乡镇市场。然而，随着拼多多这样的社交电商平台的崛起，不少山寨家电产品死灰复燃，大量出现在这些平台上。不少知名品牌企业的产品在拼多多平台都有被山寨、假冒的现象，不少企业虽通过发声明的形式积极维权，但效果并不明显。当然，电商平台的治理相对容易，但如何打击线下的生产制造来源，则是一项更为严峻的挑战。

2. 售后服务漏洞。空调等家电产品无病假修、小病大修的现象，不仅损伤了企业的品牌形象，更让消费者有苦难言。上海市消费者权益保护委员会曾公布《2018空调维修体察报告》，显示出大部分维修商都存在误导和欺骗消费者的问题。家电作为一项非常注重售后服务的品类，如果在维修等售后环节存在巨大的漏洞，必然导致整体消费体验的下滑，特自然会影响家电消费市场的稳定扩容。尤其是当前主力家电产品都进入到存量市场期，售后服务的重要性更加凸显。

3. 跨界竞争的趋势明显。近年来，互联网、AI、IoT快速发展，跨界竞争成为常态，家电行业同样如此。自从2013年乐视进入彩电行业后，小米、暴风、风行等很多互联网企业也开始进入家电行业。最新的消息显示，不少主流手机企业也将跨界进入彩电市场，比如华为、OPPO、vivo。供应链、代工环节的成熟，终端制造相对来说已经没有太高的门槛，产品和用户的运营能力越来越成为品牌竞争的关键。因此，未来跨界而来的竞争对手会越来越多，共同切分智能家居的万亿级市场。总体来看，家电业并非夕阳产业，在新的消费环境和技术环境下，仍有很大的增长空间，同时业界也不能盲目乐观，忽视山寨、售后、跨界竞争带来的全新挑战。

如今，我们需要购买家电的时候，首先想到的大部分已经是国产品牌而非海外品牌。这实际上也说明，经过多年的发展，中国家电业已经成长成为最具全球竞争力的行业。数据也证明了这一点。根据韩国电子信息通信产业振兴会近日发布的《家电产业现状和展望报告书》，2018年主要家电产品的全球生产量为75284万台，预计同比去年增加1.7%，其中中国制造的产品多达42318万台，占总体的56.2%。

中国家电业可谓群星璀璨，无论是黑电、白电、小家电还是厨电，中国品牌均闪耀全球。回看全球家电业的发展历史，如果说1980年代之前欧美厂商是主导者，2000年之前是日本时代，2015年之前进入韩国时代的话，如今中国家电业正在加速前进，力争成为领导者。回看中国家电业的发展历史，之所以具备如此强悍的全球竞争力，关键在于家电行业是中国最早对外开放的行业之一，吸引了大批民营企业进入，大批中国家电企业经过长期的市场化竞争和优胜劣汰，剩下的幸存者都是能征善战之辈。可喜的是，在无数轮厮杀中生存下来的那些老牌家电企业并没有故步自封，而是继续探索新的发展道路和模式。

2019中国家电及消费电子博览会上，海尔在现场搭建起智慧家庭别墅样板间，展示全屋空气、全屋用水、全屋安防等7大全屋解决方案。同时，海尔、GE Appliances、Candy等7大品牌组成的世界品牌矩阵首次全体亮相，用全品类、全覆盖的完整产品线和解决方案，全面呈现海尔创世界级智慧家庭生态品牌最新成果。再看另一家老牌家电巨头美的，则是在2018年10月发布AI科技家电品牌COLMO，坚定转型科技型公司的决心，一方面老骥伏枥志在千里，另一方面新进入的玩家也来势汹汹，同样也给中国家电业带来了很多创新的产品和模式。

第二节
破局：强化整合能力

我国家用大家电在品牌、质量、服务及促销方法等方面差别不大，主要是价格的差异，且大部分国内消费者在购买家用大家电时，对产品的价格也非常敏感。因此，产品价格的竞争就成为这类产品的主要竞争方式。在利润本就较低的家电行业，家电企业如何来获得价格的竞争优势，在保证产品质量、服务的前提下，只有降低成本这唯一途径。然而，在当前经济下行、劳动力成本上升、原材料价格上涨等因素下，家电行业的成本上升。在此背景下，我国家电行业通过供应链整合的方式，降低供应链成本，来获得价格竞争优势，也可一种可行的途径。

中国家电产业升级正在提速，并朝着高端、智能、品质、舒适、节能、健康等方向发展。在新一轮的发展势态下，家电企业能否继续实现稳步增长，家电上下游供应链发挥着核心的作用。如今，整个家电产业的互联网创新已经从交易时代过渡到供应链时代。如何强化供应链整合是众多家电制造企业的思考核心！回首圆满落幕的八月三地联展，不仅能看到创新、智能、高端等系列家电新品，还一睹了家电上游供应链的风采，包括精工细造并能提升企业效益的智能制造设备、在运动控制功能中发挥关键作用的电机、能够为家庭保驾护航的漏电保护器……

都说“术业有专攻，创新必极致”。当我们看到工艺精美、智能、高端的家电产品时，必定离不开优质的家电配件企业、智能制造设备企业以及服务配套企业为家电行业提供的核心支持。纵观行业的发展，家电产业正处在转型升级的关键阶段，配件企业、智能制造企业等家电上游企业在掀起了新一轮的技术变革与创新，不少处于上游供应链重要位置的企业凭借自身专业的优势，不断为家电业注入“新血液”。

首先，单打独斗的企业必然会被淘汰。当前，家电上下游供应链都在经历着市场新一轮变化的冲击，虚伪的繁华泡沫被狠狠刮去，露出传统家电企业盲目扩大产能、脚步虚浮的本质。在新一轮的市场冲击下，单打独斗的小企业劣势尽显。先被消费者抛弃，因为产品单一；后被行业抛弃，因为毫无竞争力。服务标准化、家电清洗、家电零售、家电零售等一站式家电服务越来越受到企业与消费者的青睐，在消费者越来越清醒、市场越来越饱和的情况下，大企业需要明确定位，小企业需要平台支持，单凭一己之力很难立足市场。

其次，不懂整合的行业也必然会被淘汰。单一销售、资金链薄弱、服务体系不完善等是导致家电服务企业无法做大、做强的主要原因。在科技的发展、时代的进步、消费需求的升级等现实因素面前，家电服务企业要么细化品类，做精做强；要么整合资源，寻求新的出路。若是只抱着过去的模式不进化，就只能被行业淘汰。

总体而言，整合供应链的方式有如下几种方式：

1. 缩短家电行业供应链反应时间。通过家电行业供应链分销流程供应流程的整合，优化家电行业供应链的流程结构，缩短家电行业供应链反应时间。具体来说，在家电行业供应链分销流程环节，构建/分销中心—仓库或配送中心—消费者模式，优化分销流程，实现高效的分销流程；在家电行业供应链供应流程环节，供应商在家电制造商工厂附近设立仓库，保证生产的正常运营，缩短了零部件的采购时间。

2. 降低家电行业供应链总库存。家电行业供应链供应时间的缩短，使得用来满足客户日常需求的常备库存相应的减少；零售环节的仓库或配送中心，将原来由各零售商分散管理的库存集中管理，减少零售环节的总库存，使得家电行业供应链总库存降低。

3. 降低产品的次品率，促进产品质量的提高。在家电行业供应链生产流程环节，按生产的实际需求供应零部件，即不多也不少，便于及时发现并解决生产中的问题，降低产品的次品率，促进产品质量的提高。

4. 简化供应链流程结构，提高供应链运作效率。供应链流程整合，优化了供应链流程结构，实现了合理的供应链分工，将低效率非核心的工作外包给专业的合作伙伴；同时，供应链合作伙伴间通过供应链信息系统平台交换相互的情况，实现企业业务间的协同合作，提高了供应链的运作效率。

供应链整合是以核心企业为核心，对行业供应链上相关的过程、组织、流程及其管理的优化，以提高整个供应链的经营管理活动。供应链整合是将供应链上所有的相关链条和环节按照一定的集成方式和模式进行再构造和再组合，使其优化成为一个更为有机运行的行为和过程，而不是整合单元之间的简单叠加，其目的在于更大程度地提高核心企业及其供应链的整体功能，以更加有效地实现系统目标，更大程度地激发和提高供应链管理系统的整体绩效。因此，供应链整合是一种供应链伙伴之间为了给顾客提供更高的价值并提高自身竞争优势，而进行更高水平合作的管理方法。

供应链整合是供应链管理的最高层次，也是供应链管理的核心内容“供应链整合”作为一种有效的管理手段，它的整合范围也包括所有影响供应链效率的因素。供应链整合有两个基本点：一是流程整合，主要是各职能环节衔接效率之间的整合；二是节点整合，主要是各职能节点效率的整合。两者通常作为一个整体同时发生，一般来说供应链整合的内容包括：原材料供应—产品生产—产品分销—最终用户的流程整合；供应商、制造商、分销商、零售商、最终用户的节点整合；供应链上信息流、物流、资金流及其管理的整合；供应链运作过程中各种管理思想、管理组织、管理技术、管理方法的整合等。

1. 信息整合。信息整合是指供应链成员企业之间信息和知识资源的共享。通过对需求信息、存货状况、生产时间安排、开工计划、促销计划、市场预测和货运时间安排等诸多信息资源的共享，可以明确整个供应链的价值增值空间。在明确了可以改进的环节后，供应链企业就可以采取措施改进整个供应链的绩效。因此信息整合是开展其他流程整合的基础，只有基于准确、及时、充分的信息，供应链企业才能正确地做出系统改进策略。同时通过信息的整合避免成员企业之间因信息不对称而引起过高的库存，迟缓的市场反应速度和错误的生产销售计划等问题。

2. 供应链成员企业的协调合作。供应链成员企业的协调合作是进行供应链整合的具体实施行为。只有多个成员企业之间积极地进行相互的协调合作，整个供应链才不至于成为一团散沙，不至于在相互竞争中丧失供应链的整体竞争优势。一方面供应链成员之间树立以供应链整体参与竞争的观念，通过利益调整，协调节点企业的库存。物料采购、生产、营销和货运计划，可以使供应链的整体优势得到具体体现，同时保证各个企业都能从供应链合作中获得效益。另一方面，供应链遵循强强联合的原则选择各个节点企业，各个节点企业集中精力于各自核心业务的优化，以提高供应链整体的竞争力。

3. 创建供应链成员企业利益分配机制。供应链成员企业利益分配机制是确保节点企业围绕供应链整体利益运行的制度保障。因为企业追求的目标是企业自身的利润最大化，这可能与供应链整体目标相背，因此就有必要建立一种利益协调机制，对为了实现系统目标而使个体目标受损的企业给予一定的补偿，这种补偿来自从供应链系统优化中获得较大利益的节点企业。例如，供应链的核心企业为了提升产品上市的速度而要求供应商准时供货，势必增加供应商的供应成本，这就要求核心企业从因为加快上市速度而获得的超额利润中适当让利，给予其他供应商一定的补偿。

可以说，供应链流程整合、供应链信息整合和供应链协同预测三个方面不可或缺。家电供应链成员间由于利益竞争，成员间的合作常以失败结束。因此，家电行业供应链渠道战略联盟建立就很有必要。家电行业供应链渠道成员都希望联盟具有连续性，建立联盟需要获得对方的忠诚，双方进行关系专用性投资，经过一段时间，积累投资的保值增值本身就是维持联盟的一种目的。此外，家电企业应拓展其商业网络，增进业已深植的社会资本，集权有损信任，破坏了参与合作和日常互动行为，决策形式化有损信任是因为互动行为的机械性剥夺了参与者的主动权。

虽然供应链整合理论已经引入我国超过20多年，但供应链整合这一理念还未完全深入家电企业和家电行业供应链管理中。在我国家电行业供应链中，家电生产厂家、家电分销商、家电零售商间的关系，大多是一般的合作关系，甚至是竞争大于合作，缺乏供应链合作及共赢意识。我国家电企业缺乏合作共赢意识的情况，在我国家电行业较为普遍，如2006年国美并购永乐，使得国美在家电销售市场上已经占据了15%左右的份额，具备强大的家电销售能力的国美，在与供应商合作方面有两种选择：一种是利用自己强大的家电销售能力，压低进货价格并要求供应商支付各种费用，从而获取高额利润；另一种选择是利用自己对销售需求信息的把握，进行供应链整合，提高供应链的效率，从而获得供应链增值价值。事实说明，国美选择了向供应商要利润的方式。

我国家电企业缺乏合作共赢意识，主要有企业文化和市场环境的原因。我国的企业文化就是大而全、敌与我的文化，家电行业也是如此。这种企业文化会导致两种结果：其一，有实力的家电制造商希望实现纵向一体化，不仅做生产还向下游分销零售环节发展；其二，家电零售商通过门店的不断扩张，扩大销售能力，并以此为筹码逼迫供应商降价，来实现自身的利润最大化、大而全的企业文化，使得制造商资源分散，不利于产品技术研发，也不利于企业核心竞争力的提升；其三，敌与我的企业文化，使得零售商通过损害供应商利益的方式，来实现自身的利润最大化。不管是哪种情况，结果都是削弱了供应链的竞争力。我国家电行业供应链，要在现有企业文化和市场环境下，发展成供应链战略合作关系还有很长一段路要走。将供应链整合理论实践于我国市场化程度较高家电市场，将有利于解决家电行业面临的业绩下滑的困境，提升家电行业供应链的整体竞争力。

我国家电行业供应链中分销、生产、供应流程均存在不合理的状况。分销流程一般为制造商、分销商、批发商、零售商的模式，渠道过长并缺乏灵活性；生产流程一般是单品种、规模化的生产模式，通过规模化的生产获得规模优势；供应流程一般是规模化的采购，以降低采购成本，与规模化的生产方式相对应。我国家电行业供应链流程中存在的不合理情况，会增加供应周期和供应成本，对客户需求的反应速度也会下降；单品种、规模化的生产模式，虽然降低了单件产品的生产成本，但是会带来更多的产品库存。具有库存积压风险，也不能满足客户多品种、小批量的需求；规模化的采购，表面降低了采购成本，但库存成本会增加的更多。如果家电零配件供应商能够小批量、多频次的向制造商供货，家电制造商就可能实现多品种、小批量的生产，再由家电分销商多品种、小批量的配送，来以满足客户的需求。家电行业供应链流程不合理的问题，只有通过供应链的合理分工和有效合作，即流程整合，才能得以解决。

我国家电行业供应链中，制造商和零售商分别根据自己的生产或销售经验，对客户需求进行预测，而彼此间很少进行协同预测。对于我国家电行业供应链来说，仅仅靠一家企业来提高需求预测的准确性是不太可能的。这种需求预测模式都是基于不完全的供应链信息，所预测的结果往往准确性不够。企业需求预测不准确，将导致市场缺货，带来销售机会损失，或出现过多库存、库存成本上升。家电制造商为了应对需求预测的不确定因素，往往采用以下方法来应对：

1. 制造商保持大量的产品库存，以保证客户随时的需求。虽然这种方法可以做到使营业额最大化，但维护库存的成本和市场跌价损失，使这种方法成本较高。

2. 制造商进行产品价格调整是另外一种方法。在市场需求量大的时候，可以通过提高价格的方式来减少需求；在库存量大或需求不旺的时候，可以采取打折的办法来刺激需求。这种方法也会带来销售损失或者缺货，因此也不是一个满足需求和友好合作的方法。

3. 制造企业保持一定的产量，市场需求不大时，库存积压也不会很多。市场需求量大或是即将缺货时，企业可以采用加班生产、外包生产或使用临时工人来增加产量，以满足市场对产品和服务的需求。不过这种方法，在企业培训员工的过渡时期，销售和质量都会出现一定的问题。

我国家电市场的实践证明，家电制造商应对客户需求变化的以上方式是失败的，以上措施之所以失败，是因为需求预测不准确的根本性问题没有解决。供应链需求预测是否准确，关键在于制定决策的信息是否完整。如果需求预测来源于不全面的信息，那么供应链库存只能停留在表面的最优化，而实际上库存只不过是在供应链成员间做无效的移动。只有在供应链信息共享的基础上，通过供应链成员企业间的协同预测，才能减少需求预测的误差，从而达到降低供应链库存、降低供应链成本，提升供应链整体竞争力的目标。

第三节
方向：打造智能供应链

随着中产阶级的崛起、城镇化的加速推进以及“互联网+”的普及，新经济时代也应运而生，品质化、智能化、个性化、多元化的家电新品成为新一代消费者的标配。值得一提的是，在市场多样化需求的推动下，不少的家电制造企业已经发力高端品牌形象，家电市场已从价格战向技术战升级，“黑科技”频频亮相，直击用户之“痛”！

从各新品爆款的“黑科技”卖点可以看出，家电制造企业从营销到产品再到技术的创新变革，离不开家电产业链上游配套环节的积极转变。此外，随着家电智造的再升级，企业的竞争更侧重于供应链的竞争。作为地处供应链重要位置的配件生产企业以及智能制造设备生产企业、服务配套企业，应当以良好的姿态从幕后走到台前，与整机生产企业携手同行，不忘初心，以“黑科技”助力整机生产企业打造智慧供应链，合力面对市场的层层挑战。

如今，很多大家电厂商逐渐意识到了电商红利瓶颈、供应链效率下滑等问题，主动找到阿里巴巴，希望联手天猫、菜鸟，在供应链创新上做一些事情，希望带动整体效率的大幅提升，关键是如何架构系统。说白了，就是先做SOP（标准操作程序），首先把供应链节点都梳理出来，想办法跑通，比如空调从工厂生产出来，进入仓库，到产品最终送达消费者手中，所有流程节点做成一个SOP，然后再想每一个节点的优化。

曾经有人梳理过整个环节：排产仓储环节五大节点共计需要3个多小时，配送环节六大节点共计需要近11个小时，签收环节七大节点共计需要近20个小时，也就是说，按照原来的SOP，从排产仓储到配送再到签收，共需要18个节点、33个小时才能跑完整个供应链流程。如何减少流程时间，提升供应链效率，关键是打通供应链数据，减少所有不必要的环节，及时、按需响应。供应链革新，让原来“拍脑袋”的事情变成通过智慧算法帮商家做决策，这往往需要改掉原来的很多工作习惯，也涉及很多部门，对很多企业来讲，供应链“看得见、摸不着”，不像销售，能用数据体现出来，如果通过智慧供应链优化合作，把供应链数据化、智能化之后，让每个部门都触达到供应链的信息，对供应链的理解也会更加深刻。

作为大的家电品牌商，未来怎么去迎接新的变革？从传统供应链到智慧供应链是可行的方式——改变某一个环节或实现单一功能，从多功能服务到场景化服务，满足不断变化的客户消费需求。越是转型期，企业越要有先发制人的决心，破局者最终收获也会更多，胜利属于在对的跑道上奔跑的人。

大数据赋能的最终目标将是定制化，就是C2B（Customer to Business），用户驱动生产，到了那个时候，消费者在电商平台上的个性化需求，会直接触达商家，推动商家生产并供应符合用户个性化需求的产品。在物流全链路上，从源头生产环节，到存储环节，到区域仓储的环节，以及末端各个渠道，高度数字化的物流能让整个物流体系。通过全链路数字化协同升级、2C和2B的融合，能够把线上订单产生的包裹从仓库很快地送给消费者，这将带来全链路高速履约、全场景触达升级和全过程心智沉淀。消费者“可触达”“全渠道”“数字化”，是“新物流”三个主要的增长引擎，“新物流”不仅是从端到端的供应链，还可以往上延伸到生产制造，从而改变整个物流链路”。“新零售”“新物流”都是以消费者需求为导向的概念，传统供应链转变为智慧供应链，核心就通过数字化、智能化等技术，实现更多场景的服务，未来消费者将越来越个性化、重视性价比，产品也需要更加个性化、满足更多体验。家电企业和天猫、菜鸟的合作目前只是踏出了第一步，整个家电行业还要往前继续跑。

中国互联网的人口红利、电商的流量红利遭遇“天花板”，一定是天猫、淘宝、美团这样的互联网平台率先会感受到的。接下来，平台上电商程度最深的商家，也会感同身受，遭遇到电商渠道增长的“天花板”。因此，中国互联网“下半场”的精细化运营、中国电商走向“新零售”，最终一定是平台和商家的双重选择。服装服饰等领域的一部分品牌，目前已经在尝试C2B，因为服装服饰是电商化程度最高的领域之一。不过，应该认识到，自建C2B平台，有好处也有坏处，好处是数据全部沉淀在自己的系统上，坏处是自建平台毕竟流量有限。可以肯定的是，未来越来越多的家电企业会一起拥抱智慧供应链，获得技术变革的新一轮红利。

第四节
制胜：联盟构建新生态

中国家电业是个生态圈，除了站在舞台中央轮番唱戏的家电品牌厂商之外，还有那些站在背后默默支持的零售商、渠道商、服务商，他们同样为中国家电业的发展做出了自己的贡献。工业和信息化部赛迪研究院发布了《2018家电网购分析报告》，数据显示我国家电网购市场占到整体家电市场的35.5%，稳居主流消费方式。

1. 流程数字化。如今，中国家电业正在打通从消费者需求到供应商的全流程，实现流程的数字化。例如，供应链布局是很多厂商企业最关注的环节，关注生产制造与渠道销售环节数据的打通，直接涉及到厂商是否压库存、生产利润等问题。供应链合作伙伴之间开始共同制定销售计划，让产销流程更接近一体化，更在其平台大数据的加持下，让厂商的产品生产能够更敏感地应对市场变化。以“空调之王”格力为例，2016年6月7日，格力联合京东发布了3款7个型号的京东定制智能空调，双方在供应链协同、大数据分析、渠道拓展等方面紧密协作，同时还全面深化在智能家电、产品定制等领域的战略合作，格力全品类家电增速在京东家电销售实现爆发式增长。

2017年1月9日，格力与京东达成合作计划，当年618全民购物节当天格力全品类在京东的销售额同比增幅达到了656%。

2. 服务一站化。中国家电业正在打造一站式、端到端的服务能力，并通过服务进一步提升自身的品牌形象。如今，家电市场的海量消费数据与家电品牌商可以通过共享，从产品定义阶段就给出相应的建议，帮助家电品牌商打造更符合消费者需求的产品。在产品上市之后，还可以将完善物流服务提供给家电品牌商，保证他们的产品按时送达全国各地的消费者。平台服务、售前服务、售中服务、售后服务、增值服务五大类别在内的一站式服务正成为竞争的大方向。

3. 产业联盟化。如今，中国家电产业正在走向联盟化，上下游企业或行业协会需要联动，做整个行业的规范化或前瞻化的发展布局。家电业的一大特点，就是很多产品都需要上门安装服务。针对过去家电上门服务的乱收费现象，可以透过亿万消费者的大数据分析，牵头联合各大厂商统一制订空调、热水器等品类的行业收费标准，并确定部分品类的收费上限。此外，产品抽检标准、物流标准也亟需通过产业联盟化来制定。

4. 渠道全球化。从全球家电业过去几十年的发展历史来看，家电业的崛起离不开强有力的渠道帮助。美国家电业的兴起离不开沃尔玛和Bestbuy等连锁零售商的助力；日本家电业的崛起同样也与大量家电量贩店等新零售业态的快速发展密不可分。中国家电业要取得足够的全球领导力，就不能只满足于在中国市场取得竞争优势，还必须加快走向海外市场的步伐。家电走向海外，需要建立先进、完整的智能仓储物流中心，集成仓储、分拣、运输、配送在内的一整套供应链服务体系。

随着《中国制造2025》战略以及相关配套政策陆续出台，中国制造业正加速向智能制造转型升级，智慧供应链建设也由此成为制造业升级发展的必然趋势。汽车、家电等多行业的领先企业在从“制造”向“智造”转型中，正努力构建智慧供应链生态圈。不过，目前从中国制造行业供应链系统构建的总体情况来看，对智慧供应链认识不充分、缺少智慧供应链战略、物流信息化水平低、信息孤岛大量存在、专业人才缺乏等问题依旧十分突出。只有解决这些问题，才能有效加快智慧供应链系统的构建，推动智能制造尽快落地。

1. 提高对智慧供应链的认识，强化供应链战略。与发达国家相比，我国制造行业供应链系统的建设仍处于探索阶段，基础薄弱。与此同时，广大企业对供应链的本质认识不深，只知道智能制造是大趋势，却不知为什么要这样做，也不知道如何落地，更不要说从智慧供应链角度切入了。没有智慧供应链战略，没有明确的价值方向引导，使得我国的制造企业们在面向智能制造时困难重重。因此，面对智能制造，制造企业需要加深对智慧供应链的理解，制定智慧供应链发展战略，明确个性化的供应链发展方向，如智慧化等级、客户服务的响应等级、产品的流转效率等，引领企业生产向智能化迭代升级，保证企业运营发展目标的实现。

2. 建设智能物流系统，提高物流信息化水平。面对智能制造，整个智慧供应链体系下的智能物流系统应该是智能化的物流装备、信息系统与生产工艺、制造技术与装备的紧密结合。不过目前来看，制造企业的物流系统建设落后于生产装备建设，物流作业仍处于手工或机械化阶段，物流信息化水平不高，距离物流自动化、智能化还有很长的路程。面对这些情况，制造企业需要不断强化智能物流系统建设，加强物联网技术、人工智能技术、信息技术以及大数据、云计算等技术在物流系统中的应用，提高物流信息化水平，实现整个物流流程的自动化与智能化，为智能制造和智慧供应链建设提供强有力的支撑。

3. 供应链上下游协同合作，打造智慧供应链平台。智慧供应链建设同样离不开供应链上下游企业的协同互动。当前，制造企业应该通过物联网、云计算等信息计算与制造技术融合，构建智慧供应链平台，实现与上下游企业的软硬件制造资源的全系统、全生命周期、全方位的联动，进而实现人、机、物、信息的集成、共享，最终形成智慧供应链生态圈。

4. 引进和培养专业的供应链人才。专业的供应链人才是智能制造和智慧供应链系统构建的关键。然而目前，多数制造企业不注重供应链人才的培养，很难具备充足的专业人才。今后，企业的供应链系统建设需着重从人才建设角度出发，一方面，对现有的员工进行培训，使其掌握现代供应链系统构建的方法和知识，为供应链系统的构建提供保障；另一方面，要与各高校及科研院所进行深入合作，形成产学研用一体化的人才培养和引进模式，为智慧供应链系统的构建注入新鲜血液。

供应链是商品社会运转的基础体系，在物联网、云计算、大数据、AI人工智能等多技术共同作用，在消费模式变化和产业升级变化共同推动让供应链变得更灵活。供应链系统在不断的数据循环中，提升分析决策能力，变得更加智能。智能供应链打破企业内部传统分工壁垒，让决策流程更短、执行过程更透明。让整个链条运转更高效，驱动和支持商业模式创新。融入人工智能、物联网等新兴技术，实现商品和消费者的实时互联，逐渐构建无界零售。

要建立影响行业的智能供应链，需要更多的企业参与，未来也需要更多的家电企业加入到智能供应链这个生态中，一起改进和提升效率，因为智能供应链时代已经到来。

智能供应链的成熟，直接的影响就是让反向定制变得触手可及。传统工业时代以功能为主要卖点进行产品开发的模式已经落伍。在AI大数据时代，产品要以满足个性化需求为导向进行开发生产，这样才能满足不同圈层人群的需求。当前中国经济转型期、消费主体转变期、消费意识转换关键期的共同叠加，加上全球范围内的科技突飞猛进，共同推进了“人、货、场”的深刻变化。

首先，从“人”的角度看，新消费主义渐成主流。人们既爱网购，也爱逛店。不论什么阶层，都习惯比价，同时也愿意为便利而买单；购物成了社交的副产品，形成强大的圈子经济；更加注重消费体验，体验的满足来自于商品本身和购物全过程；运动消费成为新风尚；价值消费使得二手经济、共享服务盛行。“人”在变化的过程中，此消费者已经非彼消费者。其次，“货”正在从最基本的注重“品质”，到打造“品牌”，进而到追求“品味”，最高级别是塑造“品格”。商品不再是原来的商品，它越来越快的成为某种符号，核心是占据消费者的顶部认知。在“货”不断向上跃迁的过程中，此商品已非彼商品。而“场”的变化更为复杂。无界零售时代，零售的场不再局限于线上或者线下，而是变得无所不在。电商网站、电商的APP、O2O的APP、实体店、小程序、社交网络等购物入口和越来越多的购物终端让消费者拥有无数购物场景。

此渠道再非彼渠道。为了让消费者拥有全场景的家电购物体验，家电业目前正打造颠覆传统认知的家电超级体验店——包含最全零售场景的超级体验店，是拥有沉浸式强体验的线上线下深度融合商业体，人工智能科技在这里得到全面应用。例如，智能导购机器人通过智能配套和数据采集，配合人脸识别确定顾客偏好，完成线上线下信息交互，让无界零售的全场景特点淋漓尽致地体现。无界零售时代，人将愈加个性与多元，供需边界、生产者与消费者边界开始消失。货将成为商品、服务、数据及内容等的集合，成为消费者需求的完整解决方案，产业边界开始消失。场将无处不在、无时不有、无所不联、无缝切换，空间边界开始消失。随之而来的是，全场景消费成为必然。

第四章

供应链协同

我国家电行业供应流程为：供应商—供应商仓库—制造工厂备件中心—制造工厂。在该供应流程模式中，由众多的零配件供应商在制造工厂附近设置仓库；供应商仓库按制造工厂的零配件订单要求，向制造工厂的配件中心进行多品种、小批量的供货；再由配件中心按制造工厂的生产节奏，将需要的零配件送往特点的生产环节。通过供应流程整合策略，解决规模化采购所带来的大量零部件的库存问题，从而减少零配件库存成本。

然而，我国家电制造企业现有的情况，普遍是保持一定程度的零部件安全库存，因为供应商的运输时间可能不稳定，或者质量不能总是满足特定的生产要求。现有供应流程为：供应商将零部件供应给制造企业，一般是先存放在制造企业的零部件仓库。在某些情况下经常需要存放一个月以上的时间，保持这些库存要占用制造企业的资金并且不产生任何价值，被视为浪费。制造企业要减少库存浪费，只有降低库存水平，同时要求供应商每次供货必须准时、数量准确、质量可靠。另外，家电行业供应链末端用户多品种、小批量的需求，要求家电制造商的生产方式应该是柔性化的，即多品种、小批量的方式，制造企业柔性化的生产，必然要求小批量、多批次的采购，才能降低生产成本。对于零部件供应商来说，也就意味着小批量、多批次的送货，势必增加供货成本，供应商要满足准时、准确、可靠、小批量、多批次的供货要求，又要降低供货成本，则必须在制造商的附近设工厂或仓库。

第一节
共同进步　协同整合

供应链管理的发展经历了几个特殊的阶段：首先是传统的低效期，核心企业无法直接接触客户，供应链管理整体处于低效状态。在全球化过程开启后，逐渐形成了集成化的敏捷供应链管理，一个核心企业能够同时管理全球多个地区的供应商及分销商。其次借助互联网的发展，供应链管理能够更贴近用户，实现由信息系统助力、用户需求驱动的供应链管理方式。到现在，供应链管理又来到了一个分水岭，那就是由数据主导的信息化供应链协同时代。

如果不实施供应链协同，企业不明前端战况，将出现“牛鞭效应”，阻碍企业的需求驱动机制的运行。在供应链条上，分销商、核心企业、供应商往往距离真实用户较远，无法直接感知用户的真实需求。当需求从前端通过订单的方式往后端层层传递时，需求信息的不真实性会沿着供应链逆流而上，产生逐级放大的现象。也就是俗称的牛鞭效应。在未实现供应链协同之前，上游的企业无法接触到真实的用户需求，只能依据下游企业来预测需求，造成大量的库存积压或库存短缺的情况。这样的情况直接导致了企业库存周转不利、产品线调整不及时、市场需求高的产品供货周期被迫压缩等一系列问题。在此情况下使用供应链协同，能够保证企业快速拿到第一手用户需求资料，快速感知市场变化。

那如何才能实现直面市场真实需求的供应链协同呢？具体的方法为：对接ERP系统的供应链集成软件，实现信息集成、同步计划，协同的工作流、全面的供应链继承四个层次的协同。应当说明的是，并不是所有的公司都能够有实力建立自己的直销网站，并有充足的人财物来运营这样一个网站。但如果不通过直销的方法如何建立良好的用户需求驱动机制？

通过与上下游企业的信息联结，也能将市场预测转换为市场终测，由信息保留转向信息分享。处于同一条供应链上的企业同步建立互通的IT系统，将信息在云端共享，在系统中形成虚拟集团，拥有统一的集团信息共享中心。该共享中心能够对接到企业内部的ERP系统，保证销售数据的及时到达，商品信息的集中统一，生产、销售、采购计划的同步，共同把握终极市场信息，摆脱不准确的市场预测的坑。

在不实施供应链协同的情况下，企业不得不面临后端供应商管理不到位、需求响应时间过长，贻误战机的情况。当企业有意愿但没有能力进行有效的供应商管理时，企业往往会陷入资产运营的困顿局面。逐渐扩大规模的企业往往会被庞大的生产线、日益分化的用户需求、日益收缩的规模效益所掣肘，面临舍弃利润或舍弃市场的抉择。此时解决该问题得方法并非加大投资，自给自足，而是建立敏捷供应链，实现需求的快速响应：在接收到用户的网络订单后，随即通过管理平台将订单信息迅速分发给各配件商，供应商能够立即按需生产符合客户需求的产品配件，并在最短的时间内完成配件组装。在这种“零库存”模式下生产精确符合用户需求的产品，靠的就是与供应商之间良好的合作关系。

具体的实施方法为：做好供应商管理，与供应商共同进步。在传统商业模式中，企业往往以自我为中心，忽略与供应商或分销商之间的良性互动。部分企业内部的资源管理做得很好，能够做到“零库存”，快速响应需求，而合作伙伴却库存成堆、响应迟缓。这样的运营模式下，供应链条很容易因为两端不匹配而断裂。现如今供应链之间的竞争越发激烈，独立运营的方法，上下游相互挤压对方利润空间的方法注定在市场中站不住脚跟。唯有与上下游各企业形成统一的虚拟整体，横向整合，才能提高供应链的整体响应效率，形成更大的团体竞争力。这就要求企业首先专注于自己所擅长的领域，将其他领域外包给更专业的公司，不要稀释自身的竞争优势。其次要做好供应商管理，与供应商共同进步，时刻保持与供应商之间良好的联系，企业间进行联合规划和作业。

未经整合的供应链，非增值中间环节过多，企业利润空间被明显压缩。所谓精益供应链，其核心就在于减少浪费。针对所有供应链环节，通过各种方式对其进行服务、成本、效率等各方面的评估。从而减少流程中不存在附加值，也不能起到有效粘合作用的环节。在进行供应链整合前，各企业间的对接相对独立。企业对上游企业、下游企业以及内部供应链管理相对混乱，往往只能对自身及其直接对接的企业进行简单管理，无法建立有效的供应链网络。

这将导致企业无法透明地了解其所获得的价格政策、服务水平是否合理，无效环节无法被剔除。而上下游企业的服务、经营成本、效率实际上也会影响企业的运营成本，这无形中增加了企业的供应链成本。处于这种情况下的公司，最希望做到的就是能整合供应链环节，实现精益供应链，提高利润空间。

在工业互联网时代，不管是制造业还是零售业，对于供应链管理的重视性和需求都是直线上升的，商业全球化意味着供应链全球化，全球化的供应链服务需要实现社会化协同。价值在于创新供应链商业模式，调整供应链结构，优化供应链流程，共享供应链信息，标准供应链物流，最终实现供应链价值传递并增值，构造竞争优势群和保持核心竞争力。供应链协同管理体系建设的核心就是对供应链整体战略及各环节的业务流程、关键信息、物流配送、资本资金、相关商流要素所进行的重构优化管理。本质是提高核心竞争价值而进行的相互交互和彼此协调的组织行为。供应链协同管理可以有效突破传统企业管理的组织界限，建立了跨组织双赢的业务流程结构，实现供应链整体价值的最大化。

协同管理是一种开源、创新、敏捷、融合的管理体系，就是对系统工程中各个分、子系统进行空间、时间、功能、结构、流程等重组重构，实现“同步一关联一合作一竞争一协同”的溢价增值作用。供应链协同管理的本质就是针对供应链整体战略及各环节的业务流程、关键信息、物流配送、资本资金、相关商流等要素所进行的重构优化管理，是为提高核心竞争价值而进行的相互交互和彼此协调的组织行为，供应链协同是供应链管理中的重要组成、重要工具和重要手段，目的是应对竞争加剧和环境动态性强化，在于有效地利用和管理供应链资源。

供应链协同的主要价值是创新供应链商业模式，调整供应链结构、优化供应链流程、共享供应链信息、标准供应链物流，最终实现供应链价值传递并增值，构造竞争优势群和保持核心竞争力。供应链协同管理有效的突破传统企业管理的组织界限，建立了跨组织双赢的业务流程结构，实现供应链整体价值的最大化。通过将供应链各个不同环节的组织结构、增值环节（如研究开发、资源整合、模式创新、集中采购、离散制造、流程制造、市场营销、渠道网络、物流配送、售后服务等）具有特定优势的相关交互企业组织起来。以整体协同管理为目标，以专业协同技术为基础，以业务信息共享为手段，以物流运营标准为支撑，从系统工程的战略高度出发，有效促进供应链的内部、外部协调一致。在保证供应链整体效益价值的同时实现各参与企业“局部效益”，开创“多赢”的局面。

第二节
达成信任　构建体系

传统的供应链管理只是业务流程的集成，供应链通过流程串联，这种结构的供应链注重线性关联，缺少灵活性，只限于流程性关联，从而影响了整体供应链的价值传递和相关增值。目前，我国企业同质化竞争严重导致利润率下降，各行各业发展面临的市场条件发生了根本变化，均面临经营模式雷同、产品及市场同质化等问题，行业需求结构明显分化，仅仅依靠降低成本已经无法取得竞争优势。企业要想可持续发展必须依靠供应链商业模式创新，通过业务拓展向供应链高端延伸以寻求新的利润增长点，供应链商业模式通过不断试错和实践，逐渐从模糊的概念到清晰的业务模型及具体的实际应用完整呈现。

供应链的各个成员是处于供应链不同价值环节的实体，上下游的业务关系注定要存在利益分配冲突，商业行为会导致各企业间对抗行为，而且不同企业的价值观、企业文化、组织结构、战略目标来不同带来对对方企业的行为不理解或者不信任。供应链成员在协同合作中，牵扯到较多的商业信息和商业秘密，所以采取相关保护和防范措施，合作具有一定的局限性，导致供应链信任与亲密程度很低，供应链整体协同效率大大降低。部分供应链企业的管理流程和业务流程不能区分，导致业务流程不清晰，核心业务流程受到职能管理的制约，导致流程顺畅出现制约。同时，核心业务流程不是以客户、市场为驱动，整个流程不顺畅，导致研发、生产和营销不匹配，整体效率低下，流程人为分割，各自为政，造成浪费现象严重，不利于提高企业市场竞争力。

为了解决传统供应链管理的相关不足和管理缺陷，通过对供应链企业之间的合作进行协同管理，可以大大提高供应链整体的协同能力。供应链协同体系的建设是生态型圈层建设，从企业战略层面、执行层面到企业的组织层面、技术层面等需要全面的协同才能实现有效合作，通过在跨职能、跨维度、去结构、去中心上实现了供应链协同，整条供应链才能实现高效率、高可视、低成本、低风险的提供相关产品和相关服务。供应链战略目标协同体系建设，本质上是界定整个供应链的战略方向、业务聚焦和各参与企业的利益平衡关系。具体而言，协同的重点内容包括：供应链战略的职能集成化、响应敏捷化、服务柔性化、渠道网络化、价值知识化、利润最大化、成本最小化、利益平衡化等。确立供应链战略协同目标，还应建立战略的沟通协商、平衡制约、合理退出、管控监督、综合评价等机制，让参与企业能够充分发挥自身权责利，确保供应链协同战略目标的实现。

供应链组织结构是供应链组织在职、责、权、利方面的动态结构构成，其本质是供应链成员为实现供应链的整体目标在业务范围、个体责任、相对权利方面所形成的分工协作结构体系。供应链组织结构必须随着供应链战略调整而进行相关协同，供应链组织结构协同主要包括组织协同和结构协同。它强调建立科学的供应链结构，通过结构优化实现结构层次清晰、科学分层管理，明确供应链结构协同的要求、责任、权力、利益，因此组织结构协同体系可以提升参与企业的软实力，促进供应链管理的溢价增值和竞争优势。

供应链企业在产品研发、集中采购、生产制造、渠道网络、物流配送以及售后管理等方面重构业务流程，对协同流程进行全面优化，突破供应链流程管理的瓶颈，采取符合供应链实际情况的最佳做法，把整个供应链建成一个动态、规范、平滑、高效的流程管理体系，并通过对供应链现有流程进行重新整合实现供应链的高效运作，以流程带动信息、物流和资金在供应链内无障碍地流转，使协同业务流程管理发挥真正的效果。

数据驱动的信息共享协同是供应链管理成功与否重要支撑条件。供应链各环节的正常运营是基于供应链各节点介业的信息传递和共享，没有信息传递和共享的供应链，各个企业成为彼此孤立的信息孤岛；只有高精确度的信息传递和共享，保证需求信息在传递过程中不失真、不离散，才能够有效解决供应链中的“牛鞭效应”、信任问题和迭代问题。供应链参与企业通过以信息共享为工具，以优化供应链绩效为目标，进行协同决策，不仅摆脱了各节点企业单一目标分散决策所造成的供成链整体效益协调问题，也解决了传统集成式供应链管理中核心企业制定主导决策所带来的诸多问题。

供应链信任机制协同是指为了供应链能协同运作而制定信用准则、规范及契约交易的基本制度，是供应链有效协同的前提和制度保证。供应链各企业间的合作前提是以商业信任和企业精神为基础的，要实现供应链协同管理就必须加强征信体系和信任机制建设，这样供应链的运作安全才能得到保证和提高。信任机制的建立有效降低了企业交易时间和交易成本耗费，并减少摩擦与矛盾、谈判与协商，从而大大调高了效益，降低了成本。供应链信任机制协同规则主要有企业愿景、诚信规范、技术标准、质量标准、价值准则、程序原则、办事原则以及利益分配和风险分配规则等，因此，各企业应积极参与供应链信任机制协同修改的制定、选择、执行和奖惩机制，确保供应链信任机制协同体系的有效监督和执行落实。

1. 供应链财务结算协同。资金管理作为供应链管理的重要组成，正逐步成为贯通供应链各业务领域的重要管理手段。供应链资金管理能力的高低也成为影响企业价值创造的关键因素之一，根据资金结算和现金流的动态状况统筹安排资金，形成引导供应链业务流程提升的倒逼机制。在财务结算资金协同化管理总框架下，以供应链资金预算管理协同为核心，以现金流量动态管控为重点，以财务、业务流程融合为支撑，以资金筹集和帐期管理交互为基础，掌控供应链企业的融资、营运资金管理、资金结算等关键性环节，实现财务结算的安全性、流动性、盈利性的协调统一和财务资金结算全过程的可视性、可控性。随着供应链体系的建设，应用资金管理协同平台，利用资金池，对全供应链的资金协同统筹管理，资金统一筹集调配、统一运营管理、统一风险控制、信息共享对称、利益高度协配，构建高效的供应链财务资金结算协同体系，保障了供应链的稳健持续发展。

2. 供应链金融资本协同。供应链金融资本协同是围绕产业供应链和金融经营协同的融合，它的增值收益主要来自于产业支持下金融业务的经营成本和产业组合稳定现金流支持下的资金成本节约。高效的供应链金融资本协同是供应链企业创造增值溢价价值的重要途径，通过优化债务资本结构，降低整体融资成本，开展资本技术化、科学化运作实现资本溢价增值，拓展企业金融工具和手段迭代，推进金融资本盈利模式创新，寻找供应链新的利润增长点，不断提升供应链整体资金使用效率和整体效益，把金融资本占总体资产、营业收入的比例控制在合理区间；通过资本管理计划优化，在保证企业资金链安全可控的前提下，最大限度减少企业资金的低效沉淀，以资金运作产业化为目标，确保企业资本的流动性、安全性、效益性的动态平衡优化关系，制订存量资本运营原则和资金运作措施方案，争取金融资本在供应链的整体运作的协同效益最大化。

3. 供应链物流支撑协同。供应链物流支撑体系系统是指在供应链互动协同管理范围，相关企业在协同条件下物流体系运营的相关管理。供应链协同采购整合、制造整合、渠道整合、信息整合都需要物流支撑体系的重构优化支撑才能实现，供应链参与企业要考虑整体物流成本的有效归集和合理分配，不仅仅要降低某项业务的单一成本，还要有效降低供应链总体成本。传统渠道的物流服务体系大多是产品导向按照干线运输、区域仓储、区域调拨、末端分仓配送的物流路径，随着供应链协同整体需求，协同物流支撑体系通过优化整个物流运作，使物流、信息流和资金流的配合流动实现高效优化，并实现整体性、系统性的创新管理，通过对仓储库存和运输配送过程的协调，发挥物流资源的组织协同效应，大大降低供应链的整体物流成本。

4. 供应链线上线下协同。供应链线上线下协同体系主要通过信息技术与物流配送网络的支撑，实现全渠道的需求订单、便捷支付、物流配送之间的有效融合交互衔接，使整个供应链的采购、计划、生产、流通、服务等业务过程更加协同高效。线上线下协同体系主要通过统一的信息平台数据和线下业务流程数据共享集成实现数据结构化，通过数据协同业务实现供应链生产要素高效匹配，以需求数据为基准，通过数据协同产生新的增值方式，可以及时、准确地提供相关产品和服务。打造以线上线下资源融合控制为核心的供应链协同体系，通过线上资源和线下资源共同培育和合作、向上游延伸与品牌商合作、与同业战略合作联合采购，向下游联合线下实体渠道构建线上线下融合的、差异化有协同的多渠道体系。

5. 供应链需求预测协同。需求预测协同体系是驱动整个供应链业务的源动源头和核心要素，需求预测协同体系是预测目标、预测工具等多个要素组成的系统服务体系。供应链需求预测协同是根据供应链企业现有的基本状况、运营特点以及影响发展变化的众多因素，通过运用理论分析、数据统计等方法进行多维度的分析研究来判断未来的发展方向和未来趋势。需求预测可以科学高效优化库存管理，降低供应链的运营成本，显著提高运作效率，对于供应链战略的总体设计和有效实施具有重要的意义。需求预测协同是柔性制造和按需生产的基础、是连接生产制造和销售服务的桥梁，供应链的各环节运营都需要需求预测的相关数据配合支持，如供应链的销售计划、制造排产计划、财务资金筹集管理等准确性、及时性、科学性都直接或间接受到需求预测协同的影响和制约，因此，供应链需求预测协同体系可以有效保障供应链的成功。

6. 供应链产品研发协同。供应链产品研发协同体系是供应链企业的核心竞争力，产品研发与供应链协同构建了产品与供应链同步化设计的框架和流程，从而确保产品和供应链之间的协调性和一致性。客户个性定制化需求导致产品研发的需求模式发生了变化，产品研发的需求由传统的产品功能驱动向客户驱动转变，产品开发也从内部驱动转变为客户驱动，产品开发的由内部被动设计转变为供应链协同设计。供应商协同参与产品设计已经成为必然趋势，通过构建分布式、多组织、分布式异地设计中心、供应商联合设计的协同平台体系架构，从而达到快速提升供应链的整体研发效率，提高协同研发的战略价值。

7. 供应链采购管理协同。供应链采购管理协同体系是基于供应链管理协同的需要，从传统的采购模式向现代采购模式转变，即采购战略从传统交易向战略合作转变、采购需求从库存需求向订单驱动转变、采购范围从定向内部向协同外部转变。在供应链协同条件下，采购管理是以客户或者订单驱动进行的，从用户需求驱动开始直到延伸到整个供应链，这种驱动模式可以快速响应客户需求，降低采购整体成本，形成供应链协同下的采购管理理念。传统采购模式下，供应商只关注价格等主要因素，并且与采购方是交易关系，而基于供应链的采购关注采购综合总成本，并注重与供应商建立战略协作伙伴关系。因此，在供应链协同采购的影响之下，企业中的采购管理模式不断得到优化创新。

8. 供应链库存管理协同。供应链库存管理协同基于供应链的总体战略，以降低库存整体成本和提高响应能力为目标，通过对流程上各个库存节点管控协调，将各环节库存合理分布，保持供应链整体库存管理成本最优。供应链库存管理与传统库存管理相比，不仅是维持生产销售的措施，而且是供应链的重要平衡机制，消除供应链管理的不规则需求波动，保持供应链总体供需平衡。传统库存管理只考虑内部资源的有效利用，供应链协同管理实现整条供应链各环节库存的动态平衡，及时准确地预测供应链各项异常变化带来的需求，供应链的库存管理协同使供应链上各企业间建立起战略合作关系，实现供应链整体动态库存的科学分配。

9. 供应链制造管理协同。制造管理协同体系是借助信息网络技术将线性流程工作变为并行离散工程，实现供应链内部、跨供应链体系的各个工序、工位、环节、流程协同的生产模式，最终实现资源优化利用的目标。供应链制造管理协同是以产品为对象，通过服务型制造、敏捷制造、智能化制造、云制造等模式，将产品的生命周期各个阶段涉及的数据集成到进行数据应用，将各类生产要素进行优化整合，使制造环节各个流程可以高效协同。同时，制造管理协同将间断式、孤岛式流程管理转变为集成化管理，实现了全生命周期管理。协同制造管理是提升制造环节的需求敏捷性、缩短生产周期、提高制造效率、实现协同协作开发的重要手段。供应链制造管理协同模式，简化传统制造模式，通过制造协同的优化实现制造模式的创新，形成完整的管理控制闭环。

10. 供应链销售服务协同。销售服务协同体系，是以满足终端客户消费需求为核心，以销售渠道战略协同为前提，以销售服务资源共享为主导，以销售信息充分共享为基础，对主要供应链销售渠道和终端用户实施的销售服务运作方法。销售服务协同不是传统的渠道体系优化，是供应链升级迭代协同运作创新的转变，满足了客户驱动的渠道融合和客户交互，提升消费理解与敏捷反馈，是供应链客户之间的战略合作一体化的直接体现，建立销售服务协同体系是供应链协同的重要手段之一。基于供应链视角，从外部环境、组织内部以及合作特征对销售服务渠道协同驱动因素进行协同，多样化的销售服务协同体系建设对协作方式和管理要求不同，同时也对共享服务资源的开放、动态、透明和共享保持差异需求。

总的来看，供应链协同体系构建不仅可以帮助供应链企业形成整体溢价的核心竞争力，同时也提升了各个环节的局部竞争力，创造了产业集群式螺旋上升的效果，协同体系的创新建设管理可以实现有效供应链管理价值的最大化。

第三节 降低风险 以销定产

如果没有遍布全国的仓储基地和物流中心，没有支撑整个物流系统运转的WMS和TMS系统，家电业的发展一定会大打折扣。WMS是Warehouse Management System的英文缩写，即仓库管理系统；TMS则是Transportation Management System的英文缩写，意为运输管理系统。而不论是WMS，还是TMS，一切都是为了积极推进与上游企业建立协同式供应链库存管理（CPFR）系统。

试想一下，如果你的存货超过2万个SKU（库存量单位），人工就管不过来了，更不要说几十万、上百万个SKU。因此，分类存储、及时补货、科学调配成为供应链要解决的重点问题。当一个订单通过销售产生后，苏宁的后台系统会先将订单传送至配送部，配送部通过TMS自动“派工”。TMS考虑的决策因素主要包括：客户订单所处的位置、从南京雨花至客户处所需的时间、当前闲置车辆（装有GPS定位）所处的位置、车辆到达仓库及配送所需时间等。

自动化存储不仅使管理效力更强，还能有效降低商品的残损率。对于一般的零售商而言，稍有残损的货品，消费者不会过多追究；但作为业内领军企业的消费者要求会更高。业内仓储一般残损率为2%—3%，但通过仓储自动化，这一数字可以降至1%之内。

一方面，企业对于消费者需求的响应永远有改善的空间；另一方面，国内目前企业间的供应链对接水平还相当低，企业间的对接，人为多了一道仓储环节，造成了财力、物力、人力的浪费和不经济。国内还有不少家电企业，试图通过自建渠道，延伸其产业链，将企业原本相对有限的财务资源进一步从研发和制造两个环节分摊到了研发、制造和渠道三个环节，忽视社会发展分工越来越细的基本趋势。

所谓CPFR，即协同式供应链库存管理，亦称为协同、规划、预测与补货。ECR则是“高效消费者反应”，两者均致力于生产和流通企业间供应链环节的有效减少，缩短面对最终消费者的时间，提高合作企业的效益。在国内，要建立起成熟的CPFR，并非易事，这需要几乎所有供应商的信息接入，并与供应商达成多种创新形式的合作关系。无论是内部审批单据、审核信用，还是双方的系统及内部流程都需要共同进行一些改造。而对于那些经过多年的合作，双方已经建立起充分信任的大供应商，在建立起战略合作伙伴关系后，双方的对接更是一件容易的事情。但是“对接”也并不意味着一定能达到CPFR的功能。不仅因为供应商大小的不同，对接方式有区别，即使在那些实现B2B直连的供应商中间，也有CPFR和非CPFR的区别。这主要取决于供应商对合作的开放态度和认识深度。

作为零售终端，天生比生产厂商更接近消费者，更了解消费者的需求，他们的核心竞争力不是去研发和制造，而是拥有大量的客户消费数据，通过深层的数据挖掘，消费者的市场需求能够被相当精确地分析出来。这种发现家电品牌未能满足消费者的

"盲点"，也是把服务作为核心产品和ECR观念的一种体现。举例说，某零售商与某供应商合作建立CPFR供应链管理体系，通过连锁店面终端的销售数据和咨询信息，销售预测分析师在每天上午10点通过BI（Business Intelligence，商业智能）系统，在系统数据分析平台中查询与销售相关信息，做环比和同比分析，并对市场消费者的需求导向做出判断，分析结果显示畅销商品的型号、数量，以及某些单品的需求特性（比如，颜色、性能、应用技术等），根据分析结果预测未来一段时间内的销售量。然后，再通过B2B系统将预测结果与某供应商共享。

某供应商参考店面销售数据和预测结果，进行研发设计调整、改进生产流程，同时根据零售商在各地的库存情况，每天0:00由系统自动将缺货信息以邮件形式发送给制单员，制单员在上班后，根据缺货信息进行及时制单操作，系统将订单实时传递至物流配送系统，物流部门当天对缺货店面进行发货作业。经过一段时间的运行，在与某供应商操作的商品类别范围内，随着门店库存周转率提高，门店的库存满足率提高，降低了缺货率，更准确的销售预算也在库存和销售上得到体现，从而提升销售量。

我国家电行业供应链中，制造商和零售商分别根据自己的生产或销售经验，对客户需求进行预测，而彼此间很少进行协同预测。对于我国家电行业供应链来说，仅仅靠一家企业来提高需求预测的准确性是不太可能的。这种需求预测模式都是基于不完全的供应链信息，所预测的结果往往准确性不够，企业需求预测不准确，将导致市场缺货，带来销售机会损失，或出现过多库存、库存成本上升。相反，通过共同管理业务和共享信息来可以明显改善零售商和供应商之间的计划协调性，提高预测准确度，最终达到提高供应链效率，减少库存和提高客户满意度的目的。

对于我国家电行业供应链来说，协同预测的真正价值来自供应链成员企业共享需求信息，而不是复杂的数学运算，仅仅靠一家企业提高预测的准确性是不太可能的。当家电制造商和零售商协同预测，使相关的销售、促销、门店和新产品信息一体化，就有可能使客户的需求和制造商的生产计划同步，这样才能确保对客户的供给及时有效，这种协同预测也需要根据需求和促销的变化预先进行调整，避免既成事实之后的调整所产生的费用。协同预测的目的就是通过提高预测准确性，努力做到供应链最优化，实现将正确的产品在正确的时间运送到正确的地点，减少供应链过程中的库存，避免缺货，提高客户服务水平。只有供应链成员企业间形成紧密的合作伙伴，并共享信息和共担风险，才能实现上述目标。

协同预测策略包括协同、计划、预测和补货四个方面：协同是基础，供应链上的各成员企业需要进行业务、信息、标准化等方面的协同，才能保证协同预测策略真正发挥效用，并取得成功。供应链的业务协同方面，是指各成员企业需要保持上下游业务间的有效衔接；供应链的信息协同方面，是指各成员企业间进行充分的信息交换，实现供应链信息的可视性。

供应链的标准化协同，是指各成员企业在业务和信息上的标准化计划，是预测的基础，而计划又不等于预测，预测需要建立在合理的计划基础上，协同预测的计划部分体现的是企业间的合作规划以及合作财务。除此以外，供应链的各成员企业还应在产品生产计划、运输计划、库存计划、促销计划等方面保持一致预测，是供应链每个企业都要面对的问题，而预测的结果往往与未来的实际需求不一致。各企业为了应对未来的不确定因素，通常是保留一定的安全库存来应对，使得库存增加。协同预测策略要求的是供应链成员协同预测，即各企业要保证预测的时间、对象、空间上保持一致。协同预测也需要各企业在协同计划完全透明的基础上来开展预测，并共同建立预测模型、收集数据，不断修正、优化预测结果，尽量做到准确预测，从而降低整个供应链中的库存补货，是保障供应链生产、分销、销售正常运作的关键，也是协同预测策略的执行环节。供应链上的企业对于补货的时间、方式、安全库存的确定，运输计划的制定等方面需要各企业共同协调确定，并共同建立有效地补货模型，最终实现及时、准确、高效的补货。

协同预测策略的实施过程，可以概括为：建立供应链战略合作伙伴关系；通过供应链核心企业的内部网、外部网及互联网来整合供应链信息流，实现供应链信息共享；在战略合作和信息共享的基础上，实现对需求的协同预测，提高预测的准确性。具体来说，包括以下步骤：

1. 供应链成员企业间签署合作协议。供应链成员企业必须就下列事项达成一致：协作的目标、解决争议的基本原则、共享信息的机密程度、销售预测中的例外标准，复议周期、时间框架、可容忍的不改变时间、资源的委托事项、财务的激励和成功的标准。一些具体的目标包括提高客户服务水平、减少缺货、降低库存、增加销售、降低成本、提高预测准确性以及与预测同步生产等。

2. 供应链成员企业间联合制定供应链计划。要制定一份供应链计划，需要各成员企业之间分享企业的商业战略和各种计划。这份供应链计划一般包括制定一份联合商品目录，以及适合这些商品销售的促销计划、仓储战略、促销活动以及特别规定的价格战略。一份商品目录是一组可以管理的产品，这些被消费者接收的商品是可以替换的，其中的每件商品都有一份可供管理的文档，包括最低订购数量、提前期、订单时间间隔、固定周期以及安全库存等内容的说明。当门店开张或关闭，以及每件商品发生变化时，都要及时通知合作伙伴。合作伙伴能够及时了解新产品促销和大型活动对需求的影响，这些最终会影响供应链的有效管理。

3. 供应链成员企业间协同制定销售预测。供应链成员企业间应用网络技术分享数据，如零售商销售点的信息、配送中心的退货情况、生产的消耗情况以及其他计划中的事件，将有关将来和过去的各种信息和数据输入预测过程，得到可供分享的预测结果，合作伙伴的一方或双方都可能会进行销售预测，可以利用双方事先约定好的例外标准来找到差距。

4. 找到销售预测中的例外。不管最初的预测是怎么得来的，所有的例外都要在第四步中明确。销售预测的例外标准举例如下：现货零售的准确率低于95%，销售预测的误差超过20%，与去年同期相比销售预测的误差超过10%等。在促销和开店的数量发生变化的时候，实时联合决策降低风险，增加单一形式预测的准确性。

5. 解决或协同处理销售例外情况。在这一步骤中，通过合作伙伴的协调，所有的例外情况都得以处理并得到一个一致的预测。经过分析各种数据如历史需求、运输信息、现有能力限制、安全库存、产生影响的事件（如新品推荐、门店开张或关闭）、现有库存水平，兼顾销售预测和前面提到的供应链计划，得出订单的预测。订单预测代表一段时间的详细订货需求，包括不同商品的库存需求和接收地点，这份订单帮助生产人员根据需求有效安排生产能力并保证安全库存最小化。对于零售商来说，订单的满足会带来更大的自信。实际上，实时的协同努力使合作伙伴之间的不确定性最小化，并能使供应链库存缩小，客户服务水平提高。

案例二

夯实新时代产业供应链　智能家电产业园落户宿迁

津晶控股集团致力成长为一家具有明显工业特色的国际化产业供应链智能制造公司，以专注“四纬一体”成就卓越，融汇“互联互通”承载未来。

津晶控股集团是一家集研发、生产、销售和互联网金融为一体的现代化智能家电产业供应链制造企业，集团总部位于广东省佛山市南海区，成立于2012年，集团董事长江国民同时兼任志高集团副总裁，拥有超过25年的从业专注经验，对家电行业有深刻认识，对新时代中国制造的高质量发展有较为清晰、清醒判断，知行合一，也是“四纬一体·互联互通”商业模式的创建人、践行者。

津晶控股集团行稳致远，高效、高速、高质量发展，聚焦智能家电的集聚化、组团式顶层设计，整体规划，链接产业上下游，矢志打造国际化产业供应链智能制造体系。现已分别在粤港澳大湾区的广东佛山、肇庆，江苏宿迁，广西柳州等地成功布局，蓄势待发、击楫奋进。

集团具有完善的质量管理体系，并严格按照国家、国际认可的质量管理体系（QMS）标准和要求建立产品研发、制造、销售和财务中心，通过ISO9001: 2015认证，当前持有志高、津晶、TOYO、山水等国内外知名家电品牌的恒久运营权，产品种类繁多，涵盖大小家电、生活电器等产品门类，渠道独特，市场营销网络遍布全球100多个国家。

在实体经济虚弱、流动性枯竭的环境下，集团综合家电行业的供给需求与经营特点，于2018年初创立了互联网科技领域的家电产业供应链互联网平台——集众电采，为各中小企业提供多元化的渠道分销以及品牌服务，实现上游企业与下游的资源匹配，打造企业供应链；为各中小企业提供金融服务，打破资金困局；为链属相关中小企业发展注入新动力，逐步实现产业互联网化。

2018年，宿迁经开区与津晶控股集团举行宿迁津晶智能家电产业园项目签约仪式。由津晶控股集团投资兴建的宿迁津晶智能家电产业园项目，计划总投资10亿元人民币，占地面积约222亩。

宿迁经济技术开发区成立于1998年11月，是宿迁第一家国家级经济技术开发区，位于宿迁中心城市南部，距离市政府仅1.5公里，行政管辖面积118.8平方公里，社会人口20万，是现代化的“南部新城”，也是宿迁中心城市的重要板块。建区以来，宿迁经开区以工业为根、企业为本、产业为重，全力招大引强、培大育强，初步形成了智能家电、食品饮料、光电“2+1”特色产业体系，已经成为江苏乃至长三角地区新兴的工业制造业基地。其中，智能家电产业集聚了近30家龙头整机及核心配套企业，获批“江苏省智能家电先进制造业基地”和“中国家电产业基地”。宿迁经济技术开发区正以优惠的投资政策、优越的产业配套、优良的投资环境，吸引着海内外广大客商前来投资兴业。

稳增长、调结构、促转型，关键是抓住大项目、好项目。宿迁经开区注重把先进制造业作为做强实体经济、推进高质量发展的重要举措。投资30亿元的津晶智能家电产业园是此次宿迁经开区的“重头戏”，项目主要从事各类智能家电产品的研发、生产和销售，投产后年可实现开票销售45亿元、缴纳税收1.5亿元。其中，津晶智能家电项目，第一阶段是冰洗生产制造基地，地块占地面积222亩（约148000平方米），为津晶冰洗项目总建筑面积约14万平方米，计划2020年8月份建成投产，预计年产系列冰箱、洗衣机、干衣机等200万台（套）；二期津晶智能空调项目，主要生产各类家用智能变频空调及其配套件，项目全部投产后，可实现年产系列智能空调300万台（套）。

津晶控股集团董事长江国民在宿迁市2019年第一季度全市重大产业项目集中开工仪式上致辞

经过充分调研和分析，津晶在宿迁经开区投资建设津晶智能家电产业园项目，首期投资10亿元作为基础建设，项目达标达产后实现年创税超3800万元。好的市场策略须仰仗于好的产品，好的产品是企业成功的一半，宿迁津晶智能家电产业园项目建成后将有力地推动宿迁经开区智能家电产业以及相关产业集聚和发展，对经开区引领全市新型工业化发展和加快经济转型升级有重要意义。

第三篇

重塑

中国家电企业价值链的创新和升级

互联网企业与传统企业是互荣共生的，互联网经济需要实体经济的支撑，传统企业需要互联网思维的进化。传统企业互联网化大致经过以下四个阶段，首先是传播层面的互联网化，通过互联网工具实现品牌展示、产品宣传等功能；其次是渠道层面的互联网化，通过互联网实现产品销售；然后是供应链层面的互联网化，通过C2B模式，消费者参与到产品设计和研发环节；最后是用互联网思维重新架构企业，因此最高阶最彻底的互联网转型，就是通过互联网思维去重塑企业的整个价值链。

互联网思维是传统企业互联网化的核心。用户思维、迭代思维、平台思维、跨界思维，这四种关键的思维方式是互联网思维的典型代表，分别对应的是市场与消费者、技术创新流程、商业经营模式、产业链与产业边界四个不同层面的思考，是对企业各个价值链环节的重构。未来的网络形态一定是跨越各种终端设备的，包括电脑、电视、平板、手机、手表、眼镜等。

我国的家电产业是“中国制造”转型“中国创造”的典型代表，其在产品、渠道、品牌方面的经营模式受到国内很多产业的借鉴。传统家电企业要想赢得未来，一定要把互联网思维融入到企业经营的逻辑中。未来一定是属于既能深刻理解传统商业的本质，也具有互联网思维的企业。

过去，中国家电企业一直是跟在外资企业身后行走，无论是大规模制造、低成本分销，都不是创造需求，只是简单粗放地抢夺蛋糕。如今，中国家电企业已经走到产业发展的最前沿，超越欧美、日韩企业，成为全球家电新的主导者。中国家电企业也必须要为全球家电探索一条通向未来的可持续道路。

对于进入发展新常态、转型变革新通道的中国家电产业来说，即将面临的是由中国家电企业真正站在全球产业发展和市场竞争新高度上开辟的一条“自主创造、自主定义”的新道路和新战役。学会自己走路，走自己的路，这正是众多中国家电厂商需要解决的问题。

回望过去40年中国家电产业的发展历程可以清楚地看到：作为“舶来品”的家电，在中国市场发展伊始便受到来自日本、德国、美国以及韩国企业影响，这也就直接造成中国家电企业在发展过程中更多采取跟随、模仿策略。

如今，中国品牌不仅牢牢占据着中国家电市场发展的主动权，而且很早就开始参与并布局全球家电市场的竞争，从原创性的产品和技术入手，以大规模制造和创新化营销为依托，快速找到一条自我驱动和发展的新道路，由此也确立并开创了中国家电产业发展的新序幕。更为重要的是，最近10多年来，随着中国本土家电企业的强势崛起和全面“超车”，一大批来自发达国家的家电企业，或陆续退出中国市场的竞争，或沦为中国市场的配角。

第一章

赢在制造

面对当前中国家电产业的发展形势、竞争格局，以及中国家电企业的综合竞争实力：一方面，曾经是中国家电产业启蒙者的众多外资企业，受到自身的发展战略转型和调整，已经无法继续引领中国家电产业和企业的方向；另一方面，已经成为全球家电产业新引领者的中国企业，必须掌握引领全球家电产业发展方向和趋势的能力。对于中国家电企业来说，这既是企业发展到一定阶段必须要面对和承担的责任和义务，也是中国家电产业赋予领军企业的使命和担当。在已经启动的中国家电产业发展新十年背景下，中国家电企业必须要建立差异化的新竞争、新驱动体系，才能更好地与世界对话，参与世界舞台的竞争。走自己的路，活出自己的精彩，才能真正摆脱对于外部环境的依赖以及竞争对手的影响，真正在全球家电市场上打出一轮“中国制造”的重拳，掀起一场“中国创造”的旋风，才能真正实现对“中国制造”内涵和外延的重新定义，开启一个中国家电定义全球市场的新时代。

真正的成长，依靠的是科技创新。仔细研究那些十年来保持强劲增长的公司，你会发现它们往往将科技创新视为企业发展的原动力。对于当今的中国企业来说，无论是转型升级，还是结构调整，都面临着很多待解的难题，如何突破这些瓶颈，正成为越来越多的企业家努力的方向。对于中国家电制造业而言，今年现实的宏观经济形势尤其残酷，公司要想实现成长目标，唯一的方法就是提高科技创新的投资回报。

中国家电企业已然开始建立起通过科技创新助推企业可持续发展的长期战略，

并且深刻地认识到唯有提高创新能力，不断地向产业价值链的上游移动，才能创造出更多的价值链上游和高端的产品，从而增加产品的附加价值，这也是当下解决全球通胀、资源能源价格上涨、大宗商品价格上扬、劳动力成本上升等企业发展困境的关键。

正如GE公司前CEO杰克·韦尔奇所言，中国的制造商要达到日本制造商和韩国制造商所曾经达到的品牌认知度，必由之路就是科技创新。企业要做大做强，需要依靠多元化发展，中国企业应就国内经济环境及全球化国际背景进行市场定位，再从质量入手，打造“中国制造”良好信誉，掌握市场话语权。如果你能够让品牌差异化，让产品与众不同，你的消费者就会主动找到你，你就会有能力引导市场的变化，就会有能力去定价，推动这个市场未来的走向，最终成为中国“智”造走向世界的典范。

第一节
以科技创新诠释“中国制造”

中国制造正在成为全球性的新话题，在全球瞩目的背后是中国制造从弱到强，从低价标签到高质形象的华丽转身。事实上，新中国成立70年以来，大到航空航天，小到民生保障，中国的制造业正在发生着翻天覆地的变化。

1990年，美国学者约瑟夫奈提出“软实力”概念。这种无形的影响力，成为获取竞争优势的重要资本。在全球制造业高度竞争的当下，制造业软实力成为考量国家经济发展的新标准。如果沿着历史长河逆流而上，四大发明、瓷器、铸造工艺等古代文明，无一不是领先世界的巨大成就。而聚焦新中国成立后的70年，从航天、高铁等战略领域到手机、家电等民生产品，中国制造的成就同样令人骄傲。从软实力的标准来考量，生生不息的工匠成为从古至今中国制造软实力的最大底色。

1959年，承担原料研制的铀浓缩工厂因为国外停止润滑油的供应面临停工。内无工业基础、外无技术援助，中国的润滑油工业纯粹是从零起步。由于工作条件艰苦，为了清洁度，工人们会主动在操作时把工作间内的通风设备停了，手脚套上塑料袋，在高温且含有毒性的油气蒸发中进行研发。尽管条件艰苦，符合要求的产品最终还是被生产出来，保障了新中国第一颗原子弹爆炸成功。如今，“神舟”上天、“玉兔”落月、“蛟龙”入海、高铁驰骋等一大批享誉世界的辉煌成就史无前例。而在成功的背后，能够支撑中国制造不断创造奇迹的软实力，正是代代传承的大国工匠。

如果说工匠是中国制造的软实力，那么在全球竞争白热化的背景下，科技创新能力成为考量所有企业硬实力的核心。正如董明珠所说，中国制造在转型时期最重要的就是制造业能够创新，具有创新能力才能改变我们过去传统的生产模式。从华为技术惊艳全球到今天的互联网改变生活，再到中国制造登上世界舞台，无一不是技术创新的结果。特别是在国家战略领域，由于对技术的严格要求，自主创新成为确保企业竞争力乃至国家战略安全的重中之重。

中国正处在国家发展的关键时期，经济建设是第一要务。大力发展科学技术，成为世界主要科学中心和创新高地将为经济发展注入源源不断的驱动力。可以说，目前的中国比历史上任何时期都更需要建设世界科技强国。从受制于人到世界领先，从质低价廉到高价高质，中国制造的落后印象正在新一轮的全球经济浪潮中破旧立新。回顾历史，深厚积淀的工匠为中国制造提供了源源不断的文化自信。放眼未来，全球科技创新的汹涌浪潮正在塑造新的经济秩序。站在历史和未来的交汇点上，中国制造正在焕发出生机勃勃的全新形象。

如今，中国制造一改过去价廉质低的形象，凭借其先进的技术、过硬的质量赢得了全球用户的青睐。伴随着中国经济的崛起，“中国制造”已成为一张亮丽的名片。国际数据公司IDC的数据显示，2017年第一季度全球智能手机市场份额前十大企业中，6家中国品牌成功入围。在印尼，OPPO、vivo和小米三个国产手机品牌跻身2017年第三季度当地智能手机销量排行榜的前五位。在印度，小米手机凭借920万台手机出货量以及在印度市场23.5%的占有率，成功晋升为2017年第三季度印度智能手机第一名。

与此同时，中国制造在造船、家电等领域屡创佳绩。作为世界造船大国，中国的船舶订单量、建造量和未交付订单占有率三大指标位列世界第一，世界上已有船只类型95%以上中国人都能制造。中国家电企业的国际化征途风生水起，国际竞争力稳步提升。海尔收购三洋白电、斐雪派克、通用家电，美的收购东芝白电、意大利中央冰洗企业Clivet、全球机器人四大家之一的库卡集团……从传统代工厂，到自主做品牌，再到加快海外布局，其角色正悄然发生变化。站在新的发展起点上，中国制造向世界亮出一张张创新名片：高铁、核电等装备跨洋过海，国产大飞机蓄势待飞，华为、小米等品牌引领消费潮流……“中国智造”以创新为底色紧握创新钥匙、开启供给侧结构性改革新实践，“中国制造”迎来了发展的新天地，转型升级的新动力让“中国智造”的呼声愈发高涨。

制造业是国民经济的主体，是科技创新的主战场，是立国之本、兴国之器、强国之基。近年来，中国政府就建设制造强国这一目标，相继推出了众多政策措施，为中国制造的快速发展营造了良好的环境。2015年，国务院印发了《中国制造2025》的通知，提出实现制造强国“三步走”的战略目标，力争用10年时间迈入制造强国行列。《中国制造2025》出台以来，工信部先后确定了109个智能制造试点示范项目，这些项目生产效率平均提高30%以上，运营成本平均降低20%以上。2017年11月，国务院办公厅印发《关于创建“中国制造2025”国家级示范区的通知》，对“中国制造2025”国家级示范区创建工作进行全面部署。一系列政策的出台，为中国制造的发展扫清了障碍。根据科技部的统计，中国发明专利申请量和授权量居世界第一，有效发明专利保有量居世界第三。2017年国家创新能力排名从2012年第20位升至第17位。从制造大国到制造强国，站在新一轮科技革命和产业变革的风口上，中国制造这艘航船，正在创新的有力引领下破浪前行。

2018年，当中国家电企业站在德国IFA舞台中央时，他们前行的力量不是营销和价格，而是技术创新。中国企业在德国IFA正扮演着越来越重要的角色。以海尔、海信、美的、TCL、长虹等为代表的中国家电企业已经成为一股无法忽视的力量，他们在德国IFA用技术丈量着全球家电的深度与广度。这些企业已经站在了全球家电行业创新的塔尖。在中国高端制造2025政策利好的推动之下，中国家电行业正处在一个最好的创新时代。创新驱动、科技引领已经成为了中国制造业的主旋律。中国家电产业，作为中国制造业的支撑，创新成为了行业稳步、持续发展的核心驱动力。和以往不同的是，在德国IFA期间，中国家电企业向全球展示的人工智能、智慧家居，获得了欧洲消费者的认同。

“第十四届中国家用电器创新成果推介”的意义在于，通过IFA展这个世界级大舞台，将时下中国家电最前沿的创新成果推向全球，搭建中国家电企业与世界家电产业的沟通桥梁。连续第十年亮相柏林，这期间，2009年至2018年是中国家电产业锐意革新的十年。中国家用电器研究院院长刘挺表示，十年时间里，中国家电产业稳固了世界家电最大制造和消费市场的地位，同时在消费升级的客观需求驱动下，整个家电产业完成了从价格、营销为主的初级竞争模式到技术、产品为主的高级竞争模式的蜕变。创新已经成为了业界共识，围绕技术、产品、设计、标准、服务等多维度的创新成果层出不穷。因为创新，中国家电产业稳固了作为世界家电制造大国的地位；面向未来，也唯有创新，中国才能成为名副其实的家电制造强国。

2018年是中国家电产业创新的丰收年。当前，家电市场的消费结构已经发生了巨大变化，整个市场呈现出从注重量的满足向追求质的提升、从产品消费向服务消费、从单一消费向个性化、多元化消费等一系列的转变。中国家电企业必须认识到，未来市场一定是以创新为驱动力，向高端、智能、健康、高品质等方向发展，助力消费者拥抱舒适生活、美好生活。

2018年10月，第125届中国进出口商品交易会（广交会）开门迎客，家电品类是广交会第一期的重头戏，我国家电制造企业集体以设计精美、品质卓越、功能新颖的家电产品迎接来自全球的采购商，海外客商则不断竖起大拇指，对中国制造的家电产品交口称赞。广交会期间，一大批知名家电制造企业的展位前始终人头攒动、人气爆棚，一款款家电精品吸引了海外采购商的长时间驻足观看，凝聚先进科技的创新产品，更是让国际友人叹为观止。中国家电产业作为中国制造业的代表性产业之一，在全球有着举足轻重的地位。而作为我国外贸的“晴雨表”，广交会历来是洞察家电出口趋势的窗口。

总体来看，2018年广交会格力电器的成交情况比去年要好，人流量、洽谈客商的热情都比往年高很多。广交会印证了我国家电出口形势的好转。2018年以来，我国家电出口延续了去年的增长趋势，家电对外出口整体形势稳中向好。海关总署数据显示，今年1—8月我国家电对外出口持续增长，累计出口额达到415.3亿美元，同比增长7.1%，创下了历史最好水平，一些主要家电品类，如洗衣机、电冰箱、电热水器、吸油烟机、燃气灶等，出口量都实现了两位数增长；部分出口产品结构持续优化，如电冰箱，200L—500L和500L以上冰箱出口额增幅分别达26.2%和51.1%。

从各家电企业年中报和在广交会上公布的数据看，我国家电企业今年在出口业务上都实现了大丰收。广交会见证了我国家电出口的回暖，也映射出国内家电企业出口业务模式的变化。从本次广交会各企业展示的产品看，我国家电企业正在改变以往的单品类、低成本、大规模的出口业务模式，通过高品质、高技术含量的产品，来俘获海外客户和消费者的芳心。

有一点趋势比较明显：以往的单品类、大规模、低价格的模式在家电出口中的竞争力正在逐步减弱。海外客商与国内参展企业谈技术合作的越来越多，海外客商对于有特点的、能够区别于其他企业的产品越来越有兴趣。尤其是比较高端的，有设计感、有专利技术、别人不能模仿的，又很好解决消费者痛点（的产品）特别好卖，买主对这类产品价格不是很敏感。海外客商更看重技术比较先进的、有独家技术的差异化产品，对中国自主品牌的认可度也在不断提升。

事实上，在转变出口业务模式、优化产品结构和品质的同时，我国家电企业也在积极尝试更多的方法以提升出口实力，例如，在海外建立研发中心，针对当地消费者需求进行针对性的产品和技术开发；加大品牌海外推广力度，提升自主品牌的海外影响力。比如海信，赞助2016法国欧洲杯和2018俄罗斯世界杯等诸多重大国际体育赛事，让海信在海外市场声名鹊起。据海信欧洲总经理韩建民透露，在赞助2016欧洲杯之前，海信在欧洲的品牌知名度相对较低，但经过欧洲杯之后，海信的品牌知名度上升到了30%。

中国家用电器协会副理事长徐东生就曾明确表示，家电企业应继续把握当前国际制造业深度调整的机会，抓住“亚投行”“一带一路”的机遇，加速品牌国际化，加快产品全球化；改善出口结构，转变增长方式，从单纯产品出口向产品、服务、技术、资本共同输出转变，从单一价格竞争优势向技术、品牌、质量、服务综合竞争优势转变，以优良的品质、丰富的内涵、精准的服务更好地拓展全球市场，培育外贸发展的新动力。党的十九大报告提出要“加快建设制造强国”，中国家电行业在“制造强国”的道路上正加速前行，距离家电强国的目标已渐行渐近。

案例三

以创新升级完成“世界首创”

从冰洗行业的历史数据看，在三年的涨跌周期中，一般呈正增长的年份不超过两个，而最近的一波周期已连续三年出现正增长。回顾2018年，冰洗产业的需求经过前几年的快速释放后，增速出现下降。根据《2018年中国家电行业三季度报告》数据显示，2018年第三季度，冰洗市场的零售量和零售额规模均出现了同比下滑。

作为冰洗行业四大家族之一，与其他拘泥于低端价格战和线上拼低价的营销型品牌不同，津晶冰洗通过产品、品牌、营销模式上的创新，以“智能+健康”现象级冰洗拉升产品竞争力，以津晶4.19超级品牌日IP形象和海外创牌打造超强品牌力，以前置化营销策略和全球化的视野实现全球市场风口的“抢位、占位、霸位”，最终开创冰洗的健康清新时代，引领了2018全年的行业新方向。

自创建以来，十余年的快速稳健发展，津晶始终坚持“以质量求生存、以科技求效益，以品牌促发展”的经营理念，一贯注重科技创新，是“全国高新技术产业化示范企业”，多年来自主研发硕果累累，拥有众多核心技术。津晶正在向国外展现自身的魅力，传递着“智能化、高端化、全球化”品牌理念和高端形象，立足国内外市场，继续深化智能科技创新，坚持“走出去”战略，在品牌国际化建设道路上迈出更坚实的步伐。在过去十年间，津晶旗下每个产品事业部都从战略高度重视科技创新，每年在技术研发上不断加大投入。得益于科技创新，津晶不仅完成了市场销售规模的成功扩张，通过科技创新构建了全产业链优势，而这一切正是得益于以技术驱动发展，对科技创新锲而不舍的投入。让我们来看看这两年津晶控股集团在消费升级的大背景下，是如何实现家电制造的创新升级的。

智能化已成为家电业发展的重要趋势，市场上，从智能手机到智能电视再到智能冰洗，智能化产品可谓层出不穷。在冰洗转向智能的过程中，津晶率先发力，将智能与健康科技加速融合，让传统冰洗的基本冷暖属性扩展到“让空气更清新”的大平台和新内涵，同时，这也开创了接下来整个家电行业加速迭代创新、细分市场、结构创新的大趋势。

可以说，冰洗行业在连续经历两个大年后，2018冷年的整体市场表现依旧是令人乐观的。一方面，近年来持续的高温天气，催生了冰洗市场需求的进一步释放；另一方面，大宗原材料价格企稳且有回落，造成冰洗行业的成本压力减小；此外，新零售模式，营销渠道的进一步下沉变革，三、四级乡镇及农村市场需求的进一步释放也为市场增量带来了动力；最后，冰洗行业能保持增长，也离不开冰洗产品力的大幅提升，纵观2018冷年，不管是品质、性能，还是工业设计都出现了长足发展，智能、艺术、清新正成为冰洗行业新的增长点。作为冰洗业四大家族之一，近几年来，津晶在冰洗行业取得的成绩有目共睹，每一次津晶新品的发布和品牌事件的推出，也都为业界所瞩目。

津晶冰洗打造极致用户体验，提升产品溢价能力，进一步开拓了中高端冰洗市场；在渠道方面，通过做好线上、线下市场的差异化平衡布局，加速渠道下沉，发力新零售，进一步拉近工厂与市场，销售与客户间的距离；在营销方面，继续以成龙的国际影响力，持续深化津晶在全球的“高端冰洗引领者”品牌定位，以此贯通产品、品牌、技术、营销各种资源的冰洗品质消费节点，以及家电行业未来的品牌IP。

第二节 家电智能制造培养新动能

制造业是国民经济的重要支柱，改革开放40年来，中国已经成长为颇具实力的世界制造业大国，但同时面临全球制造业发展格局深刻变化的巨大挑战。作为“中国制造”的代表，家电产业同样处于“由大变强”的发展关键时期。在当前新时代，按照党的十九大要求，以提高供给体系质量为目标，打造一批品牌叫得响、附加值高、质量精良的家电产品，切实把习近平新时代中国特色社会主义思想落实到提升家电行业竞争力的实际工作中，促进家电行业高质量发展，是家电行业面临的形势和任务。我们要清醒地看到，我国消费者对家电产品的需求，已经从满足基本的使用需求，逐步向个性化、多样化、智能化、高端化转变。

要在新的竞争格局中把握主动，制造升级已经成为中国家电企业的共同选择。家电及上游零部件制造企业无一例外地都将制造升级提升到企业发展的战略层面。中国家电产业在制造体系进行全面升级是必然也是必需的选择。国际产业环境的变化，中国生产要素成本的提升，中国家电市场消费升级趋势的呈现，互联网、大数据等新兴技术引发的生产方式、商业模式和产业链变革，都要求家电制造体系全面转型。

毋庸置疑，制造升级将增强中国家电业的长期抗压能力。这其中，智能制造更是中国家电产业升级的主攻方向之一。经过40年的发展，中国家电产业在制造规模、制造能力、标准化水平、用户资源等方面均积累了雄厚的基础，已经具备了推进智能制造的条件。如今，中国家电业已经踏上由“制造”到“智造”的升级之路。智能制造为中国家电业带来的不仅是自动化水平的提升，更是信息化和工业化的深度融合，造就的是整个行业制造水平、制造效率的全面提升。推动家电业向智能制造转型，对塑造中国家电竞争优势具有重要的意义。

中国本土企业正在积极探索具有中国特色、适应自身发展的“智造”新模式。作为中国家电行业的领军企业之一，津晶从两化融合、互联工厂到智能制造、工业互联网，通过不断实践和升级，探索出智能制造的中国模式。工业互联网时代对于制造业是一个难得的机遇，如果能够抓住这个机遇换道超车，中国就会在全球实现引领。津晶是最早打出智能冰洗概念的企业，并在2012年推出了全球首款智能云冰洗。其实从工业制造企业向具有互联网基因的企业转型的津晶，早在2009年就开始布局云战略，深度挖掘冰洗中后端的价值链。

据了解，津晶冰洗是目前行业少数拥有智能云冰洗大数据中心的企业，可实现企业、产品、消费者的三方有效互动。只要有网络的地方，就可以通过手机或智能终端，轻松实现操控家里的冰洗。一旦冰洗出现故障，云冰洗会自动将故障信息及时传送到津晶云服务中心，官方售后人员可第一时间与用户取得联系并解决问题。这样一来，去掉传统的烦琐报修环节，相当于厂家全年无休24小时随时随地能为用户解决冰洗使用过程中出现的问题，从而实现透明服务、精确服务、即时服务，让用户真正享受无忧售后。

未来智能云冰洗网络及庞大的用户基础也会变成具有价值的商业资源平台，延伸或搭载其他增值服务。在互联网+的道路上，津晶也走在了家电行业的最前列。单单国美电器一家向津晶冰洗采购的智能云冰洗就曾高达10万套，智能冰洗经过多年的市场培育，销售已经实现规模上量。当然，这场智能家电的布局，仅仅有家电企业自身的努力是不够的，也不可能只与一两家具有互联网基因的企业合作就能实现。就冰洗行业而言，冰洗智能化的产业革命，既要依靠国家强力推进3C大融合，更要依靠开放的多元化力量来共同推进。这些因素的存在交互和不断发展成熟，将为大规模推广智能冰洗和快速提升智能冰洗占比提供坚实的基础。

津晶一向主张“价值战”，因为价格战无论在哪个时期都不是一件好事，会损害企业与行业，最终损害到消费者的利益。目前冰洗行业部分厂商打价格战，这与冰洗行业所处转型升级的市场大环境格格不入。在未来竞争中，只有真正掌握行业高端前沿技术的企业才能最终领跑行业。作为冰洗业四大家族之一的津晶，一直走以技术品质制胜的价值战之路。针对当前冰洗行业终端销售不畅的低迷走势，以及价格战抬头的不利局面，津晶有领先的产品力作为支撑，以智能云冰洗为驱动，牵手成龙开启高端转型战略，将从技术、品牌、营销等各个环节开启全方位变革。

智能制造因为其对于产品、供应链、生产制造的有效集成，能够实现产品定制化与个性化、生产中的降本增效以及物流库存中的资源节约与高效，因此备受关注，是传统制造业找寻效率提高、业务拓展和利润增加的“不二法门”。智能制造的建设落地，IT是直接执行者，也是需要对于系统建设直接负责的部门，对于传统企业来说，数字化转型是一件很难的事情，牵涉的面极广，包括供应链、财务、生产、营销等，因此，需要恰当的契机与充分的准备。

基本上，智能制造的落地主要有以下挑战：投入与回报（ROI）：智能制造是一个漫长的过程，ROI在短期内很难量化；智能制造的投入成本高昂，除了MES等软件系统外，硬件设施包括PC、平板、PDA、车间看板、物扫等，也是数量巨大；速度和效率：效率问题的关键在于，能否从原来的生产管理，快速转向透明化、精益化、智能化，能否实现弯道超车，为企业发展带来增量；人才储备：智能制造的建设，需要在战略、思想、技术、执行等方面，具备大量人才，才能落地。

对于传统企业来讲，首先需要清楚地认识到，并不是所有的行业都需要智能制造转型，在适合转型时，也需要做到以下思考：高层的认知：高层对于企业内在力的清晰认知，对于战略的准确把握，对于智能制造的深入了解，找到企业与之匹配的转型契机与切口；企业和产品的特性：企业在行业中所处的位置怎样；产品个性化、自动化的程度，是否是合适时机；行业的竞争：借助SWOT/PDCA等分析工具，结合内外部背景，明确转型价值，掌握行业发展整体趋势。转型价值：产品迭代是否更快；是否可以向产业链上下游发展；能否围绕价值链，整合形成生态；管理体系、精益生产、流程梳理等基础；企业本身的物联网和信息化的程度。

随着国际产业环境不断调整，发达国家实施再工业化战略，一些发展中国家也在加快谋划参与全球产业再分工。中国家电企业在巨变的外部环境中，同样在探寻新的发展空间。中国家电产业制造体系全面升级是必然的也是必需的选择。生产要素成本不断上升，粗放的制造模式难以维持。如今消费理念已由过去的低价向高品质转变，对产品制造的质量要求大幅度提升。随着技术不断融合，制造业数字化、网络化、智能化发展特征日益呈现，并带动家电行业发展理念、生产方式、商业模式和产业链的重大变革。这些都要求家电制造体系必须全面转型。

智能制造是当今全球制造业的发展趋势，也是我国今后一段时期推进两化深度融合的主攻方向，智能制造的发展无疑将驱动包括家电产业在内的传统产业迈向高质量发展。推进智能制造的社会共识已逐步形成，家电制造业要积极主动适应智能制造发展趋势，抓住产业升级发展机遇，加大研发投入，加快培育智能制造生态，用新技术新业态新模式全面改造提升家电制造这个传统产业。进入到工业互联网时代对于所有制造业企业都是一个机会，抓住这个机会弯道超车，中国制造业就有望实现全球引领。

制造升级对企业来说是内功，中国家电产业庞大，企业数量众多，无论制造水平还是制造升级起步的时间都显得参差不齐。不同企业对智能制造的理解不同，在践行过程中的路径也不尽相同。实现智能制造的前提是做好基础生产体系的自动化、数字化，但上海林内有限公司副总经理陈光杰认为这只是第一步，在此基础上要逐步形成自动化和信息化深度融合，实现价值链的互联网化。智能制造离不开工业机器人，但也不能陷入全机器化的误区。因为生产要根据市场波动调整，需要在不同的时间保持柔性化，所以这是我们首先要考虑的，就是生产线的灵活性。

在家电市场略显低迷的当前，推动智能制造升级，能为企业自身带来哪些收益？不少企业的一个共识就是能将员工从重复的劳动中解放出来，释放出创新的活力。据统计，国家智能制造试点示范项目智能化改造前后对比显示，生产率平均提升了30%以上，运营成本平均降低了约20%。作为家电上游配套产业，压缩机既是一个高技术行业，也是一个劳动密集型领域。“我们在做智能制造时，围绕难点和痛点，从省人、省力、省心、省能耗的角度来开展工作。”黄石东贝电器股份有限公司总经理方泽云说，企业十几条生产线通过改造后，提质增效的成效已经显现。另一家压缩机生产企业华意压缩也在智能升级中大幅提升生产效率。据华意压缩机股份有限公司副总工程师黄冬平介绍，5年来企业在智能制造改造中投入10多亿元，生产效率提升30%以上，能耗下降超15%，研发周期缩短一大半。

智能制造升级不是单纯意义上的生产升级，也包括设计、采购以及供应链管理，最终带来的是消费服务的升级。杭州老板电器股份有限公司副总裁夏志明说，智能制造升级对品牌具有很大支撑作用，增强了经销商和代理商的信心，以及消费者对企业专业实力的认可。智能制造是一个新生事物，推进智能制造是一项复杂的系统工程，现在世界各国都在不断探索中。下一步，中国家电企业同样面临着标准、网络、信息安全、人才等一系列共性问题和挑战。

案例四

小家电迈入“智造”新时代

20世纪70年代，广东廉江人开始接触小家电生产，出现了生产电饭锅外壳、发热盘、内胆等小企业；20世纪80年代，廉江人开始尝试用自己生产的电饭锅配件组装成品，并组建团队到全国各大中城市推销；20世纪90年代，廉江市小家电产业稳步发展，专业生产电饭锅的企业达100多家，生产配件的企业也有200多家；2000年后，廉江市小家电产业发展进入了快车道，成为全国最大的电饭锅生产基地，被誉为“中国电饭锅之乡”。

近几年来，廉江市小家电产业一直致力科技创新，产品实现了智能化，被授予“中国小家电产业基地”称号。从无到有，从仿制贴牌到自主设计，从做大做强到做精做细，廉江市小家电产业在科技创新的发展道路上迈出了很大一步。

逆水行舟，不进则退。当前家电领域新能效标准的实施，必将推动家电领域的供给侧结构性改革进一步向纵深发展。近年来，廉江市政府与企业一同精准发力，以“四强四新”为抓手，力促新旧动能有效转换，推动廉江小家电产业的转型升级。据统计，2018年该市的家电企业总数达600多家，小家电产业产值230.5亿元，电饭锅、电水壶产销量约占全国的30%。其中，该市小家电的主要产品电饭锅全年产量约1.9亿个，配件销售量约占全国的60%以上。理念是行动的先导，该市树立新发展理念，擦亮“中国小家电产业基地”品牌，以辩证的思维正确分析发展中的问题，明确新方向，谋定新举措，推动廉江小家电产业迈上“高精尖”发展，从传统制造转向“质造”乃至“智造”。

新的能效标准是新的市场需求，该市抢抓这个重要机遇，准确把握好新标准，及时生产出优质新产品，为新能效标准树立行业标杆。同时，以群众需求为向导，以市场需求为目标，大力创新，大胆创新，以科技创新推动企业转型升级，推进企业向质量要市场，向创新要效益。该市以小家电产业转型升级为主线，以经济社会发展需要为重点，向人才市场对接，向高校院所对接，积极引进行业专家、优秀工匠、创业型人才、综合管理者等各类人才。该市还大力发挥“双创”政策优势，为各类人才搭建发展平台；完善人才引进配套政策，优化人才待遇，创新发展引进新的人才“动力引擎”。

近年来，廉江秉承“客商至上，全程服务”的理念，对企业持续提供“保安”和“保姆”式的一条龙服务，大力推广“一站式、一网式”的政府服务模式，压减工作流程，提升办事效率，优化行政审批，优化机制体制。早在2012年，廉江市就开始积极推进小家电产业转型升级，抓好骨干家电企业技改创新，通过遴选将威王集团、华强集团列入“广东省高成长中小企业”范围，支持工业园区支柱企业提高产品技术含量和产品档次，实现廉江由小家电向大家电的逐步转变，争取100亩建设用地指标，扶持美王电器建设洗衣机生产线。此外支持推动广东文理职业学院建立廉江市电子电器产品研发中心，利用学校的人才资源优势，解决研发中心所需人才，实现产、学、研相结合，互相发展，积极扶持工业园区龙头企业创建技术研发中心，威王、华强、龙力等企业均建有自己的技术研发机构。

目前，廉江市30多家电饭锅企业先后与省内多所高校院所建立了“产学研”合作关系，已建成省级工程技术研究中心1个、技术中心3个，市级工程中心1个、技术开发机构15个，建立大学生创业孵化基地2个；派驻科技特派员15人次，开展科技项目研究15项，省级科技计划项目立项3项，市级科技计划项目立项6项。如今，廉江市以电饭锅为代表的小家电行业，已发展为国内最具产业规模的集群基地，拥有最完整的产业链。“抱团”发展、标准化生产，让该市小家电行业得以再进一步。不过，真正让廉江小家电行业脱胎换骨突破“瓶颈”的，是该市小家电行业走上了科技创新之路。

为加快解决廉江市小家电技术制约的瓶颈，推动产业转型升级，提升制造业创新能力，今年4月16日，廉江市200余家家电企业“组团”携手打造家电制造业创新中心。据了解，廉江家电制造业创新中心规划建设占地面积52亩，将建设八大公共服务中心，包括区域经济大脑中心、家电产研创新中心、“互联网+”服务中心、家电产品检测中心、知识产权服务中心、园区行政服务中心、家电产品展示中心和科技创业孵化中心，为产业提供全方位服务，重点解决诸如家电产品的温控器、发热装置、电脑板、预涂板等一系列问题。

2015年开始，廉江市出台了工业发展专项扶持基金，帮助龙头企业进行技术创新。扶持1300万元帮助威王集团建设新厂房和引进现代化设备，该项目集产品开发、工艺、生产于一体，现生产立柜型号10个，冷柜型号32个，可日产1000多台，新增产值15亿元。广东龙力电器有限公司新型电热水壶生产线投入使用，该生产线由4条迅速链装配生产线组成，生产高端电热水壶，产能50万台/月，预计新增产值3亿元。通过股权投资的方式，支持聚信电器有限公司4000万元建设新厂房和引进新设备，使该公司迅速形成生产规模，年生产电饭锅500万台。据廉江市经信部门数据，截至2018年，廉江市投入省、市财政技术改造专项扶持资金1.58亿元，支持家电企业积极引进新技术、新工艺，进行智能化、自动化生产线技术改造，带动该市家电企业近几年先后投入技改资金85亿元，开展技术改造120项，技术革新的力度前所未有，20多家家电骨干企业走向智能化生产。

近年来，廉江市积极推进企业进行智能化、自动化装备改造或应用，推动零部件标准化与规范化管理，逐步推进车间物流、仓储、包装、检测等关键工序的自动化改造；支持引进和购置先进设备提升装备水平，鼓励企业运用新工艺新技术提高生产效率，降低生产成本，提升产品质量，降低能耗；推广模块化设计，推进零部件模块化的集成及与整机生产的统筹对接，推进大数据、云计算、物联网的集成应用，在典型企业示范的基础上，加快智能化改造的步伐。2016年，廉江市被认定为国家高新技术企业的有5家，列入广东省高新技术企业培育入库企业的有10家，高新技术产品产值81亿元，同比增长20.6%。2011年以来，该市家电企业申请专利总量532件，其中，发明专利15件，实用新型专利和外观设计专利合计517件；授权专利386件，其中，发明专利5件，实用新型专利和外观设计专利合计381件。

第三节
“智造”核心在于自主创新

与世界一流家电企业相比，国内家电企业没有完全掌握关键核心技术、创新差距显著，高端制造工艺技术、生产智能化等方面差距还较大。同时，行业内部、地区间的企业发展差异大，许多企业主要依靠低价竞争模式；信息化、智能化水平不高，两化融合深度不够。

智能家电的制造方式转型离不开智能核心技术的研发、突破。对我国家电企业来说，智能制造核心技术恰恰是短板，在家电智能制造装备、高可靠智能控制、建模与仿真、工业互联网安全等关键共性技术以及智能识别等核心技术方面的研发几乎是空白。在家电智能设计方面，国外的智能家电设计细化程度更高，用户可以根据自己的喜好个性化定制产品，设计过程实现智能化，产品功能操作更加便捷。在家电的智能生产方面，中国的人工智能、3D打印、虚拟生产等技术水平整体较低。在销售模式上，欧美地区已经建立起了独立的配套公司进行安装和售后服务，而国内的销售模式还是通过厂家订购或者渠道经销商进行。

由于智能生产基础理论研究滞后，自主创新、自主研发能力薄弱，家电智能生产技术体系不够完整。制造业整体智能设计能力薄弱，原始创新乏力，关键智能生产技术及核心基础部件仍依赖进口，尚未掌握许多重要装备系统设计与制造过程中的核心制造技术，在相关核心专利技术领域也缺乏积累。加上目前国内企业重硬件、轻软件的现象突出，人才缺失问题比较严重，对海外高层次人才和国外智力的引进工作力度不够，尚未形成良好的智能家电制造的创新人才培养模式。此外，我国计算机辅助设计等关键技术与发达国家具有一定的差距，涉及功能安全、数据安全（企业信息保护和个人隐私保护）等工控系统信息安全问题突出。

目前，我国家电行业制造水平参差不齐，不同家电企业的智能制造设备、流程数字化普及程度以及智能制造转型程度之间存在巨大差异。一些规模较小的家电企业仍处在“工业2.0”的机械化阶段，更多的家电企业正在经历由“工业2.0”向“工业3.0”的过渡。不同地区的家电行业智能制造水平相差甚远，经济发展水平、科技发展水平都相对领先的东部沿海地区是家电行业智能制造的主阵地，广大中西部地区的家电行业智能制造几乎处于空白状态。

近期，一些强势的知名家电企业，在制造转型智造的战场上又先人一步，希望借力“中国制造2025”的东风，在行业洗牌中夺得主动权。此外，一些已经具备一定规模的家电制造企业也在陆续跟进，通过自动化升级改造，起到减员增效的作用。然而，目前家电行业的自动化也存在自身的难点。从不久前高工机器人举办的家电巡回调研活动来看，年营业额30亿元以上的大型企业，其前端的冲压、焊接、注塑等均有专用机床，并配以机械手连线上下料环节，自动化水平高；总装线也有部分进行了改造，但由于产品型号不停变化，因此无法在全部工序均使用自动化设备；在零部件装配环节，主要还依靠人工，自动化水平低；装箱也采用了自动化产线，但由于产品外形的问题，匹配度并不理想。

年营业额在10亿—30亿元的中型企业，其中部分企业以生产小家电为主，由于产品种类过多，且部分采用非标品，因此总体自动化程度并不高。其主要的自动化改造环节集中在前端，中后端的自动化改造难度较大。根据估算，中型企业的自动化程度较大型企业低10%—20%。而年营业额不足10亿元的小型企业，主要的自动化设备为定制化的专用设备，冲压机床等，大部分工序都需要人工参与。

目前家电制造企业的自动化难点，可以从显性和隐性两个角度来分析。从显性层面来讲：1. 零部件的非标化，致使柔性生产需求提高，而当前的机器人尚且无法满足；2. 同一产线产品更迭速度较快，平均每天5—8个型号；3. 家电生产依旧以多品种小批量生产为主；4. 受旧厂房原有空间制约，特别是中小型企业厂房面积较小，在自动化改造时容易受限。从隐性层面来讲，1. 缺乏整体的规划。许多企业在对自身的产线进行自动化改造时，容易陷入“头痛医头脚痛医脚”的局面，经常只从现有需要改造的环节着手，对于将来的整线改造缺乏长远的规划，导致生产的节奏上匹配度不协调，效率提升有限。2. 信息不对称。被调研企业对工业机器人设备的选择范围相对狭窄，主要是本地企业或主动上门推荐的企业，而没有调查行业内的自动化企业究竟擅长哪些领域，并将其与自身的需求相结合。当然，这其中也有一定的客观原因：一方面由于部分当地政府对于使用本地的自动化设备会给予相对更高的补贴，另一方面企业自身对于自动化领域了解程度不够。

因此，家电行业对现有旧厂房进行改造规划时，先从零部件和生产线入手。零部件需要从非标向标准化过渡，生产线则从制造工艺的角度进行统一，然后从全局的角度进行自动化改造的整体规划，在这样的前提下，循序渐进地对生产线上的不同模块进行改造，这样能够更大的发挥自动化设备的功效，生产各环节的匹配度也会更高。而新厂房虽然有总体规划，但受制于投入较大等原因，进度较慢。除了用户端的诸多原因外，家电行业的自动化改造始终成效不够好的原因，很大程度上在于行业标准化没有建立起来，以至于很多意图改造的企业缺乏可参考对象。这直接导致了在改造过程中，单机、单工位智能化改造效果好，可是一旦将整线打通，就会出现不同设备间的不匹配不协调情况。

要实现整体的智能制造改造升级，很大程度上需要依赖标准的建立。因此当前国家在进行示范性项目建立的同时，也会直接或间接地为同类型项目收集标准和参数，为接下来智能制造改造的落实和具体路线的细化提供依据。此外，机器人企业也无法成为智能制造标准化制定的主导者，无论是本体制造企业还是系统集成商，其所涉及的领域和范围较小，技术范畴有限，不具备设计顶层架构的能力和软件层面的实力。因此机器人厂商只能扮演配合的角色，在智能制造涉及机器人的某些环节起到作用。

新工业革命方兴未艾，在经历机械化、电气化、数字化三个发展阶段后，全球制造业开始迈向高端智能化，迎来工业4.0时代。新工业革命背后的市场竞争，促使各国家电企业将智能制造作为制造业未来发展的重要方向。家电智慧转型时代逐步来临，新一轮智能竞赛拉开帷幕。今年两会上，政府工作报告明确提出，要深入实施《中国制造2025》，加快大数据、云计算、物联网应用，以新技术新业态新模式，推动传统产业生产、管理和营销模式变革。把发展智能制造作为主攻方向，推进国家智能制造示范区、制造业创新中心建设，深入实施工业强基、重大装备专项工程，大力发展先进制造业，推动中国制造向中高端迈进。

智能制造是振兴实体经济、加快工业转型升级的重要突破口。智能制造的发展，将有助于提升企业的生产效率和产品附加值，缓解我国制造业日益高企的人工成本问题，进一步提升企业的市场竞争力。“中国制造2025”已经连续三年被两会政府工作报告重点提及，2015年首次提出；2016年进入“启动实施”阶段；今年更迈进“深入实施”阶段，从政策上进一步肯定了智能制造方向的正确性与坚定性。然而，对于制造企业而言，在全球拥抱工业4.0浪潮下，如何实现“中国制造”向“中国智造”创新转型，完成“中国制造2025”所提出的战略目标，考验着他们的实力与魄力。“时势造英雄”，当前消费市场已有部分制造企业勇敢站出来，接受转型时代的变革与挑战。

回顾全球经济发展历程，每一次工业革命都会带来劳动生产率大幅提高和生产方式的巨大变革，更为部分制造企业带来“弯道超车”的佳机。而到底能否抓住工业4.0时代智能制造这一重大机遇，关系到每一个企业向制造强企迈进目标的实现。格兰仕互联网工厂内包含的中国制造先进流水线、生产线，成为了中国智能制造及中国夯实制造基础的典范。反过来，由格兰仕这样的平台引领制造业的变革，还能更快速地推动更多企业顺应互联网转型。

中国家电产业从原来的粗放型、普及型消费向今天升级发展时，国家提出了一系列政策及配套相关技能的配套，政策包括供给侧改革，中国由原来的粗放型、普及型家庭消费向高智能化、高结构、高品质的产品进行引进。诚然，在供给侧改革政策的引导下，中国家电产业迎来了转型升级浪潮，而这也正迎合了日益变革的消费者需求。数据显示，黑电消费规模2015年比2016同比下降6％，而持续提升人们生活品质的生活电器增长数字高达13.5％、9.6％，这意味着中国人的消费理念从传统的大家电的普及型增长转为生活品质型进行增长。这一消费升级背景，就要求家电企业在研发产品的过程中，不仅要考虑资源属性、能源属性、环境属性，还要重视产品的品质属性，即原来关注产品要安全、节能、满足消费者基本需求的同时，更要做到品质的提升。

不仅如此，互联网高速渗透进家电产业中，智能家电风口已来，逐步呈现全面爆发之势。行业统一认为，在未来的生活中，智能家电一定是智慧家居必不可少的一环。“品质提升＋智能”就构成了智能精品概念的面世，而这正是当下主流消费人群关注的重点。时下，80、90后年轻人已经成长为家电消费的主力军，不少年轻人组建家庭后，面对柴米油盐的厨房生活往往无所适从。工作忙、饮食无序及缺乏烹饪经验等都令他们迫切需要一种更便捷、健康的烹饪形式。没有油烟的滋扰，才能更安心地享受舌尖上的美味，更好地健康生活。

新工业革命方兴未艾，在经历机械化、电气化、数字化三个发展阶段后，全球制造业开始迈向高端智能化，迎来工业4.0时代。新工业革命背后的市场竞争，促使各国家电企业将智能制造作为制造业未来发展的重要方向。家电智慧转型时代逐步来临，新一轮智能竞赛拉开帷幕。2019年全国两会上，政府工作报告明确提出，要深入实施《中国制造2025》，加快大数据、云计算、物联网应用，以新技术新业态新模式，推动传统产业生产、管理和营销模式变革。把发展智能制造作为主攻方向，推进国家智能制造示范区、制造业创新中心建设，深入实施工业强基、重大装备专项工程，大力发展先进制造业，推动中国制造向中高端迈进。

家电行业统一认为，在未来的生活中，智能家电一定是智慧家居必不可少的一环。“品质提升+智能”就构成了智能精品概念的面世，而这正是当下主流消费人群关注的重点。

第二章

赢在品牌

家电产品为中国经济的发展和中国老百姓生活的提升做出了巨大贡献。改革开放40年，也是中国家电产业成长的40年，如今它正在顺利向价值链高端稳步攀升。经过40年的发展，中国家电产业的生产能力发生了根本性变化，实现了由短缺到丰富充裕的巨大转变，冰洗、冰箱、彩电、洗衣机等一大批家电产品的产量不仅居世界首位，在打造高端化、产品和技术创新引领上也成绩斐然。

大约在10年前，中国家电消费升级已起步，一些先知先觉的主流国产品牌开始走产品转型升级之路，或推出高端产品、或推出高端子系列，甚至是已经打造独立的高端品牌。经过10年的沉淀积累，国产品牌在一些主要家电品类中已具备引领高端市场的实力。

国产主流冰洗品牌在技术创新上打破单一的制冷制热功能，不但推出了带有智能自清洁功能的冰洗，并切中冰洗“风太硬”的用户痛点，做到凉而无风的舒适感。冰洗向着更舒适、更健康、更智能的方向发展，并在全球范围内达到技术引领的水平。国产冰箱打破了传统冰箱产品在外观、功能、空间上的局限，除了鱼肉果蔬的存储，冰箱还可以满足面膜、茶叶、药品等新的存储需求以及满足一体化家装的需求。设计精细化、科技智能化，已经是国内高端冰箱产品的“标配”。

10年前，洗衣机主要解决的还是人们日常衣物洗净的问题，10年后的今天，洗衣机产品已经从“洗得干净”向“洗得健康”“洗得舒适”等方向转变：双滚筒、“波轮+滚筒”混合动力速净洗设计、智能投放技术、免污式设计、分筒洗、筒自洁等功能避免二次污染。中高端洗衣机、干衣机产品相继配备了杀菌、祛味、除螨、除尘功能，给消费者提供全方位健康呵护；冷水洗、护色洗等技术可以减缓褪色，延长衣物寿命；雨滴、梅花、蜂巢等内筒纹理设计可以减少衣物磨损、防止衣物变形收缩；空气洗、蒸汽烘干等技术在实现降低磨损、除皱、除菌除味、暖衣的同时，为不可水洗、不方便干洗的高端衣物提供了简单便捷的“第三通道”。主流品牌推出的高端洗衣机产品内涵已经超出人们的想象。

中国厨电产品不但在传统烟、灶、消产品上持续技术演进，在蒸箱、烤箱、洗碗机等众多新兴品类上通过本土化创新满足了更多国内高端消费需求。厨电产品正在顺应市场，围绕整体化、美观化、智能化、人性化、多样化和健康化进行延展和升级，企业用更智能、贴心、人性、便捷的产品赢得消费者的认可，如今厨房的定位不再是单一的做饭场所，而是承载了消费者更多的需求和功能。现在的家电产品可以满足消费者审美和情感需求，不再是冷冰冰的摆设，这就是高端家电的独特魅力，中国城市家电消费高端化时代已经到来，中国家电产业高端化转型升级也在稳步推进。

可以说，中国家电产业的崛起是中国40年改革开放的重要历史见证。在中国家电产业崛起的历程中，除了高端化以及产品和技术创新引领上的显著成绩，无法忽视的还有来自中国家电企业实力剧增的光芒。30年前，中国家电产业刚刚起步，中国家电企业还处在学习阶段，没有技术开发和创新能力，没有技术人才团队，企业的发展靠大规模技术设备引进而实现。30年后，中国家电企业今非昔比，竞争力大大增强，并成为世界范围内的具有超强竞争力的大型企业。

第一节
行业集中度不断提高

随着经济全球化趋势的不断增强，品牌竞争已成为国际市场新一轮竞争的焦点。当前，中国的传统制造业正在经历着深刻的变革和调整。在这样的背景下，消费者对品牌的认知和信任尤为重要，对企业来说，品牌不仅是企业的立身之本，是市场竞争的利器，也是衡量一个国家经济实力和发展潜力的重要标志。对于消费者，品牌是提供优秀技术、优质产品、优良服务的信心；对于政府，品牌是承担社会责任、提升社会价值的信心；对于投资者，品牌是能够持续获得良好经营业绩和较高投资回报的信心。所以，品牌是企业独特竞争力的代言，品牌，才是企业最有价值的资产。

家电行业是中国较早走入国际市场、参与国际化竞争的行业，也是有望率先建立全球化品牌的行业。未来中国家电企业要健康发展并且走向国际市场，品牌建设是迫切需要解决的核心问题。受制于整体经济增速放缓，房地产销售不景气，行业政策空窗期等多方面因素，家电行业整体表现疲软，消费需求不振，2015年以来，中国家电品牌一方面不断进行改革和创新，苦练内功，或进行产品升级和创新，或积极锻造子品牌进行品牌重塑，一方面不断加快国际化进程，提高自身在国际市场的影响力和竞争力。美的、海尔、海信、创维等国内品牌跨国并购案例此起彼伏，随着中国企业的海外收购步履的加速，中国品牌也成为全球家电市场的有力竞争者。

在整体宏观经济走势堪忧的背景下，中国家电行业所处环境举步维艰，倒逼行业竞争模式变革，马太效应凸显。主要表现在过去粗放式的低价冲量式的企业增长方式已不适于当今的家电行业环境，更多的是企业内力的比拼，同时，加强产品研发、渠道管理和品牌运作的科学有效的增长模式更迎合目前的发展环境。尽管消费需求相对冷淡，但消费升级的态势保持良好，尤其在“互联网+”及大数据的浪潮中，智能化、创新式转型发展、推动效率提升和盈利能力的提升成为各家电企业在行业竞争中保持市场优势的重要突破契机。

家电业已告别高速增长的发展阶段，产业转型成为家电企业的一根救命稻草，伴随着“互联网+”浪潮的到来，互联网、智能化成为家电企业转型的两大热词，在此背景下，智慧家居生态系统、智能战略和智能化产品应运而生，企业研发、生产、渠道和运营会产生全新的变化。智能家居作为一个新生产业，正处于一个导入期与成长期的临界点。随着企业发展环境和客户需求的不断变化，一大批国内优秀的智能家居品牌迅速崛起，中国智能家居市场规模尚小但增速较快。与此同时，另一股力量也将推动家电企业的前行，那就是消费者对智能应用有更明确、更具体的诉求。因此，企业技术竞争的门槛日趋激烈，市场表现出恒者恒强的局面。不少大厂商在去中心化的策略主导之下，从终端、云到服务，实现真正的开放，与各合作伙伴建立起耦合式、嵌入式的合作关系，相互赋能，打通第三方云平台，彻底打破信息孤岛，实现生态共建、共享资源、开放系统，多方位推动智慧生态计划；还有家电巨头在积极布局智能家居大数据中心，加强智能家居产品及系统搭建的研发力度。

回首2018年，中国家电业有几个显著特征：尽管市场增长趋缓，但通过产业结构调整，产品结构升级，家电工业经济效益增幅大大高于主营业务收入增幅；技术创新能力显著提高，企业技术创新主体地位进一步增强，创新投入达到空前水平，具有自主知识产权的科技成果大量涌现，创新产品层出不穷，行业创新氛围正在形成；产品结构持续优化，技术创新为家电结构升级发展带来动力，变频、大容量、智能等中高端产品市场份额迅猛增长；节能减排、环境保护工作不断实现突破，家电能效水平持续提高，行业整体节能环保水平已达到国际先进水平；国际竞争力稳步提升，中国作为全球家电制造大国与出口大国的地位得到进一步巩固，中国家电工业的国际角色也正在发生变化，开始积极参与全球产业链资源整合，自主品牌出口规模增长；此外，制造升级与销售渠道变革加快。

从中国家电行业层面分析，产业集中度进一步凸显，主要表现在：家电行业集中度进一步提高，销售收入超百亿元、超千亿元以及单品类产销量超1000万台的企业阵容进一步扩大。单品类品牌集中度大幅提升，以冰箱、洗衣机和冰洗三大白电为例，其前10名品牌市场占有率较去年均有所增长；在当前供给侧改革的大背景下，在家电产业转型升级以及消费升级的持续推动下，消费者对产品的价格观念逐渐淡化，随之上升的是产品品质、个性化要求越来越高，归根结底，就是消费者对商品的品牌要求越来越高，未来家电行业的品牌集中度会持续增长，并进一步挤压弱小品牌的市场空间，市场呈现“强者愈强”的发展局面。从家电企业2018年财报数据分析看出，大部分龙头企业的营业收入较2018年都出现一定程度的下降，但从盈利指标分析，前三的品牌盈利水平好于其他品牌，行业不再简单地依靠规模化盈利、靠销量制胜，而是开始探索并构建好产品的盈利能力，靠精品驱动。

目前，中国家电业进入消费升级期，向创新驱动转型，提升效率和利润水平成为行业主基调，转型和升级是全行业的主旋律。纵观近几年中国家用电器协会“科技进步奖”与“艾普兰奖”的获奖项目最显著的特点是每项科技成果背后都有大量专利技术作为支撑，中国家电企业的专利申请量在明显提速，发明专利的比重明显提升。企业研发投入的最终目的是拥有市场，而市场是由产品和需求作为载体来维系的，因此企业进行技术研发投入时必须围绕用户需求、用户体验、用户思维的深入挖掘，以高品质产品和服务为突破口，助推产品力提升，进而赢得较好的市场口碑。

第二节 国际竞争的核心武器

品牌被认为是无法在资产负债表体现的最重要资产，品牌价值主要包括品牌销售力和品牌溢价力两个方面，销售力是指在同等品质和价格时比竞争品牌卖得更多更快的能力；溢价力是指在同等品质和销售量时比竞争品牌卖得更贵的能力。有远见的企业家越来越重视品牌建设和品牌管理，品牌价值对外可以提高公司的声誉，对内可以激励员工的士气。通过品牌价值的评估，可直观考评一家企业每年的品牌管理成效。

在互联网大潮到来的时代背景下，“智能家电”的概念逐渐进入人们的视野。智能家用电器是对传统家电功能和使用方式等方面的革新，使家电具备一种或多种人工智能特性，在一定程度上具有消费者可感知的某种智能交互方式和类似人的某种智能行为，例如自我管理、自我修复、自我调整、自我校正等。智能家电相较于传统家电具有易用性、智能性、网络化等特点，能够实现通信、智能控制、安防与报警等功能。“互联网+”对智能家电产业的影响主要表现为对智能家电产业的思维、生产方式、生产技术和组织形态等方面的影响，通过互联网对智能家电产业各个生产要素配置进行优化和集成，并寻找有效的方式方法将“互联网+”领域的创新成就灵活运用到智能家电产业之中，从而进一步提升智能家电产业的创新力，目前市场上的智能家电发展主要经历以下三个阶段：控制阶段、局部智能阶段与生态智能阶段，其中大部分企业目前处于联网控制阶段，而局部智能的实现还仅限于少部分的大型智能家电品牌企业，相信随着技术的不断成熟，生态智能将逐步落实到具体的实现计划和商业模式中。

品牌竞争已经是国内外智能家电行业市场竞争的主要形式之一。随着国际市场竞争的日益激烈，智能家电产品之间的竞争更大程度上体现在品牌竞争，品牌形象在一定程度上成为智能家电产品价值的代表符号。我国家电制造业规模宏大，家电消费数额庞大，但是我国在家电品牌建设上却还处于发展阶段，出口业务中，国际合作方式多以OEM和ODM为主，导致产品同质化现象严重，因此在与别国的家电品牌竞争中实力不强。面对轰轰烈烈的家电产品智能化大潮，我国众多优秀家电企业正不断积极寻找建设自身品牌智能形象的方法，完成品牌价值从功能性到智能性的转变，但目前在消费者心目中树立起智能家电代表的品牌还没有诞生，智能家电品牌在新时期的品牌建设还需深入探索。总体来讲，虽然我国家电品牌发展已经取得了不错的成果，但是实际上我国家电品牌还处于一个急需加强建设的发展阶段，在如今智能性概念普遍进入人们生活的时代背景下，再如何进一步坐稳和提升智能家电品牌影响力，具有重要意义。

我国家电行业自2013年逐步开始向智能化趋势发展，各大家电品牌制造商都积极进行智能化改造，探索新的发展道路，实现自身家电品牌智能化升级。目前市场上的智能化家电品牌日益增多，智能家电产品占比也不断上升，相对于传统家电，发展趋势更加明显，但从目前来看我国智能家电品牌升级过程中还存在以下主要问题：

1. 自主品牌意识不强。我国作为一个制造业大国在世界上名列前茅，但是生产技术含量较低，制造业更多处于低端生产水平，智能家电产业自主品牌创新意识还处于初级阶段，缺少自主品牌境外注册和专利申请，导致我国智能家电品牌附加值明显落后于发达国家，在品牌竞争中优势不明显；2. 缺乏核心竞争力。我国的大多数智能家电产业都没有全面掌握家电设计生产的核心技术，严重缺乏核心技术研发能力，因此我国智能家电行业在产业链中只能分配到低附加值的产业链底部，相较于掌握核心技术的国际家电品牌，得到的利润极低，这样的现实状况不适合我国智能家电品牌长期发展；3. 缺乏统一的技术标准。由于大部分智能家电发展还处于初级探索阶段，以及由于市场需求多样性和差异性的存在，智能家电行业还没有形成行之有效的统一技术标准，导致市场上的智能家电产品五花八门，在这样的情况下，家电产品之间很难实现系统兼容和信息共享；4. 品牌经营管理水平不高。品牌建设的成功与失败与企业品牌经营管理能力有重要关系，目前我国智能家电品牌建设缺少专业性人才，品牌管理组织机构缺失或者管理办法不科学的现象普遍存在，这是我国智能家电品牌建设的短板。

随着智能技术的不断发展和成熟，中国各大家电行业都纷纷锁定智能化的发展趋势，家电行业再一次焕发出蓬勃活力，多方合力共同促进我国家电产业转型升级成为人民群众的呼声。可以看出家电企业进行家电产品智能化探索是普遍的，因此如何在众多智能家电企业中脱颖而出，稳固和提升自己的品牌价值显得尤为重要。首先，智能家电企业要努力强化依靠品牌竞争参与到市场竞争的意识，并将其注入到产品、传播和经营管理等系列层面，从而进一步推动智能家电品牌的产品、技术、市场和人才等资源逐步向品牌竞争的优势转化；其次，品牌意识要落实到企业的每一个人，鼓励全员参与争创和维护自主品牌行动中。再者，要用发展的眼光看待品牌建设，不断探索创新方式，寻找长效持久的品牌推广策略，塑造品牌形象，提高品牌竞争力。最后，增强品牌保护意识，在品牌建设过程中，时刻维护自主品牌的合法权益，塑造品牌良好的社会形象。

我国智能家电企业要全面参与到全球家电市场的竞争中去，在采购、设计、技术、销售等各个方面普遍实现全球化。智能家电行业的龙头企业更应该把握当前国际产业转型升级的巨大机遇，主动走出国内市场，将品牌打入国际市场，加快自主品牌国际化建设的进程，并带动全国范围内智能家电行业深入参与国际市场竞争。品牌文化是品牌的精神支柱，智能家电企业让消费者了解到整个企业品牌的文化与精神，可以在一定程度上促使消费者形成对整个品牌形象的认知，在产品中融入自身品牌文化元素，可以提高品牌识别度，从而在众多智能家电品牌中脱颖而出。

品牌价值是包括品牌知名度、美誉度、普及度以及所有具有品牌一切正面信息的综合，是品牌溢价的根源。我国众多家电产品在国外市场价格普遍较低，在与国外家电产品的竞争中实力不足，这是由于我国家电产品品牌价值低导致的，因此要加快塑造品牌形象，利用品牌管理和营销手段正确引导消费者对品牌形象的认知，提高产品在消费者心目中的品牌价值，才能从真正意义上提高产品的竞争力。互联网和智能制造时代，“80、90后”是市场消费主力军，这部分人群更加注重体验消费和个性化消费，而作为改革开放主要收益群体的“50后”成为第一代富裕退休阶层，将开启新的细分市场环境。

如今智能家电市场风云变幻，智能家电企业要坚持加强自主品牌的保护意识，才能在家电行业中巩固和稳定市场地位。当今自主品牌是家电企业在国际竞争中的核心武器，品牌竞争是智能家电产业在国际中的主要竞争形式，是企业的重要资产。因此要严厉惩治侵犯知识产权的行为和品牌仿冒、假冒行为，并积极地进行自主品牌的宣传和维护，提高品牌形象，这样才能在市场中保持强劲且稳定的竞争力。

目前智能家电发展势头强大，但是还没有形成系统有效的智能家电产业生产技术标准，不同厂家生产技术差异性很大，不利于形成不同品牌产品的之间的兼容与合作，这需要国家政策予以支持，鼓励和帮助智能家电企业之间建立起统一的产品生产技术标准；另外智能家电淘汰掉的大量传统功能家电需要得到有效的回收利用，否则不利于智能家电的普及；再者倡导智能家电产品生产线绿色改造，支持以高效能、高环保的状态生产智能家电产品。

在中国逐步成长为国际家电强国的道路上，国际品牌运营管理经验和管理人才不可或缺。企业要积极培养专业的品牌经营管理人才，完善技术、创新人才培养和激励体系，借鉴和总结国际知名家电品牌及其引进品牌建设人才的模式，学习和总结先进的管理理念和创新方法，形成一批高素质技术创新领军人才，为智能家电行业品牌升级提供专业型人才支撑。

在“互联网+”时代的发展过程中，“互联网+”是中国智能家电企业创立自主品牌的最佳途径。家电企业只有抓住时代潮流，积极加入到市场品牌竞争中去，将智能家电作为主攻方向，努力推进智能家电产品的研发、设计、制造，寻找到适合自家产品品牌的升级手段，在全球智能家电行业的激烈竞争中利用自身独特优势，建设有国际影响的品牌。

案例五

津晶的品牌经营之道

津晶品牌的创建遵循了以下的指导方针和原则：

1. 一直以来坚持走诚实的品牌之路，求真务实、出品严谨、不事张扬、力避浮夸。在流行宣传与包装、策划与点子的时代，津晶无论获得多少权威认可，都把产品和服务每天在市场中的真实表现和对市场潜移默化的渗透力视为关键。

2. 一直强调最高荣誉来自顾客的认同，寻求消费者和事实的认可，走顾客导向之路。一个企业必须经过多年的跨越式发展和实际销售增长，以及多年如一日的顾客认可和支持，才能成为名牌企业。津晶品牌从一开始就以生产合乎中国普通百姓需要、性能价格比优良的冰洗产品为宗旨，关心产品的主要功用、质量的可靠性和一致性，着力开发产品的实用性和适用性。

津晶前期主要通过成本领先战略获得相对的价格优势，使销量快速增长。但低成本领先不可能无限地获得价格优势，也不利于津晶品牌的维护；且目前消费者的个性化需求增加。经公司高层多方位地研究，为了应对行业激烈的竞争，让企业持续赢利增长，应调整策略，明确了“发挥成本规模优势，向技术与品牌方向突破”的战略方向，采取不同技术水平阶段的有限成本领先战略、差异化战略与国际化战略。

第三节 并购渐成为通用方式

品牌价值是品牌管理要素中最为核心的部分，也是区别于同类竞争品牌的重要标志。迈克尔·波特在其品牌竞争优势中曾握到：品牌的资产主要体现在品牌的核心价值上，或者说品牌核心价值也是品牌精髓所在。价值理论的多样化，使得品牌价值被赋予了不同的内涵。根据劳动价值理论：品牌价值是品牌客户、渠道成员和母公司等方面采取的一系列联合行动，能使该品牌产品获得比未取得品牌名称时更大的销量和更多的利益，还能让该品牌在竞争中获得一个更强劲、更稳定、更特殊的优势。

随着网络经济加速竞争，新的行业消费环境和思维模式要求企业采用新的视角去看待问题，无论是产品设计还是产品销售都需要通过用户体验来达到这一目的，因此“懂得消费者”的产品才称得上“好产品”。“好产品”一定要有好的用户体验，好的用户体验一定要能够彰显自己的品牌价值。

互联网浪潮深刻影响中国家电产业，家电产品不断向智能、高端等方向发展，产品层出不穷、概念五花八门，传统的咨询、借鉴、试用等选购方法已经不能很好地甄别什么才是消费者真正需要的好产品。中国家电业全面进入消费变革时期，消费群体发生变化，年轻态人群成为新的主力军，而他们更注重的是产品的用户体验以及对时尚度的追求。因此，人性化功能体验、高品质年轻态的新生代快时尚产品更迎合消费者需求。在供给侧改革初见成效的中国家电业，产品的设计研发、生产制造、销售与服务均应围绕用户体验展开，最终通过“好产品”+“好服务”实现企业盈利目标，成就品牌价值，因此用户体验是大势所趋。

中国家电市场近两年增速放缓，甚至出现同比负增长的困境，行业价格战频繁，市场竞争异常激烈，导致利润急速下滑，相比之下，海外市场更广阔，更理性，因此，不少家电企业纷纷走出国门谋求更广阔的市场。随着中国家电品牌海外收购步履的加速和手法的娴熟，中国品牌也成为全球家电市场的有力竞争者。2016年初，青岛海尔以54亿美元宣布收购美国通用电气（GE）旗下家电部门，成为中国家电企业迄今最大一笔海外并购案。“双方将在研发、采购、生产、销售、渠道、产品、供应链等方面形成优势互补，通过销售网络互补、细分市场拓展、新产品开发和提升议价能力等方式实现收入协同效应，通过提升采购规模优势、提升质量能力和提高生产效率等方式实现成本协同效应。”除了海尔，中国家电企业中，美的、TCL、海信和创维等家电企业也在国际化上动作频频。美的以约4.73亿元人民币获得东芝生活电器株式会社80.1%的股份，美的通过收购获得东芝家电的产品技术、海外市场渠道以及人才等全球优势资源，加速了其全球化战略。

国内家电企业市场增长趋缓以及国际家电品牌的战略调整，会让越来越多的国内企业加速国际化步伐，而并购则成为“通用”方式。成为全球行业领导品牌，国际化是绕不过去的路。从全球家电产业格局来看，表现最好的是韩国企业，欧美的家电企业也在没落。与韩国企业同样经历了近20年国际化的中国家电企业，即便今天在国内市场表现强劲，在国际市场上也远不能和韩国、欧美家电品牌相比。长期以来，中国家电品牌在国际认可度不高，究其原因，是中国品牌突破不够，一提到中国品牌，给人感觉是很弱小的品牌，二是技术相对落后，创新力不足，而通过国际收购的方式，可以快速解决这两大问题，进而和发达国际品牌同台竞技。中国家电业加大海外并购的步伐，在智能家电、人工智能的风口，在整个行业洗牌的同时，中国家电企业或可能借力出海，借助世界知名品牌的技术力量、渠道资源以及协同战略，在全球家电业中高端市场占得一席之地，未来，国际化、出口无疑是企业盈利的重要途径。

在“工业4.0”推动的新一轮工业革命中，中国家电企业将互联网作为工具，激活传统产业。在“互联网+”时代，中国家电企业将与互联网更快速结合，并利用互联网激活传统工业，通过线上线下融合，构建“互联网+”时代的新商业模式。随着互联网的普及、电子商务的冲击、消费者网购基因的形成、物流瓶颈的消除等因素的推动，线上消费能力高速成长，网购已经成为线上线下融合的O2O模式，将对家电企业的转型起至关重要的作用。因此，现在家电企业开始大规模发力O2O，建立清晰的O2O模式。提起电商渠道最大最有影响力的活动无疑是“618”“双11”“双12”等重大电商节日，各大家电企业联合电商渠道提前布局，争取保证节日供应，争相下乡开拓市场、修炼基本功比拼服务等方面。经过前几年激烈的市场争夺，电商之间的竞争已经告别单纯降价的粗放式抢夺用户阶段，全面进入修炼基本功的精细化发展阶段。在精细化模式下，电商平台致力于升级服务体验，并将O2O服务模式推进了一步。家电电商的发展日新月异，传统零售商向互联网转型步伐明显加快，O2O模式已经成为了家电企业关注的模式。

未来家电线上线下融合的O2O模式、互联网普及下的大数据应用将持续推动家电企业的转型升级，电商市场快速增长，家电企业的信息化平台搭建逐渐成形，家电企业与互联网企业的跨界合作也会助推家电O2O发展模式快速变革。先是苏宁与阿里以423亿“联姻”接着是卡萨帝携手京东高端家电探索O2O模式，为用户握供互联网时代下高端品质与快捷高效的购物体验；后有苏宁与商业地产巨头万达牵手，更早之前，TCL通过酷友科技承担起TCL集团各产业的线上、线下销售、配送等业务，启动O2O平台项目；长虹则在推出全球首创移动互联电视之后，也宣布全面转向B2C数字营销，打造O2O模式。家电巨头频频的动作，一定程度上预示着家电销售的渠道不再是单单通过线上，或者实体店销售，而是将以线上展示、线下产品体验相互整合的方式，弥补传统家电厂商和纯线上电商在内容和服务方面的短板，带来新的竞争力。

中国家电企业的目光从国内市场跳向国际，一些大型家电集团在国际市场对外投资、兼并明显增多，国际角色开始发生变化。近年来，海尔先后收购三洋白电、斐雪派克、GE家电、GREENoneTEC、PML，美的集团收购东芝白电、德国库卡、意大利Clivet、瑞典Eureka、Servotronix，海信收购了日本东芝电视、欧洲家电巨头Goren-je，中国家电企业抓住全球家电产业深度调整的机遇，深层次参与全球家电产业链资源整合，加快海外布局，海外投资、兼并明显增多。通过收购、入股，中国家电企业成功打入欧美主要销售渠道，并进行全球品牌布局，海外销售比重迅速上升。

2018年以来，美国政府对中国挑起贸易战，引燃并推动事态升级，中国作为家电出口大国，企业无法避开贸易摩擦的潜在风险。面对贸易摩擦，有人担心中国家电企业的抗风险性能力，如果中美贸易战发生在20年前或10年前，中国企业或许根本没有抵抗力。如果是发生在30年前，中国企业便是不堪一击，当时中国家电企业自身的实力非常孱弱。现在面对贸易摩擦，中国家电企业已今非昔比，实力大大增强。一个行业需要有一批强大的企业来支撑整个行业的进步与发展，经过30年的发展，我们已经培育并建成了这样一支企业的团队，中国家电产业已经建立起了配套体系和上下游供应链体系，建成了一个完整的产业链，已形成完整的家电制造工业体系。

案例六

自主品牌奏响跨国强音

机电展是每届广交会的重中之重，不仅因为机电类产品成交额占比最大，还因其在创新发展上也是最有看头的。在第123届广交会上，格力、海尔、津晶、格兰仕等一批批从广交会成长起来的家电企业，均凭着不断创新交出了一份亮丽的出口成绩单。

格力GMV6人工智能多联机可根据天气预测参数，自动调整冬季化霜模式和待机模式，从而不仅提高了冰洗使用的舒适性，还最大程度实现了节能，可减少电加热80%的开启时间，实现了室外机待机耗电低至1W。格力一向注重技术研发，仅技术人员就达到1万人。此前的超低温制热冰洗、光伏冰洗就凭借世界领先技术分别拿下了美国两个大项目。

“锁定目标，扫清障碍，夺取最终胜利。”像津晶这样有着强烈事业心、希望后来居上的企业，要提升品牌力，必须善使巧劲，学会顺势、借势、造势、取势，最终达成聚势。津晶要打响品牌，就要在消费者心目中形成独特鲜明的联想，即品牌概念的高度聚焦，进而形成无可替代的竞争优势。

2016年，津晶冰洗正式启动全球品牌战略，优化产品结构，把提高端人群的消费热点和痛点，将中高端产品提升至八成以上，瞄准千亿产值目标。同时，在市场操作上，坚持摈弃价格战的低级竞争手段，以高端品质在行业内率先打响价值战。很快，津晶智能冰洗广告就出现在中国沿海村镇，家喻户晓。

2017年11月3日，津晶在印尼巴厘岛召开了全球客商大会。来自欧美、亚洲、非洲、澳洲等地约300多名津晶海外代理商、经销商汇聚一堂，实地感受津晶智能云核心科技的实力，共商携手拓展全球冰洗版图。这次会议展示了津晶独有的行业“黑科技”，让海外经销商大为赞叹。同时，会议还强调要回归制造本位，参与全球竞争。

截至2017年，津晶冰洗海外销售网络已覆盖200多个国家和地区，其中自主品牌已销往150多个国家和地区。随着海外自主品牌及终端形象建设力度的加大，津晶在海外市场的品牌影响力和信赖度进一步增强。2017年津晶在意大利、西班牙为主的欧盟市场累计销量排名第三，同比增长23.28%；美国同比增长140%；美洲、欧洲销售额分别增长60.4%、30.5%；“一带一路”沿线国家和地区，每10台冰洗就有1台是津晶生产的。2018年，津晶海外销售额规模实现20%的增长目标，津晶自主品牌在海外市场的销售额规模增长远超整体增长20%的平均速度。

在家电强国日本，海尔也实现逆袭，物联网商用洗衣机继续保持市场第一位。海尔将进驻英国皇家御用百货商店J商场，法国最大零售商D商场更“特批”10个品牌岛欢迎海尔入驻，这还是首次有中国品牌进入该卖场。津晶、格兰仕这两个从广交会“走出去”的广东本土家电品牌也凭着高端化、智能化战略赢得亮丽的出海成绩单。根据津晶控股年报显示，2017年实现营收107.365亿，同比增长15.4%，其中美洲、欧洲、大洋洲业务增幅分别为50.1%、31.1%、11.8%。2018年一季度，格兰仕产品在欧美及“一带一路”沿线国家整体出口增长均达到20%。

近年来，经过国内外市场激烈的竞争，中国家电品牌已基本脱离单纯的代工时代，自主设计开发成为行业主流。中国家电产品“走出去”的使命已经完成，目前正进入中国品牌和中国创新“走出去”的新时代。

中国家电企业“走出去”不再是一句口号。目前多家家电巨头的海外业绩增长迅速，海外收入有望在今明两年超越国内收入，并且大部分收入来源于自主品牌。近几年，中国家电巨头在国际市场上身影频现，TCL、创维、格力、海尔、美的、海信等均加大对海外市场的布局，不断并购海外高端家电品牌。海尔、美的分别有近半的资产与收入来自海外，更重要的是它们已基本完成全球化的品牌布局，形成全球研发资源与供应链的网络。它们在完成多起海外收购后，加快从产品输出向品牌输出、管理输出转变，奏响了跨国公司蜕变进行曲。

第三章

赢在渠道

在家电产品同质性非常强的今天，企业生存并战胜竞争对手的关键在于掌握营销渠道，因而有“渠道为王，决胜终端”的说法。从20世纪90年代开始，许多家电生产企业开始了以自建营销网络为主导的渠道变革，如设立省级分公司、地市级办事处，甚至设立专卖店，试图从建设零售终端入手，建立产、供、销一体化的家电销售网络，而家电零售企业国美、苏宁已经发展成为全国性的家电连锁店。

零售商与制造商都期望本身的利润最大化，他们之间的合作关系一直处于“同床异梦”的状态。如果制造商大规模地介入零售领域，又会造成资源的浪费，因而制造商、批发商和零售商之间有必要建立一种新型的合作关系。

第一节
家电行业传统的营销渠道

1. 区域经销商制：厂家—代理商—批发商—零售商—消费者。

这是一种传统的家电营销渠道，其优点是厂家可以利用经销大户的市场资源，迅速启动市场，降低了厂家的市场风险"这种渠道模式的缺点是厂家对代理、批发大户的依赖性强，厂家和经销大户关系不稳定，经销大户为了自身利益而窜货、砸价，使厂家利益受损，厂家远离市场和消费者，对市场反应慢。

2. 直营零售：厂家—零售商或自营专卖店—消费者。

与区域经销商制相比，直营零售模式取消了中间流通环节，厂家拥有了自己的零售网络资源，有利于对零售终端网络的控制与管理，如信息反馈及时，市场灵敏度高，能较好地控制零售价格，有效地防止窜货的发生等；拉近了厂家与零售商、消费者之间的距离，相互之间沟通使协调更加容易，厂家对终端市场更了解，更加贴近市场，终端促销活动做得更好。缺点是原来由批发商承担的零售批发、仓储、融资、货物配送等分销职能，全部由厂家自己承担，需要大量资金与人力来自建分销网络，在各省、市自建营销机构，组成庞大的销售人员队伍，而且厂家要在各地自建或租用仓库，营销成本大为提高，需要有较高的销售量来支撑这笔高额营销成本；由于交易分散，资金回笼慢，厂家要承担库存风险，相对于区域经销商制来说，不能为厂家融资；零售商进货零散，货物的配送不方便，特别在零售商分散的二、三级市场和农村市场，运输成本极其昂贵。

3. 直供家电连锁：厂家—专营连锁店—消费者。

20世纪90年代后期迅速发展起来的以国美、苏宁等为代表的家电专业连锁企业对传统大商场的冲击很大，成长性最好。他们采取统一采购的方式，在新兴商业区开店，其每个市店营业面积一般在2000平方米以上，家电专业连锁的形式包括区域内连锁和跨区域连锁两种。跨区域连锁的企业一般规模较大，所经营的家电产品除有综合性优势外，单性产品的特点也比较明显，如国美的彩电、苏宁的冰洗。

作为对传统营销渠道冲击最大的综合性家电连锁店。这支重要的商业资本最显著的特征是经营规模大、资本雄厚、跨地域连锁经营，掌握着庞大的销售网络，是一个高效率、专业化的零售终端，这些家电专业连锁企业在家电产品销售方面最大的特色和显著特点是依托连锁经营这一先进的组织形式，通过大规模、跨区域的家电零售经营，形成了具有一定规模的销售网络，显示出低价格、高效率、专业化的渠道特征，它们有较强的零售终端网络优势，以大规模进货量并承担一定的销售风险的方式从家电生产企业获得低价格等优惠，占有明显的竞争优势。综合性家电连锁店销售网络庞大，专业化销售效率高，销量大，以买断行为承担销售风险而获得家电生产企业最大限度的让利，不仅在零售价格上具有优势，而且在品种、数量上与其他销售渠道相比也具有明显优势，数量多、品种全，使消费者有更多选择；同时以其专业化经营，更加了解消费者的需求，为消费者提供更好的服务。其缺点是商家的讨价还价能力强，渠道权力向商家转移，厂家要向连锁店提供比其他分销商更低的价格优惠和更多的促销资源，进而会影响其他分销商的经营积极性。许多家电企业为此而陷入进退两难的境地，一方面不愿意失出家电连锁企业动则上亿元的大订单，另一方面又不满意家电连锁企业的霸权和对企业其他分销渠道的冲击。家电连锁企业的发展顺应了经济发展的要求，必将主导未来的家电销售渠道。大部分家电企业的产品都通过这种模式进行销售，他们也不会轻易放弃与家电连锁企业合作的机会，家电企业也必须与家电连锁企业合作，优化、整合渠道资源，达到协同效应。

近几年来，虽然我国家电营销渠道有了一些新的模式，但仍以传统的间接的分销渠道模式为主，即厂家—代理商—批发商—零售商—消费者，这种渠道模式环节多，每一级代理商、批发商需要产品售价5%—8%的渠道成本，分销效率低，达不到家电企业在微利条件下靠提升销量获取利润的要求。虽然有一些家电企业已经开始绕过中间商，采取自建零售网络的模式，即厂家—零售商—消费者，由厂家直接向零售商供货，渠道重心下移，厂家直接掌控终端，对市场的反应加快，但是厂家需要投入大量的资金和人力建立庞大的销售人员队伍，以自己的销售人员代替间接分销渠道中的批发商去开拓和管理零售商网络，而且厂家自己承担向零售商直接供货的仓储和运输职能。在家电行业利润微薄的今天，自建营销网络的人海战术给各家电企业带来了沉重的成本负担，这种渠道模式要求有较强的营销执行力，且需要将现代电子信息技术和物流技术应用到渠道建设中去，否则不仅不会降低渠道成本，反而会因为自身庞大的销售人员队伍而增加渠道成本。

我国各家电企业大多采取比较单一的一种或两种渠道模式，不能很好地适应国内不同市场。我国地区经济发展水平相差较大，导致地区间市场差异较大，东南沿海与中西部内陆地区，省会城市与县乡市场的市场需求、市场容量差异较大。省级市场与县、乡级市场的家电渠道成员差别也很大，省级市场以家电连锁店、百货商场家电部、经销大户为主，规模大、势力强；而县、乡级市场则以家电超市、品牌专卖店、夫妻店为主，规模小、数量多、分布散；并且各家电企业自身的规模、实力也不一样。因此，各家电企业必须针对自身的条件，针对不同的市场，采取不同的营销渠道模式。

我国家电企业大多没有充分应用现代物流技术和电子信息技术，分销物流、营销信息管理水平低，与美国和西欧发达国家相比存在较大差距。我国家电行业物流成本高是导致营销渠道成本高的主要因素，由于物流管理手段落后，家电企业、代理商、经销商、分公司均拥有较大的安全库存，库存周转率低，不仅仓储成本高，而且严重影响家电企业的现金流。如果是传统的多层次的营销渠道，则整个渠道内产品的重复运输现象十分严重，从厂家到代理商到批发商到零售商先后要经历多次搬运。没有利用物流信息系统和条形码反馈信息，准确地了解分销商、厂家库存量和在途运输情况，订货提前期比较长。许多家电企业营销管理信息化水平低，没有建立营销渠道信息系统，一些家电企业还处在使用电话、传真机沟通阶段，公司总部与省级分公司、市级营销中心、营销人员之间不能实现及时快捷的信息沟通，总部营销政策不能迅速传达下去，市场一线情况不能及时反馈给总部，给公司内部管理带来了难度，营销执行力降低，公司总部、分公司、仓库、代理商、批发商、零售商之间没有网上沟通平台，不能实现网上查询、网上订货，交易成本比较高；没有建立与顾客在网上交流、互动的平台，没有建立客户数据库，售后服务水平低。

家电营销渠道变革中的营销渠道成员难以协调与控制，厂商渠道冲突严重。由于流通领域的变革而导致的渠道多样化及渠道冲突是渠道管理中的一个主要问题，在新兴渠道替代传统渠道的冲突时代，企业的营销渠道呈现出不同体制、不同类型、不同层次和不同运作模式的现状。一方面使得企业有了对营销渠道的更多选择和组合自由，另一方面也使企业面临更大的渠道选择与渠道管理难度，营销渠道成员难以协调与控制，这是由企业外部执行不同职能的营销渠道成员之间目标不一致造成的。他们各自为政，不能以实现销售增长作为统一的目标，这有可能引发多种营销渠道冲突，家电企业对渠道的控制力弱，甚至受制于经销大户，在家电行业整体微利的形势下，厂商合作的稳定性差，经销商忠诚度低，经销商常为了自身利益而窜货、砸价，渠道冲突难管理；家电企业与消费者之间的距离远，家电企业对市场一线信息缺乏了解，不能及时调整营销政策，对市场反应慢。厂商渠道冲突形成的原因是多方面和多层次的，家电制造商必须综合内部资源和外部环境等多方面因素，在战略、经营和操作等不同层次上，设计和实施标本兼治的渠道方案。

随着家电产品供过于求的趋势进一步提升，家电市场竞争进一步加剧，各家电生产厂家以4R为营销核心，以令顾客满意的目标为方针，得到更深入地贯彻实施，使家电渠道发展有以下两种趋势：

1. 营销渠道结构扁平化。戴尔的直销模式，给家电企业渠道结构革新起了很好的示范作用。众多家电企业把渠道改革的方向放在了优化供应链，减少不必要环节，同时给必需的中间商足够的盈利空间，以实现渠道结构扁平化。渠道扁平化旨在优化结构，降低分销成本，增加利润，同时拉近厂家与最终消费者的距离，以更好地满足消费者的需求。渠道结构扁平化是企业渠道变革与创新的趋势和方向，家电企业根据自身资源状况和产品特征，在压扁渠道结构过程中，充分利用互联网络，尝试实行直销模式，或是加快企业渠道电子化和电子平台的建设，实行网络营销，或是减少经销商中的某些效率低下的层次等以实现企业的扁平化目标。

2. 营销渠道关系互动化。为了更好地沟通，持续满足顾客不断变化的需要，企业将通过以下两种方式与客户或顾客进行关系互动。第一种方式是建立企业与经销商之间的双向互动，企业通过人际交往、有组织的联系、沟通等手段邀请经销商参加本企业的公关活动，并对经销商提供及时的反馈（如销售状况、消费者投诉状况等）给予激励，以强化这种反馈行为，也可以利用互联网技术使销售活动电子化，提高供货、配货等环节的效率和准确性，而且可以及时了解市场情况以便于企业制定营销策略。第二种方式是建立企业与终端消费者之间的“双向互动”，随着网络技术的日益成熟，使厂家可以越过中间商直接建立与消费者之间的互动。厂家可以通过在门户网站设立链接、网络广告、电子邮件等方式把信息准确无误地传递给消费者，同时也可以通过网上论坛与留言簿、网上问卷调查、E-mail投诉信箱等来接受消费者的反馈信息，以了解消费者的需求和产品的不足之处，便于改进和实现供需一致。

有时基于营销的目的，企业需要对现有渠道做出适当调整，增加或减少中间商数量，这可能会引起现有经销商的不满或可能导致经销商的忠诚度下降。为此，企业在增加分销渠道时，既要保证现有经销商的利益，稳定长期建立起来的合作关系，又要鼓励新的经销商努力发展，尽可能扩大公司的分销网络。当公司减少中间商时，要尽可能保留与原来经销商良好的关系，以备将来发展之需，同时与现有经销商进行充分沟通，使其了解企业目前的政策和发展方向，稳定市场，巩固经销商对公司的忠诚度。

第二节
从价值链的角度优化渠道

营销渠道是营销组合的重要组成部分，是指产品或劳务从生产者向最终用户移动时获得这种产品或劳务所有权的，或帮助其所有权转移的所有企业或个人的集合。生产者、中介机构和最终用户都是一条分销渠道中的成员，它们构成相互依存的一个组织。家电市场的营销渠道是由家电制造商，批发商和零售商组成。在一、二级市场（北京、上海和大部分的省会城市），其主要的零售渠道是以国美、苏宁为代表的家电类连锁店，家乐福、沃尔玛等大卖场也占据一定的市场份额；而在三、四级市场（地级市和县城）仍然以传统的销售渠道为主，这些传统的销售渠道包括：中小型电器店、百货店和区域性的家电连锁店。家电制造商既要面对国美、苏宁等全国性的连锁店，又要面对三、四级市场上的传统的营销渠道。

整体上，我国家电产品的营销渠道可以分为如下几种主要的分销模式：

1. 批发商主导的分销体系。这种体系下，家电制造企业不和终端零售商发生业务往来，他们的重点是选择好批发商或代理商，并加强对他们的管理，由批发商向零售商供货，有时售后服务和物流配送也由批发商承担，如飞利浦的小家电基本上采用这种模式。

2. 家电制造商直接向大客户供货。由于大型商场和零售商的销售规模大，直接供货可以适当降低营销渠道成本，还可以通过在终端设立品牌专柜，拉近与消费者之间的距离，更了解客户的需求。大部分的一线品牌，如TCL、康佳、美的都成立了大客户部，专门负责国美、苏宁等全国性家电连锁店的业务。

3. 家电制造商建立自己的分销网络。家电制造商在全国各地设立分公司和办事处向零售商、批发商和大客户供货，部分企业还通过吸引加盟商的方式设立连锁店。如格力冰洗的专卖店已经成为其重要的销售渠道。

不可忽视的是，家电制造商与经销商之间、经销商与经销商之间的冲突不断。家电制造商与经销商间的冲突，如制造商抱怨批发商销售太多的家电品牌，没有做好市场情报的回馈；而经销商则抱怨利润低、价格混乱和制造商直接开设零售店等。经销商与经销商间的冲突，如经销商之间争夺客户、破坏价格和跨区销售等，都是经常发生的情况。这非常不利于与消费者的沟通。零售商掌握客户的第一手资料，最了解客户的需求。传统的销售渠道，客户的需求向家电制造商传递速度慢，甚至失真，主要原因是零售商、批发商和家电制造商的利益相互独立，他们的合作关系是建立在短期的利益上，他们各自认为他们之间存在的只是零和博弈，无法实现双赢。在与大型零售商的合作中，家电制造企业往往处于被动地位。由于产品的同质性，家电制造企业经常处于被动“挨打”的状态。从零售商的角度，谁的好卖，给的优惠多就卖谁的，而对制造商而言，谁卖得多就让谁卖。这样的营销渠道带来的结局是，营销渠道成员缺乏忠诚度和低信用度。通常的解决办法是制造商不断给零售商喂奶。零售商、代理商提供的服务附加值低。零售商实际上仅提供产品的展示作用，产品安装、售后服务甚至送货均由制造商或代理商负责，制造商的“战线”越来越长，管理跨度越来越大，效率越来越低。制造商无法集中精力做好分内的事情，这样零售商也难以迅速得到符合客户需求的产品。由于家电制造企业在渠道建设上投入过多，效率低，甚至在同一集团内不同的产品线都建立了各自面向终端的渠道，这就必然导致销售费用率上升。目前很多家电企业重视在内部进行产品成本和费用的降低，而忽视营销渠道的改善带来的收益往往要比企业内部成本压缩大得多。

针对上述问题，目前大部分家电企业采取增加销售返利，增加促销人员，或直接设立专卖店等，制造商与经销商之间的矛盾不仅没有缓和，反而不断加深。零售商拒买某些知名品牌的产品，或者家电制造企业拒绝向家电连锁店供货的事件时有发生。

如何从根本上解决传统家电营销渠道中存在的问题？不妨从价值链的角度来优化家电营销渠道。迈克尔·波特认为，企业创造的价值是用户对企业提供的产品或服务认定的并愿意接受的价值。企业创造的价值产生于一系列的活动之中，如设计、采购、生产、销售、服务以及产品开发等等。这些活动的有机联系，就形成了企业的价值链。

价值链体现了：（1）企业各项活动之间都有密切联系；（2）每项活动都能给企业创造有形的或无形的价值，如“与顾客之间的关系”，如果密切注意顾客所需或做好售后服务，就可以提高企业的信誉从而带来无形价值；（3）它不仅包括企业内部的活动，还包括企业的外部活动，如与供应商之间的联系、与顾客之间的联系等。价值链并不是一些独立活动的集合，而是相互依存的活动构成的一个系统。价值活动是由价值链的内部联系联结起来的，可以通过最优化和协调一致带来竞争优势，因而，共享价值链可以带来渠道优势。

对家电产业来说，这实际上是一个产业价值链，其最终的服务对象是最终的用户，没有一个企业能够完成整个价值链中的全部工作。在整个价值链中，零部件供应商、制造商、批发商和零售商扮演不同的角色。制造商的重点在于新产品的开发，生产经营；批发商的重点在于区域内的配送和售后服务；而零售商主要负责向客户展示产品，以最合适的产品满足客户的需求；而营销活动则贯穿于整个过程。家电产品营销渠道设计应以价值分享为基础，制造商、批发商和零售商只有通过共同分析成本和分销战略设计形成一个完整的价值链才能共同占领市场。要达到这一目的，家电企业必须对原有的营销渠道进行整合，并注意整合过程中，营销渠道整合的有效性、整体效率的最大化、渠道的增值性和分工协调性，从而提高营销领域的竞争优势。

营销渠道是不同机构之间的集合体，他们同时扮演着追求自身利益和集体利益的角色，为了利益，他们之间相互依赖，又相互排斥，从而产生了一种既竞争又合作的关系。然而，现在的市场竞争已不再是企业单体之间竞争，而是企业所处的价值链之间的竞争。价值链已超越企业的边界，扩展到供应商和分销商，涵盖了企业外部价值链和内部价值链——外部价值链包括供应链和顾客链；内部价值链包括研发、生产和营销。一个企业要具有竞争力，必须创建自己高效的价值链，而同处一条价值链的企业之间应是一种战略合作伙伴关系，而不仅仅是一种买卖关系。在整个价值链中制造商与分销商、零售商分工不同，改变目前制造商把大部分的精力投入到渠道建设上。制造商要在关键环节上培育核心能力，并以此不断获取和整合更多更好的产业资源，提升整条价值链的效能，更好地为顾客创造价值，确保持续成功。对分销零售商而言，其营销的本质就在于有组织地把握、接近、影响、渗透和维持市场，为商品在流通领域建立支配力与影响力；通过自身内部价值链各环节和产业价值链上下游，结合制造商争夺市场份额的共同要求进行整体协同，加速产品的生产与交易过程。分销售零售商的竞争力来自于整条价值链协同的效率，超越竞争对手并对竞争格局和规则施加有力的影响，从而赢得顾客，在市场竞争中赢得主动。在整个价值链成员合作中，常常遇到渠道成员缺乏忠诚度，甚至渠道成员的流失等问题。为此，可以通过股权将制造商、批发商与零售商联系起来，相互参股；对于已经上市的家电公司，可以对已有的上市公司进行相互持股，使成员之间关系更为紧密，并发挥各自的优势。

第三节 渠道扁平化改变营销模式

由于我国经济发展不平衡，地区之间家电的销售量差异较大，因此，家电企业要根据不同地区的经济发展水平，采用不同的渠道模式：在东南沿海经济发达地区，由于家电的市场容量大，应采用直营零售式或网络直销的渠道模式，在这些发达地区的消费者也更能接受网络直销的模式，而在中、西部欠发达地区，市场容量小，则应采用传统的代理商（批发商）模式，分销的效率会更高。

在依靠代理商、批发商推销的方式中，生产企业对渠道网络的控制权力小，在代理商与生产企业利益日标不一致时，易发生代理商不执行生产企业的营销政策，从而损坏生产企业的利益的行为，而在由企业自己的销售人员的建立分销网络的方式中，生产企业对渠道网络的控制权力大，销售人员能按照企业的目标及时调整渠道政策。在依靠代理商、批发商来推销的方式中，生产企业与零售终端、消费者的距离比较远，不能及时了解市场变化并做出反应，而在由企业销售人员推销的方式中，生产企业可直接从事零售终端的促销工作，使终端生动化，对市场反应更快。

多元化渠道模式的选择，可以使营销渠道适应家电生产企业自身的条件，也可以使营销渠道更好地适应当地的市场。对国内家电企业来说，不同条件的家电企业应当选择不同的渠道模式，而且同一个家电企业在不同的市场也应选择不同的营销渠道。渠道竞争的多元化是发展的必然趋势，流通领域的变革导致营销渠道的多样性，在以家电专业连锁模式为代表的新兴终端兴起时，主营销渠道演变为对新兴终端的联盟和直营零售的渠道模式为主，以网上直销为突破，以传统的代理制为辅，渠道重心将下移。当然，一个家电企业在不同的市场选择不同的营销渠道，将会加大家电企业管理营销渠道的难度，要求家电企业有较高的渠道管理水平。

传统的长渠道存在许多问题：一是过分依赖大户，风险很大，大户对厂家的忠诚度容易发生变化，他们或多或少地都经营着几个厂家的产品，是否会主推本企业的产品存在很大的不确定性。此外，如果某个区域的大户分销能力有限，那么本企业产品在这个区域内的销量会受到牵制。二是渠道成员利益冲突较多，厂家的营销政策难以执行到位。三是拉开了厂家与终端消费者的距离，厂家不能准确地了解终端市场，对市场反应较慢。而直营零售模式则能很好地解决传统的长渠道存在的这些问题，更好地满足厂家最大限度地提升销量，对渠道进行精耕细作的要求。

通过直营零售的方式企业自建分销渠道，使长渠道变为短渠道，但由此也会产生庞大的营销机构、庞大的销售人员队伍，会增加渠道成本。因此，要使这种直营零售的渠道模式真正具有优势必须达到几个条件：即一是必须结合现代电子信息技术和现代物流技术的应用，为庞大的营销机构瘦身，降低渠道成本，提高渠道运行效率；二是企业必须能抓住营销渠道管理和控制的要点，企业的营销执行力要到位，提高为客户服务和终端管理的水平。

家电行业是一个对于服务水平要求相对较高的产业，因此，随着家电零售业的这种渠道选择模式的快速下沉，也必然要求家电厂家的工作重心快速下移，即实施渠道的扁平化，以迎合家电零售业态的快速转换。家电业已经度过了那种较为粗放的营销运作模式，随着市场竞争的日益激烈，其营销工作中心必然由现在的精细化营销向精益化营销转型，在此形势下，缩短渠道的长度，增加渠道的宽度，便是企业灵活运作市场，从而获得有利竞争地位的关键和前提。正是由于以上的行业大环境以及家电市场急速变化的市场影响，所以，实施渠道扁平化，从而更好地参与市场竞争，便成为越来越多的家电企业必须要面临的新问题和新选择。

传统的家电销售渠道，一般都是产品从制造商到省级或地级代理，然后，经过各级批发商，到达家电零售终端，最后销售给目标顾客群。渠道的扁平化，就意味着家电厂家要砍掉或替代省级或地级代理，使其成为小区域代理商或经销商，厂家取代原来的省级或地级代理商后，转而直供地级或县级经销商或批发商，即原本属于分销商、批发商的，现在与原来的上游省级或地级代理商平等了、平级了，同时都是厂家的代理商或经销商了。

营销渠道扁平化有利于厂家掌控经销商，使厂家在与经销商的合作中能够游刃有余，而不再单纯地依靠某一个代理商，使自己的命运维系于一家，从而使销售渠道链更加坚固，不再像以前那样脆弱；有利于厂家控制市场价格，合理通路利润设定，从而可以有效地防止低价销售、流窜货现象等扰乱市场秩序的行为发生，以此创造一个公平而良好的市场运作环境；

有利于市场信息的上传下达，避免信息截流，促使信息渠道畅通，有助于厂家根据市场渠道各环节的信息反馈，快速反应，促使厂家及时做出决策并进行适时调整，渠道扁平化进行的程度要跟家电企业的发展阶段及资源管理平台结合起来，家电企业只有充分结合了自身的实际，才一能在渠道扁平化的程度上有的放矢，从而找到适合自己的扁平化模式。

对于大型的家电企业来说，由于实力雄厚，管理水平一流，因此，它可以采取多种渠道扁平化的方式，甚至可以对经销渠道一竿子插到底。常见的方式有：1. 采取在县级设立经销商的方式，通过从厂家到县级经销商这两级渠道环节，来实现对销售渠道的扁平化管理和掌控；2. 采取设立地级代理商加办事处的形式来实现渠道的扁平化管理，对于县级经销商，可以通过办事处的运作，来实施厂家的垂直管理和一站式服务；3. 设立4S店模式，4S是英文单词销售sale、维修service、配件Spare Parts和信息反馈survey的开头字母，4S店即集整机销售、售后服务、零配件供应、信息反馈于一体的服务中心。当前，包括海尔、美的、格力等在内的很多大型家电企业都在运用这种渠道扁平化的模式，以此来获得自己对渠道的有效掌控权。但是，对于中小型家电企业来说，渠道扁平化管理要充分结合自己企业的实际情况，量力而行，那种盲目地追随渠道扁平化，而自己的资源管理平台不配套、不协调、无长期规划的扁平化现象，只能给企业增加经济负担和管理上的烦恼。

中小型家电企业适合的渠道扁平化方式有：（1）“省级代理或地级代理+办事处”的模式，作为厂家只管控省级或地级代理商，县级市场的业务，具体来由省级或地级代理商来运作，厂家只做好渠道管控，售后服务及相关的帮扶工作，厂家实现对代理商及经销商的垂直管理；（2）在战略核心区域市场，实施县级市场经销商制。一二线及三四线市场不再是一种上下游的关系，而是平等关系，即为平等的同级经销关系，以此来实现对市场的深度分销和渠道精耕，最大限度地来实现品牌的最大化覆盖，这在成熟的区域市场使用较多。渠道的扁平化管理对于家电企业来说，是大势所趋，也是市场所向，因此，家电企业只有把握了行业的这种潮流，认清了行业的这种形式，才能灵活地应对这场渠道的扁平化运动，从而找到适合自己的渠道拓展模式，真正地实现厂商的双赢。

过去家电企业专注于产品生产成本的降低，经过多年的发展，该空间已经不是很大。近年来，各家电企业纷纷加大研发力度，现有产品的升级换代和满足新的需求的新家电产品将不断出现，新技术衍生新的行业、新的产品，从而创造新的需求，但要让其演变成企业的市场效益，渠道力也即企业的市场分销能力就显得十分地重要，降低渠道成本是提升家电企业渠道力的有效方式，也是家电企业价值链的战略环节。扁平化是企业渠道发展的一个阶段，它是企业营销从粗放到集约过渡的一种表象，它是降低渠道成本、实现竞争优势的必然选择，也是企业市场拓展和渠道发展以及管理营销等综合水平成熟的标志。

从资源优化配置角度看，生产企业和销售企业应构成明确分工。多年来家电企业的自营销售网络虽然在一定时期内给企业创造了良好的市场效益，但随着各大企业的销售网络迅速膨胀，家电企业渐渐感觉到维持一个庞大网络的运营成本实在太高。渠道对于企业的意义，已经不完全是一个销售力的概念，渠道减负成为不可避免的问题。企业营销网络如何更好地满足消费者的需求是每个企业必须面对的重大问题之一。实行渠道扁平化有利于更好地满足消费者的需求，如果实行大经销制，厂家只有隔着经销商和零售商来接触消费者，而中国目前的通路成员对消费者的服务达不到企业要求的情况下，满足消费者更高的需求就会是一句空话。

只有渠道扁平化，厂家在终端与消费者做直接互动的沟通，做好售前、售中、售后服务，才能更好地满足消费者的需求。但需要注意的是，一个渠道的好坏和存在与否，要看这个渠道有没有价值，它最终能给厂商和消费者带来什么。厂商在选择销售渠道模式时要考虑各种渠道的资金流、物流、管理能力、终端覆盖率，对于市场的拉动力等各方面可能产生的成本也要有所考虑。过去家电企业营销渠道的建设，大多关注的是各区域市场的大客户，即我们常说的区域总代理制度，在一个区域市场由一家具有一定实力的代理商做总代理，由总代理商构建二级甚至三级市场的分代理商网络，这样，一个区域市场的主动权就掌握在总代理商的手里，多级代理成本通过代理商到零售商或是代理商到经销商再到零售商，自建分销网络对企业在资金、品牌、产品类别和管理方面提出了较高的要求。起初，由于家电产品的利润空间较大，这样的渠道模式曾一度推动了家电行业的发展，但随着家电利润空间的缩小和多种流通模式的出现厂这种模式的弊端日益显现。

首先，物流成本高。每个层级的渠道成员必须储备一定量的存货，才能保证货源不脱流，这样导致存货成本高；由于层级多，运输中转费用高。其次，信息流不通畅。由于层级多，信息容易失真；竞争者的市场行为和顾客的新需求不能很快反馈到生产商，从而错过市场机会。最后，管理协调困难。生产商为了保证其商品在市场上有价格优势，他需要为每个层级的分销商制定一个价格和分配利润；生产商还要防止促销的好处不被截流和防止地区间的窜货。

传统渠道弊端的日益加剧，突显了新兴渠道的优势目前国内家电销售渠道的新趋势是，在百货商店、家电专门店、家电城、大型超市等仍然为销售家电产品主渠道的同时，越来越多的工业资本将借助家电连锁企业直接进入流通领域。这支重要的商业资本最显著的特征是经营规模大、资本雄厚、跨地域连锁经营、掌握着庞大的销售网络，是一个高效率、专业化的零售终端，它们以承担销售风险的方式获得家电生产企业最大限度的让利，因此在产品零售价格、品种上具有优势外，在信息及反馈的传导速度上与其他销售渠道相比也同样具有明显优势。

家电企业的渠道扁平化并非指一种产品从厂商到消费者的整条供应链条中没有其他的中间环节的理想销售模式，而是从原有的多级代理逐步向没有任何中间环节的理想方式的进化过程。目前各大型零售商的力量日渐壮大，谈判力在加强，这样就会不断压缩厂家利润，厂家为保证自己的利润，只能牺牲中间渠道的利润，而这样又有资金风险，导致价值链不稳定。因此代理商在一级城市会被边缘化，而厂家的直供又需要物流单位的配合（主要是配送实力：包括送货、配货、收货等），整个链上的利润在重新分配。截至目前，大多数的厂家仍然存在两层以上的中间渠道，距离真正意义上的扁平化仍有相当大的差距，之所以这么多的经销商没有被“扁”，最主要的原因还是基于从传统渠道向新兴渠道转型的扁平化成本考虑。

中国内地市场分布的不均匀决定了东部沿海地区和中西部对消费品的拉力不同，导致地广人稀的中西部地区的渠道至今还没有走向成熟，也就不适用渠道扁平化，中国很多地区地广人稀、市场拉力小、交通不便导致物流成本过高，厂商的地区性物流平台管理则难度非常大，成本可能高于使用分销商和销售商。市场永远是强者游戏的场所。渠道扁平化既是适应市场发展的需求，更是市场游戏规则制定者极力追捧的结果，渠道扁平化是那些实力型企业生存和发展的必然选择。但是，对于占国内多数的中小家电企业而言，由于自身实力不足，渠道扁平化还很难落到实处。只要企业在当地市场拥有一定的渠道资源，就可以获取丰厚的回报，渠道扁平化不但削减了这一块利润，还需要更多资金来提升企业的综合素质，企业要自掏腰包，组建新的营销网络，如将大量资金投入终端，或者用来培养专门的卖场管理人才。从长远来看，这无可非议，但在当前资金能力有限的情况下，大部分企业认为这样做得不偿失。正因为企业自身实力不够，且必须面对诸多现实的、潜在的生存和发展危机问题，这也使得渠道扁平化在短期内难以大规模实现。

近年来，以超市、大卖场为代表的新兴渠道在国内商业流通领域已经显示出强劲的发展势头，销售额和市场份额都在不断增长，其巨大的发展前景被厂商普遍看好。但是，这些渠道却不能在短期内占据垄断位置，在中西部地区，新兴渠道所占比重很小，新兴渠道虽说在大城市优势明显，但面对中小城市强大的地头蛇，前景并不明朗，这使得渠道扁平化在实践中面临更多变数。因为渠道扁平化必须依托新兴渠道大肆扩张，渠道扁平化的营销策略难以被企业采纳的原因还有就是投入大、回报小，投入产出不成比例。在利润微薄的家电行业，许多厂商辛苦一年下来，如果能挣到一两个点（1%—2%）的利润就非常开心了，不为人知的是，许多家电连锁巨头给厂家提出的返点数都在10个（10%）以上，其中还不包括名目繁多的店庆费、新品入场费、广告费等，这些新兴渠道甚至在打完价格战之后，再找厂家要补贴。此外，各个厂商为了抢夺市场，相互压价，争相讨好大的渠道商，新兴渠道便得理不让人，不仅不按合同主推厂家的产品，反而得寸进尺，提出更多超出厂商接受范围的条件。

在渠道扁平化的过程中，有的企业在压缩经销商渠道环节的同时，企业自身的运作环节被拉长，总公司、分公司、办事处等多级管理机构，形成了内部的多层渠道。

从表面上看渠道好像是被压缩了，但实际效率并没有显著的提高，而内部的管理成本还会相应地有所增加，必须从消费者的实际需求出发，把企业内部各种渠道环节和企业外部各级经销商综合起来考虑，合理调整企业内、外部资源的结构，针对不同需求的用户提供相应的策略，使各渠道充分发挥各自的优势，从而使渠道的综合效率得到提高。

优秀的渠道管理促进渠道扁平化成本的降低，从现状来看，渠道扁平化的成本还是比较高。需要注意的是渠道扁平化是一个过程，它的发展需要依托家电连锁的逐渐兴起，这种新兴的渠道模式使渠道重心下移并缩减渠道环节，这在某种程度上得到了较其他销售终端更大的降价空间，这些强有力的零售商占据着他们经营商品范围很大的市场份额，处在一个垄断竞争的地位，对生产商和消费者将产生深远的影响。

在家电产业发展的很长一段时间内，制造资本和商业资本的博弈一直就没有结束过，近几年商业资本的上升势头较猛，制造业和零售连锁企业之间合作时心态调整，但不可避免的也会互相碰撞。因此厂商之间的新博弈关系主要就是制造业的优势心态逐渐调整到平常心，以及流通企业的谄媚心态调整到平等对话的过程，生产商所要思考的是怎样配合渠道成员的战略，优化渠道管理，共同致力于为顾客提供更多的价值。优秀的企业应积极转变渠道观念，顺应趋势。渠道扁平化是一种趋势，在家电市场成熟度（以占有率和销量指标为标志）、综合营销管理实力、与零售连锁的协同发展等方面达到一定高度水平，营销逐步进入精细化阶段之时，渠道扁平化是水到渠成。

实现渠道扁平化，改变家电营销渠道模式，必须减少渠道中不增值或增值不多的渠道环节，变长渠道为短渠道，采用扁平化渠道，即采用与家电连锁企业结盟、直营零售和网络直销的渠道模式，同时要充分应用现代信息技术和物流技术，才能突显扁平化后渠道效益和效率的提高。具备网络信息技术和物流技术条件，能促进渠道的扁平化，并减低渠道成本，提高渠道效率，现代网络信息技术使得谈判、订货等渠道职能大大简化，尤其是渠道内及时畅通的信息交流，可以减少产品的仓储；而现代物流系统则使运输、仓储等职能效率更高，成本更低，从而加速了渠道内的物流、信息流和资金流的流动。

凭借现代电子信息技术、物流技术，渠道内的物流、信息流、资金流速度更快，效率更高，时空的阻隔更小，每一级渠道成员覆盖的范围更广、更深。正因为如此，使得以前需要多个渠道成员才能完成的整个销售过程，现在只要少数几个渠道成员就能完成整个销售过程。采用网络信息技术使得谈判、订货等关于信息沟通的渠道职能大为简化，而且由于及时、便捷的信息交流，可以减少产品的仓储。而采用现代物流技术使运输、仓储等职能更简单，成本更低，从而可以使整个家电营销渠道的职能由更少的渠道成员承担，所以可以通过职能或功能的重新分派，来减少家电营销渠道中间商层次，从而使渠道扁平化。因此，将现代电子信息技术和现代物流技术运到家电营销渠道中去，是实现家电营销渠道扁平化的关键方法。

营销渠道的改变必须辅之以相应的物流技术，向流通要效益，向供应链要效益。流通环节是新的利润源泉，是我国家电业的利润增长点。现代物流技术，不仅包括实物流动，也包括信息流动，需要先进的电子信息技术，通过利用现代物流技术，可以最大限度地降低家电营销渠道的成本，提高营销渠道的效率，提高渠道对市场的及时反应能力。利用现代物流技术，可以优化企业产品库存。库存是家电行业的一个比较突出的问题，由于家电产业的销售在一年四季中的季节差异比较明显，如冰洗的销售旺季在4—7月之间，在销售高峰，家电企业仓库的冰洗都严重缺货，而在淡季不得不大量储存，家电生产企业也不得不拥有更高的安全库存，库存周转率低，会严重影响企业现金流。同时，越是采用多层次的分销渠道，其库存量越大，代理商、批发商向家电企业订单变动程度比零售数量的波动大得多，为了与零售商同样的物流服务水平相匹配，代理商、批发商不得不拥有比零售商更多的库存。

有了完善的家电物流系统，能够实现敏捷供应：一是利用物流信息系统集中分销商的进销存数据、顾客的需求信息，准确地计划和预测销量；二是利用物流信息系统和条形码反馈信息，准确地了解分销商、厂家库存量和在途运输情况；三是建立科学的物流配送网络，跨越中间商直接向零售终端配货；四是利用物流系统缩短订货提前期。因此，利用现代物流技术可以构建敏捷供应链，有效减少库存，提高周转率，同时，还能减少重复运输和搬运。在实施现代物流技术之前，由于没有关于客户的信息系统，没有科学系统地规划分销网络的运输路径，加之，如果是传统的多层次的营销渠道，则整个渠道内产品的重复运输现象十分严重，从厂家到代理商到批发商到零售商先后要经历多次搬运。应用现代物流技术之后，则可对客户需求进行科学分析，有效规划运输路径，在扁平化的渠道中，从厂家直接运到零售商，从而可以极大地减少重复运输和搬运，降低渠道成本。

应用现代物流技术，可以提高运输质量，降低产品的破损率；还可以提高向终端或消费者供货的及时率和准确率，提高渠道的客户服务水平；而且还便于厂家管理渠道和完善售后服务，利用条码管理可以及时掌握该商品的流通路径，以及是否存在窜货或假冒情况，在金字塔式的传统渠道里，由批发商（代理商）承担了很大一部分运输、仓储等物流职能，在渠道扁平化之后，必须建立功能强大的家电物流系统，如在实行厂家直接向零售商供货的直营零售模式中，家电生产企业要直接向分布在省、市、县、乡的众多的零售商供货，必须有现代物流的配送体系。运用供应链管理思想，进一步深化物流改革，采用第三方物流，国内家电企业正在逐步接纳供应链管理思想，长虹等国有企业已经开始采用社会物流资源，可以预见在不久的将来，更多的家电企业将会从供应链管理的角度来思考物流运作，破除现有格局，实现物流外包，以降低物流费用。但是，目前，很多家电企业的物流外包还只是基于单项业务成本节省方面的考虑，没有企业整体观念；对物流管理的认识尚停留在降低物流成本方面，但对物流总成本的认识又未能完全明了，尤其是在利润降低的压力下，有为了维持低成本而放弃服务质量的趋势。第三方物流的目标将是帮助中国家电企业整合供应链，认清物流成本构成，帮助企业在一定的物流成本下提高客户满意度。家电企业可以将其产品的分销配送物流业务交给第三方来完成，即交给专业的物流公司来完成，生产企业不必成立车队、建立仓库，由第三方按照家电企业的需求，及时地将产品送到零售终端，送达顾客，这样可以使家电企业集中精力强化主业，在技术研发和创主品牌方面强化核心竞争力。

家电企业在构建自己的营销渠道时可以用第三方物流取代代理商、批发商，第三方物流行使物流配送职能，可以更加迅速地实现向零售终端的供货。因为单个家电企业由于货运业务有限，并且受季节性影响大，而且还会出现在运输回程时空载的现象，不能实现规模效应，而第三方物流模式则可以更好地整合资源，实现规模效应，极大地节约物流成本。

营销渠道的优化还必须辅之以现代网络信息技术，现代网络信息技术在营销渠道中的应用，可以极大地提高营销渠道的分销能力、分销效率，降低渠道成本，加速对市场的反应。在家电生产企业及其中间商、顾客之间建立一个沟通、互动的信息系统是十分重要的，这个信息系统应包括内部系统和外部系统：企业营销内部信息系统使公司总部和分布在全国各地的分厂、省级分公司以及市一级的营销中心紧密地联系起来，使之能够及时沟通和互动，使一线市场的情报能够充分准确地传达到公司总部，使分布在全国各地的营销人员能随时了解公司的营销政策、新产品的性能、价格的变化等，而公司总部也能随时了解各地的市场动态；企业营销外部信息系统是建立在公司、经销商、零售商、消费者以及物流中心之间的信息系统，涉及的信息包括消费者信息、产品信息、价格信息、中间商信咨息、库存信息等等。营销渠道信息系统应包括以下系统：订货处理系统、库存控制系统、财务结算系统、客户服务系统、物流信息系统，这个系统必须根据企业的发展战略来实施，采用先进的软、硬件技术。要实现以上功能，系统必须要有较高的扩展性，并且要针对不同的群体设置不同的访问权限：公司的中、高层管理人员可登录公司涉及机密的数据平台，分布在全国各地的营销人员可登录公司管理、交流平台，分销商可登录订货系统，而广大消费者则可以登录可完全公开的电子商务平台。

案例七

全渠道加码打造新零售样本

2018年“双11”以天猫首次突破2000亿元大关而落幕，冰洗行业却呈现出了几家欢乐几家愁的态势。2018年“双11”期间，电商平台的冰洗销售首次出现下滑的态势，津晶冰洗却以电商平台整体销售额实现同比增长136%，三大电商平台均创下历史新高的成绩，收获行业里的一大喜报。

站在2019冷年冰洗市场引爆的新起点上，在市场万变、消费升级、智能浪潮，以及渠道线上线下融合、品牌时尚个性化等变革的浪潮下，津晶冰洗以“双11”期间天猫、京东、苏宁三大平台全线爆破为契机，以拥有健康功能与智能化体验的冷年新品机型为王牌，成功实现口碑、销量齐丰收，在2019冷年的市场竞争中占据C位。

据奥维云网发布的监测数据显示，2018年“双11”期间冰洗电商零售量同比下滑2.9%；零售额同比下滑0.3%。有行业人士分析冰洗市场从连续三年的高歌猛进转入冬眠模式，“双11”并未挽回颓势。一边是行业整体2.9%的整体下滑，一边是津晶电商逆势而上的大幅增长。截至2018年11月12日零点，津晶电商平台整体销售额实现同比增长136%，天猫、京东、苏宁三大电商平台分别以同比增长145%，同比增长130%，同比增长138%创下历史新高！其中智能王系列、工匠大师精品系列等多款精品柜挂，更是登上电商冰洗会场的热销排行榜，而拥有健康功能与智能化体验的冷年新品机型——津晶智能王5代负离子氧吧冰洗，更成为市场新贵，收获口碑与销量大满贯。

除了远高于行业大盘的电商增势，津晶的线下市场全国联动更是将“双11”全民狂欢的热情推向高潮，并体现了津晶独有的前置化营销新思维。早在2018年11月伊始，津晶就已提前以“工厂直销、火力全开”的主题大促率先开启预热期，其后更开展线下的工厂直销及线上的“锦鲤夺宝”，直至到爆破当日，积极融合线上线下。据悉，“双11”期间，津晶在苏宁卖场销售金额同比增长98%；国美销售金额同比增长58.9%；五星销售金额同比增长93%。此外，全国在多个细分区域市场增长表现亦十分亮眼，增幅均在100%以上，其上佳表现令行业惊叹。

到了后“双11”时代，市场大战焦点不再局限于线上的一亩三分地，而是双线并行。同样对于整个行业市场而言，当前冰洗零售渠道的线上、线下二元化正在加速走向一体化融合，津晶也采取了更为融合、积极、灵活的渠道策略，以健康为切入点，打造用户的健康消费体验，融合线上线下全渠道，最终实现用户的跨平台、跨场景的交互体验。

业内专家认为，2019“冷年”，健康冰洗与智能冰洗两大趋势将走向融合，冰洗主流消费趋势继变频、智能、艺术之后，即将掀起新一轮健康战。目前整个家电产业迎来了新的挑战，也出现了新的变量，即聚焦空气质量的健康冰洗。接下来，通过产品、推广、终端和促销四个层面的落地和实施，津晶将全面拥抱冰洗健康消费革命的新时代，比如推出的“负离子氧吧冰洗”率先实现智能黑科技与健康理念的创新融合，展示津晶冰洗新形象的旗舰产品，有理由期待津晶冰洗在2020热年继续拥有上佳表现。

第四节 渠道再造共创价值链优势

营销渠道设计，就是指为了实现企业的营销目标而对各种备选的渠道结构进行深入地评估和选择，进而开发全新的营销渠道或对现有的营销渠道进行改进的过程，营销渠道设计过程是由一系列连续的活动所组成。广义的营销渠道设计包括企业创立之初设计全新的营销渠道以及企业运行一段时间之后为了适应市场变化而需要对现有营销渠道的改进或再设计，对现有营销渠道的改进或再设计，也称为营销渠道再造。

事实上，在着手对现有营销渠道调整之前，首先总是需要审视现有营销渠道是否满足企业发展战略规划与目前的营销渠道目标的要求，如果符合企业发展战略规划且完全满足眼下营销渠道目标的要求，则用不着急于对现有营销渠道进行调整，只有当前的营销渠道不符合企业发展战略规划或无法满足眼下的营销渠道目标要求的情况下才有必要考虑对现有营销渠道进行调整，否则，草率地对企业营销渠道系统进行的任何调整，都可能给企业发展带来灾难性的打击。

营销渠道设计的关键是价值分享而非利益分享，共创价值链优势是营销渠道成员的生存之道。分销过程中，分销营销渠道成员的非分要求不断增多，分销营销渠道成为永远吃不饱的孩子，面对这种现象，众多的家电企业面临艰难的选择，对分销营销渠道的困惑正是对营销渠道设计的困惑。终端竞争的激烈、区域市场业态的变化只是表面的原因，根本原因则是营销渠道设计过于注重利益分享，解决之道是营销渠道设计以价值分享展开。

利字当头，是市场中低素质、不具备战略眼光和完备经营管理思想的营销渠道成员的典型表现。这样的营销渠道带来的结局是，营销渠道成员缺乏忠诚度和拥有低信用度。解决之道是，营销渠道设计以价值分享展开，在买方市场阶段，制造商和分销商只有通过共同分析成本和分销战略设计才能共同占领市场，这种分析由价值链分析、战略地位分析、影响价值因素分析三方面要素构成。

1. 价值链分析。价值链是企业在产供销过程中，一系列有密切联系的、能够创造有形和无形价值的链式活动，是从原材料选取直到最终产品送到消费者手中的一系列价值创造的过程。它体现了三个含义：企业各项活动中都有密切联系；每项活动都能够给企业创造有形或无形的价值，如果密切注意顾客所需或做好售后服务，就可以提高企业的信誉从而带来无形价值；它不仅包括企业的内部活动，还包括企业外部活动，如与供应商之间的联系、与顾客之间的联系等。

2. 战略地位分析。从长远来讲，战略地位是企业打算在顾客心中建立怎样的形象，这可以从企业或其产品在顾客心中的形象反映出来，在营销渠道层面上就是营销渠道成员各自定位的问题。企业战略地位的确定，既与企业长期竞争战略有关，更与对营销渠道成员的长期发展设计有关，如追求低成本先导型战略的企业，其产品与竞争对手的差异性很小，因而在确立战略地位时，以相对高质量、低价位获得竞争优势就很重要，为了达到高质量低价位的目标，就要求营销渠道成员能够进行成本管理，形成严格标准的成本管理体系；相反，追求差异化竞争战略的企业，其产品与竞争对手有很大的差异性，因而应以高质量高价格来获得竞争优势，要想获得产品相对于竞争对手的差异性，建立一套支持这种战略的营销渠道体系至关重要，营销渠道成员必须保持一致创新。从某种意义上讲，确定战略地位实际上就是确定营销渠道成员对顾客价值贡献。

营销渠道是不同机构之间的集合体，他们同时扮演着追求自身利益和集体利益的角色，为了利益，他们之间相互依赖，又相互排斥，从而产生了一种复杂的关系，既竞争又合作。然而，现在的市场竞争已不再是企业单体之间竞争，而是企业所处的价值链之间的竞争，竞争已经超越企业的边界，扩展到供应商和分销商，涵盖了企业外部价值链和内部价值链，外部价值链包括供应链和顾客链，内部价值链包括研发、生产和营销。一个企业要具有竞争力，必须创建自己高效的价值链，而同处一条价值链的企业之间应是一种战略合作伙伴关系，而不仅仅是一种买卖关系。科特勒曾指出，制造商需要营销渠道合作，该合作产生的整体营销渠道利润，将高于个自为政的营销渠道成员利润，由于与供应商竞争状态下的投资收益率、销售利润率和毛利均低于没有竞争状态下的相应指标，因此，竞争不仅取决于价值链中每一个企业的竞争优势，更重要的是通过企业之间的战略合作，塑造整个价值链的竞争优势。

营销渠道的建立首先是选择渠道成员，然后是争取渠道成员。争取渠道成员的基本原理是根据渠道成员由短期利润、预期利润和风险计算期望利润，并根据人的有限理性、信息不对称与不充分的原理影响他们的决策。而对营销渠道进行管理和控制的目标是争取渠道成员的合作与支持，掌握渠道主动权，其基本手段是：远景掌控、品牌掌控、服务掌控、终端掌控、沟通、利润控制、库存控制和营销方案控制、掌握尽可能多的下一级中间商等。另外要通过对营销渠道的设计和改进以加强对营销渠道的控制，即对原来的渠道成员的地位和作用进行调整，在营销渠道的设计既定的情况下，对营销渠道的建立与控制及对渠道成员的选择选择，渠道成员应该有一定的标准：如经营规模、管理水平、经营理念、对新生事物的接受程度、合作精神、对顾客的服务水平、其下游客户的数量以及发展潜力等。

概括地说，设计营销渠道需要达到以下三个方面的目标：市场覆盖率、渠道控制度以及渠道灵活性。市场覆盖率是由市场性质与企业的市场定位所决定的，市场覆盖率按照从低密度的覆盖到高密度的覆盖可以分为独家分销、选择分销和密集分销三种类别。

独家分销，是指企业在有限的市场范围内选定一家渠道商来销售其产品的一种分销方式，当企业采用集中化战略时，一般都采用独家分销的方式，尤其是当企业迫切希望加强产品形象或非常需要渠道商支持的时候更是如此。另外，当企业的产品刚刚上市，尚处于导入期的时候，也通常采取独家分销的方式，这样便于企业对渠道的管理和控制，也利于调动渠道的积极性。选择分销，是指企业在有限的市场范围内选择少量的渠道中间商进行销售的一种分销方式，这种方式更适合采取差别化战略的企业。事实上，国内外知名企业基本上都采用这种选择分销的模式，以维护自己的品牌形象，同时有针对性地牢牢抓住目标用户。密集分销，是指企业在有限的市场范围内尽可能多的采用渠道中间商进行销售的一种分销方式。当企业采用成本领先战略并假设目标细分市场是价格敏感型且注重购买的方便性的情况下，密集分销是较适合的方式。

渠道控制度，就是指企业需要保持对渠道中间商销售行为进行控制的程度高低或大小。为了实现企业的经营目标，生产商需要经常控制渠道中间商以促使其更加努力地销售产品或提高服务质量。但事实上，渠道中间商则不然，渠道中间商更多地希望控制生产商以保证稳定的供货、产品质量的改善以及供货价格的降低等，生产商与渠道中间商之间为了各自的利润所产生的这种博弈，促使生产商需要对渠道中间商采取一定的控制措施，以降低或减少企业的经营风险。

作为制造商的企业，在大多数情况下，往往同时追求最大的市场覆盖率和最大的渠道控制度，而事实上，两者在大多数情况下是一种反比关系。因此，作为生产商的企业在大多数情况下只能在一定的市场覆盖率下去追求最大的渠道控制度或在一定的渠道控制度去追求最大的市场覆盖率。道理很简单，独家分销，对于企业来说，是最容易控制渠道销售行为的，但却只能是较小的市场覆盖率；而密集分销，对于渠道中间商的控制则存在较大的困难，但却能达到较高的市场覆盖率。由此看来，作为生产商的企业，必须在市场覆盖率和渠道控制度之间有所取舍，试图二者兼得的想法不是很切合实际。渠道灵活性，又称为渠道的可伸缩性，是指企业营销渠道结构易于变化的难易程度，渠道灵活性对于新产品的市场尤为重要。

进行备选渠道方案的设计，首先要分析影响确定营销渠道变量的主要因素。影响确定营销渠道变量选择的因素很多，归结起来，主要有如下四个方面的因素：市场因素、产品因素、企业因素和渠道中间商因素。

影响渠道长度的市场因素有用户数量、用户密度、用户层次、地理分散度、销售时间以及用户平均订货量等。如果市场存在企业的潜在用户数量较多，则适宜采用分销形式的长渠道，反之，则采用直销更经济；如果市场存在企业的潜在用户密度较高，则适宜采用直销，反之，则适宜采用分销；如果市场存在企业的潜在用户层次较高，则直销较分销更具优势。同理，当市场在地理位置上较为分散，销售时间较短而用户平均订货量又较小的情况下，选择分销比选择直销更合适。

为了提高渠道的效率，渠道成员往往寻求对渠道冲突进行有效的管理。家电行业渠道模式变革产生的渠道冲突成为其渠道冲突的发源地，如何有效地防范和管理这种冲突，在激烈的市场竞争中取胜，成为家电制造企业制胜市场的关键。渠道冲突的概念界定为，组成渠道的各组织间敌对或者不和谐的状态，其结果是导致压力或紧张不安。在流通领域，有合作就有冲突，冲突也不一定都是坏事，不同程度的渠道冲突对渠道绩效的影响也具有一定的差异性。西方渠道行为理论认为，导致渠道冲突的主要原因有目标不一致、角色对立、资源稀缺、感知差异、期望值方面的差异、决策领域无共识、沟通不足等等。

企业建立了两条或两条以上的渠道向同一市场分销产品而产生的冲突，其本质是几种分销渠道在同一个市场内争夺同一种客户群而引起的利益冲突，尽管流通领域的变革使家电分销以终端为主导，但包括商场及电器专营店的传统终端与综合性连锁、家电类连锁、电器城、品牌专卖店、集团采购、网上订购等新兴终端并存于同一个市场。对制造商而言，不管建设何种模式的分销渠道，都应当达到对渠道终端的合理覆盖面，这意味着制造商有可能选择对连锁终端的直达分销、对传统终端的代理分销、对集团采购的直接销售等多种渠道类型，因此必然存在多渠道冲突问题。

在分销渠道的规划和管理中，渠道之间的竞争和冲突始终是存在的，这种竞争和冲突一方面会推动企业对分销渠道的创新和变革，另一方面也具有极大的破坏性和危险性。对家电制造商而言，选择到达新兴终端与覆盖传统终端的渠道各处于不同的发展阶段，但又处于同一个竞争区域，而由于不同分销渠道的目标、特点和定位不同，势必导致企业在价格、促销配合、宣传和服务等各方面有所差异。就生产厂家而言，他们的利益出发点与零售商策略有所不同，厂商在尽可能覆盖终端的竞争中只希望价格战来自不同品牌之间，而不是来自同一个品牌，但由于产品到达新兴终端与传统终端的环节不同而使零售价格的构成不同，从而形成终端的不同价格。同时由于零售终端的过于密集和交叉，导致渠道为争夺顾客而进行价格战成为渠道最主要冲突。一方面，渠道类型的不同使制造商与各渠道成员的利益关系不尽一致，制造商很难兼顾每一个成员组织针对同一市场的促销配合，从而形成不同终端的促销行为不一致；另一方面，由渠道成员自主开展的促销使同一品牌的市场行为在不同终端表现出不一致，而制造商缺乏约束渠道成员的有效方法。

制造商构建多渠道组合的目的是将产品送达到每一个可能与消费者接触的终端，但由于没有对不同的渠道制定合理的策略并保持不同策略间的配合，使渠道管理的策略重点没有体现出来，表现为对长短两种渠道的管理策略没有差异性。渠道策略上的模糊势必导致渠道政策上的差异和随机性，有时出现对个别渠道成员没有理由的政策倾斜，但制造商并没有就这种政策倾斜在各个渠道成员之间进行良好的说明和沟通，形成制造商与渠道之间、渠道各成员之间的相互不理解。渠道政策冲突不仅会使一部分渠道成员失去积极性，更为严重的渠道政策冲突会造成渠道联合起来抵制制造商。

中国家电渠道正处在新旧业态的快速转换期，有关渠道的矛盾将是未来较长一段时间内家电产业的主要矛盾之一，而所有渠道的矛盾发源地都将集中在新连锁对其他业态的替代上。对于家电制造企业而言，面对家电连锁模式带来的这一场家电营销渠道模式的变革，如何在激烈的冲突与矛盾中制胜，成为其生存的关键。家电渠道模式的变革势必会带来新一轮家电流通业的大洗牌，进一步提高家电流通行业的集中度，中国家电流通业的资源将进一步集中，家电渠道的连锁专营模式继续高速发展，成为无可争辩的主流渠道并开始布局全国二、三级市场，家电销售渠道也必将高度集中。

对现有的渠道进行整合与创新，是一些家电制造企业的防范之策。在家电竞争越来越激烈，利润淡薄之际，家电制造企业在渠道上谋求降低成本以求得在更加激烈的市场竞争中立于不败之地。今后谁掌握着规模大、效率高、运作灵活、运营成本低的销售渠道，谁就赢得了市场，就能有效地战胜自己的竞争对手。家电连锁模式的出现，直接冲击家电销售模式中的城市大百货商场、区域的小型连锁流通企业的联合体、厂家自身代理模式，面对这样一场冲击，大部分的家电企业在渠道上选择了“两条腿走路”在连锁渠道进入的城市倚重连锁，除此之外，仍然维系其他的渠道形态，可谓识时务者为俊杰。

新家电连锁渠道模式带来的渠道矛盾将主要集中在新连锁企业之间的产品价格战上，迫于国美等连锁渠道的价格压力，许多区域零售散户都处在一种退出家电零售业和联合采购对抗外来压力的两难选择中。面对国美、苏宁等新连锁企业势如破竹的功势，在一级城市中拥有庞大客户群的老百货都没能抵挡住新连锁的剑峰，二、三级市场的零售散户就更没有多大的抵抗力了。届时，尖锐的矛盾仍然集中在新的连锁品牌之间，怎样把区域的优势散户用加盟店的方式纳入到自己的连锁体系中来?

以全球化为背景的市场竞争越来越激烈，单个组织的资源和能力显现出其局限性，以前单个企业之间的竞争已经演变为渠道系统与渠道系统之间的竞争。制造与流通本是产业链上的不同环节，又是相互制约、不可分割、共同创造价值的一个整体。家电行业的制造商和零售商如何实现共存、共荣、共赢，成为业界关注的焦点。制造商与零售商的这种战略联盟可以整合资源、降低成本、减少浪费、提高效率、优化资本的利用率和回报率，但是市场主导地位和利润来源分配是家电厂商建立新型关系的矛盾焦点。家电市场供大于求的格局决定了市场发展的方向是不断满足消费者的需求，渠道商往往通过控制与消费者的接触来强调自己的主导地位，并企图利用商品的价格杠杆来强化这种地位。家电行业最终的利润来自于消费者的消费和双方合作成本的降低。厂商互相信任是建立新型厂商关系的基础，解决信任问题必须明确双方各自的发展方向以及对双方市场定位的认同，这就需要双方在整个销售过程中的信任和沟通，进一步整合家电供应链，在高度集成的信息系统的支撑下，实现信息的同步共享，杜绝供应链上的信息失真、计划失控、操作失误。规范合作是建立新型厂商关系的关键。制造业要增强其谈判能力，日趋理智的消费者对产品的熟悉程度更高，在一定程度上削弱了渠道商的影响能力；同时，渠道之间的竞争更趋激烈，也需要通过规范化运作来适应变化的外部环境。

中国家电渠道模式经历了从早期的厂商共同营销到今天的全面互动营销；从单纯的厂商联保到厂商服务联盟的建立；从与厂家建立在合同上的简单的合作关系，到点对点的大客户服务制度的建立，体现了家电行业对建立战略联盟关系的积极探索。新家电连锁模式的出现，是厂商谋求在整条价值链上形成战略联盟集团，协调联盟伙伴之间的发展战略，积极推动与联盟伙伴之间的战略协作和信息共享，对于联盟组织进行战略性联合管理，最终达到协作、共赢、共生的目标的直接产物。对于制造企业来说，如何调整其市场的渠道模式，将成为其未来市场生存的关键。

案例八

新网批模式赋能新渠道

2018年9月，继无锡之后，津晶冰洗又于杭州举办了2019“冷年”浙江上海直销客商大会，现场有近千名两地代理商前来共享津晶新网批思路。根据统计显示，会议当天现场打款订货达到6385万元，创下了新网批变革之新高，为津晶冰洗在华东渠道变革开了一个好头。

津晶新网批大会是一种通向未来变革的讯号，随着津晶冰洗降本增效要求的不断提升，以新网批模式为代表的渠道变革将为在场的代理商注入全新活力，拓展全新发展空间。随着冰洗行业竞争环境的恶化，经销商作为传统市场分销体系中最重要的环节，面临着市场竞争、成本攀升、经营模式老化等诸多难题。津晶深谙经销商痛点，通过新网批的模式，助力经销商进行店面指导、连接互联网、提供新资源，打造区域性销售覆盖服务的核心竞争力。

网批模式的本质就是对销售资源进行整合，即把线上服务、线下体验以及现代物流进行了深度融合，这绝不是简单粗暴地去除代理商等中间环节，而是通过赋能代理商金融属性，推动线下经销商向服务商转型，进一步借助社会化的资金、物流和服务，构建起了从工厂到家庭的高效率营销服务模式，将互联网时代的智能制造、智慧零售、智能产品与智能服务全面打通。

津晶新网批模式通过运用工厂直营的方式，通过精准营销和大数据分析真正赋能经销商，减少了中间繁复的过程，消除差价，对品牌的长久发展、增强经销商“黏性”、深耕消费者市场都有着推动作用。新网批模式发展下，代理商自身将及时针对公司渠道变革对渠道网络进行梳理和完善，推行网批平台的同时为下一步品牌计划升级铺路。这不仅为现有的经销商提供平台保障，更将吸引众多经销商前来。

目前行业内网批模式已经有开始盛行的苗头，津晶作为第一批全渠道升级的冰洗企业，将电商风口转化为适用于中国家电渠道的创新模式，为把冰洗行业20多年的传统渠道模式注入互联网基因，真正将互联网时代的智能制造、智慧零售、智能产品与智能服务进行全面打通，赋能家电经销商并为他们在互联网时代的发展开辟新通道，成为“互联网+”时代的弯道超车者，这无疑将推动津晶再次成为行业现象级话题制造者，推动津晶冰洗实现高端化品牌形象和行业地位的再次升级。

第四章

赢在资本

一般而言，家电行业分为三个子行业：白色家电、黑色家电和小家电。家电生产企业属于中游行业，其上游为中间部件制造企业，包括压缩机、电机、面板、集成电路和芯片等，最上游的原材料则包括铜、铝、钢材等；下游为经销商，包括苏宁和国美等家电连锁企业、沃尔玛和家乐福等大卖场以及其他三、四级市场经销商，最终到达终端用户。

在白色家电产业链中，原材料供应商由于集中度很低，在产业链中的话语权、议价能力和盈利空间都相对较低；而零部件厂商中，压缩机行业存在结构产能过剩的问题，除个别寡头垄断的阀件零部件市场，其他管件、板件等零部件厂商盈利能力要远远弱于整机制造企业。整体而言，白色家电产业链中的整机制造企业盈利能力较好，占用上下游资金能力较强，在产业链中的话语权也较强；零部件企业的盈利及获现能力均较弱，且大部分企业缺乏核心竞争力；销售渠道商的盈利表现有所下降，但获现能力在行业中处较高水平。

黑色家电行业的技术革新速度快于白色家电行业，但是国内整机制造厂商尚未完全掌握上游核心技术，因此，黑色家电企业的整体抗风险能力弱于白色家电企业。因国内液晶面板制造企业数量较少，市场地位较弱，以至于我国黑色家电的整机制造企业对中游面板及模组生产企业的议价能力较弱；而中游企业又由于不具备液晶面板的核心原材料技术即玻璃基板的生产，对上游原材料制造商的议价能力也较弱。

国内小家电种类繁多，市场比较分散。在产业链中，上游原材料由于厂家分布较为分散，导致话语权总体较弱；中游生产环节中，那些已在细分领域树立品牌知名度和较广的销售渠道的企业逐渐占据绝对的市场竞争优势；下游的销售环节中，相对传统的超市连锁等线下渠道，具有一定规模优势的电商渠道（如天猫、京东等）掌握着更强的话语权。我国家电生产企业涉及的物流、资金流非常庞大，所需采购的物资品种和供应商众多，对外销售的产品类型不一，加之客户分布广泛，跨区域甚至跨国家，使得企业的资金占用和物资的供应变得极其复杂，因此，做好营运资金管理、减少资金在各个环节的闲置与占用，是提升家电产业链财资管理效能的核心。目前，我国大部分家电上市公司在营运资金管理方面具有以下特点：

1. 营运资金管理方式较为落后，缺乏先进的管理理念。传统的营运资金管理方式，重在调控营运资金的规模，分配营运资金的结构，重心集中于营运资金主要项目的管理。为能够从深层次挖掘资金的运转效率，家电企业应采用渠道管理来统筹规划营运资金的各个部分，通过管理渠道去改善与上下游企业的关系，实现纵向一体化的营运资金链管理；充分了解客户的需求，达成共识，建立长久良好的合作关系，为实现营运资金的有效管理打下基础。

2. 流动资产规模普遍较高，影响企业整体收益情况。家电企业的流动资产总额中，货币资金占比较高，虽能保障一定的流动性，但持有过多的货币资金，增加了机会成本，降低了盈利能力。因此，家电企业应结合自身经营发展情况和业务特点，确定最佳货币资金持有量，有效利用多余的闲置资金，减少资金占用，既能满足企业日常生产经营所需要的流动性需求，又能将收益最大化。

3. 原材料及货物库存量大，变相增加资金占用。由于原材料厂商较为分散，采购流程比较复杂，为保证生产的连续性，企业往往会囤积一部分库存；然而随着原材料价格和劳动力成本不断上涨，企业间竞争加剧，导致产品滞销，企业库存量居高不下，造成企业大量资金被占用。全面推行精益生产方式，减少企业资金在采购与生产环节的占用和沉淀，紧密衔接供、产、销各个环节，严格按订货组织生产，缩短产品的制造及交货周期，优化原材料、半成产品和产成品库存，最大限度降低采购与生产过程中的营运资金沉淀。

4. 营运资金周转率有待进一步提升。家电行业普遍存在赊销现象，使得企业中产生一定量的应收账款、应付账款以及票据，因此，合理控制和管理应收、应付账款显得至关重要。在保持最佳货币资金持有量、合理控制有效库存的同时，努力提高存货和应收账款周转速度和降低应付账款周转速度，是家电企业加速营运资金周转率、增强资产运营能力的有效途径。

此外，票据在家电行业的交易活动中具备重要的支付结算功能，有效管理并利用企业中的应收票据不仅可以盘活沉淀的票据资源，降低管理成本，还可以满足企业的流动性需要，增强资金的使用效率，为企业创造更多的经济价值。

家电企业的资产负债率在50%到70%之间，负债结构中，绝大部分是短期负债。由于行业利润率低，家电企业的融资约束因素是资本成本，家电企业的最重要的融资动机在于补充运营资本的不足，由于企业的长期项目投资是零散进行的，同时，企业存在许多外地建厂的行为，银行对项目的风险不具有可控性，因此银行一般不提供长期借款给家电企业。然而，企业可以通过争取短期借款，按时还息，就可以长期使用，企业会为了降低风险、偿还债务需要而进行融资；处于最前端的经销商，为了及时把握市场机会，会保留一定的借款能力，家电业企业有保持资本结构、促进债务期限结构与资产结构匹配的融资动机。家电业资本结构的形成，其实是企业降低资本成本、控制风险的过程。银行可以从两个方面加强对家电业的融资，在上下游企业开展“产销银”业务，利用核心企业的信用进行信贷，在核心厂家的保证下，银行应该适当的开展保理业务。

第一节
为中小企业解决融资痛点

中小企业是我国国民经济发展的重要支柱，对于缓解就业压力、促进经济结构调整等都有着重要的意义。然而，由于中小企业在经营规模、风险抵抗能力等方面都远不如大型企业，给其融资带来了极大的困难，严重阻碍了中小企业的发展，因此，解决中小企业融资难问题，具有十分重要的现实意义。本文在对供应链金融方法进行分析的基础上，对中小企业融资模式进行探讨。

供应链金融是为解决中小企业融资难而提出的一种方法，其是在真实贸易的基础上，通过利用第三方物流和核心企业来提高中小企业的信用等级，降低了融资过程中的信用风险，从而减小了中小企业融资的难度。在供应链金融中，占据主导地位的是核心企业，第三方物流的作用是监管，金融机构通过借助核心企业对其上下游供应的中小企业了解情况来选择合适的融资对象，从而有效降低银行风险，解决中小企业融资问题。

金融机构是供应链金融中的资金提供方，是中小企业融资资金的主要来源。在供应链金融中，金融机构通过创新的风险控制方法，将中小企业与核心企业责任捆绑，降低了中小企业的风险性。在供应链金融中，金融机构通过将资金注入到供应链中，针对企业的应收账款、应付账款等供应链节点，开发新型金融产品，帮助中小企业完成融资。核心企业是供应链中的重要核心环节，其功能是为中小企业提供相应的信用担保。在供应链金融中，金融机构给予贷款融资的中小企业为核心企业上下游的供应商，核心企业与中小企业之间是利益的共同体，前者会直接影响后者融资的成功与否。

第三方物流机构在供应链中是合同的第三方，其功能是对中小企业质押物进行保管和监管，为金融机构提供相应的信息，并在风险发生时，利用自身渠道将质押物变现还给金融机构，有效避免了金融机构的经济损失，在很大程度上改善了银企间信息不对称的现象，为中小企业融资创立了较好的基础。中小企业是供应链金融的主要服务对象。在供应链金融中，金融机构主要是通过对该中小企业所在供应链中的地位、作用、与核心企业的交易情况等信息的综合考核，来对中小企业信用、资产等情况进行相应判断，从而决定是否发放贷款。因此，在供应链金融中，中小企业的融资在很大程度上取决于其与核心企业之间的合作水平。

在中小企业融资过程中，由于其自身没有规范的财务信息，向银行提供的财务信息不能保证足够真实，从而使得银行为避免风险而拒绝给予中小企业贷款，增加了中小企业融资难度。而在供应链金融中，银行通过利用核心企业对中小企业各方面信息的了解，来合理地选择优质的中小企业融资客户，并将原属于自身的监管功能转移到第三方物流中，利用其对中小企业质押风险的判别能力，有效地降低了银企之间的信息不对称。在中小企业融资过程中，由于银行在贷款前需要对中小企业的财产、信用等信息进行调查搜集，在贷后还要监管中小企业抵押物和资金用途，这些都需要花费大量的人力成本，提高了银行的交易成本，削减了银行的利差收益，从而使其放弃将贷款贷给中小企业。而通过供应链金融的方式，利用核心企业获得中小企业信息和通过第三方物流对质押物监管，有效地降低了银行的信息和监督成本，使银行有更大意愿对中小企业提供贷款。

在中小企业融资过程中的众多困难中，信用担保是较为突出的一个问题。我国担保体系的落后以及担保机构中的各种限制，给中小企业担保增加了难度和成本，从而影响了其融资的效率。在应用供应链金融的方式后，中小企业的信用将核心企业捆绑在一起，起担保作用的将不再是传统的担保机构，而是与中小企业有业务往来的核心企业，彼此之间有着较为明确的合同和责任关系，在很大程度上规避了信用风险的发生，降低了中小企业融资的难度。中小企业融资是为了解决其资金流缺口的问题，而资金流缺口大多发生于供应链中的采购、经营和销售三个环节，因此，中小企业的融资也多发生于这三个方面，在融资模式上，根据此三个环节的不同特点，可以分为应收账款融资、融通仓融资以及保兑仓融资三种。

应收账款融资模式发生于中小企业销售环节，它是指以应收账款单据为质押物而进行融资的方式。许多中小企业在将产品销售给核心企业后，并不能在第一时间得到现金，但其自身发展又需要资金支持，此时，它就可以将应收账款单据抵押给金融机构，来获得相应的资金支持。在此种融资方式中，根据应收账款所有权关系，又可以将其分为三种：（1）质押融资，在这种模式中，应收账款的所有权仍归中小企业所有，只是将其暂时质押给银行。（2）让售融资，在此种模式中，中小企业的应收账款将直接出售给金融机构，其自身不再保持追索权，在出售过程中需按照一定的折扣比让出一定金额。（3）证券融资，这种模式是将中小企业将应收账款出售给特定的SPV公司，使其发行相应的债券，从债券市场得到相应的资金。

应收账款融资方式依然存在着一定的风险，主要有以下几种：（1）交易风险，即保证应收账款的真实性，不是买卖双方为获取融资而虚构的；（2）中小企业风险，中小企业在供应链中处于相对弱势的地位，其能够得到的融资规模会受到限制，且应收账款回收率和时间等都存在一定的风险；（3）核心企业风险，由于中小企业得到了融资后，会减轻核心企业的还款压力，增加了其将资金转为它用的可能，从而增大了核心企业延期还款的可能，给金融机构带来资金回收风险。

融通仓融资模式即存货融资模式，多发生于企业经营的环节，其向银行抵押的物品为中小企业自身的存货等原料，并有第三方物流进行监管。此种方法的机理是利用物流来得到金融机构的融资，再利用资金来将物流盘活，从而达到弥补中小企业自身资金缺口的目的。按照担保方式的不同，融通仓融资模式可以分为以下两种：（1）信用担保，在此种模式中，金融机构将会根据第三方物流的情况给予其一定的授信额度，而第三方物流根据中小企业存放在其仓库的商品来给中小企业相应的信用担保，从而帮助中小企业得到融资。（2）质押担保，即中小企业将其货物存放在仓库中，金融机构根据其存放商品的情况给予其相应的贷款，而第三方物流企业执行监管商品功能，中小企业再根据仓单进行提货，用商品销售款进行还贷。

融通仓融资模式存在的风险主要有以下几方面：首先，质押物风险，中小企业存放的质押品所有权、市场价格、流动性以及是否易于保存等都会在一定程度上影响质押物的价值；其次，监管风险，在此模式中，监管是一个重要的环节，如果监管不当，就容易造成抵押品的损坏、丢失和被虚假提取等，给金融机构造成损失；第三，单据风险，在此模式中，质押品的存放与提出在很大程度上都依赖于单据，而伪造单据的现象又难以避免，从而给金融机构带来风险。

保兑仓融资模式即预付账款融资模式，发生于企业的采购阶段，其发生原因是处于下游的中小企业在向核心企业购买产品时，核心企业要求其在较短的还款时间内完成款项支付，从而增加了中小企业的资金负担，形成资金缺口，不得不向银行进行融资。在此种融资模式中，作为抵押物的是银行为中小企业开具的承兑汇票，在整个融资过程中，需要有中小企业、核心企业、金融机构和第三方物流的共同参与。第三方物流除了要对质押品进行监管外，还需要给中小企业的承兑进行担保，其担保的金额是根据中小企业在物流中存放的商品而决定的。

保兑仓融资模式的风险主要有信用风险和操作风险，相对而言具有较高的安全性。信用风险主要是中小型企业在得到资金后，具体用途可能发生改变，从而增大了中小企业运行风险，出现资金回笼不利问题，使其无法按期偿还贷款；操作风险是由于此融资模式需要较多的环节，银企间信息不畅，资金和货物流动较为频繁，增加了漏洞出现的可能，提高了中小企业套取融资发生的概率。

供应金融链的出现在很大程度上解决了当前中小企业融资难的问题，对于促进中小企业和国民经济的健康发展有着十分重要的作用。根据资金缺口的不同，基于供应链金融的中小企业融资主要有三种方式，虽然依然存在着一定的风险，但较其他方式已经有了很大的改进，具有较高的实用价值。

如今，更多中小企业虽依靠自主知识产权和技术，在市场竞争中崭露头角，但是融资难、融资贵、人才匮乏等问题已大大制约了其发展，急需政府出台更多的相关政策加以扶持，使其拥有的先进科技迅速高效地转化为经济效益。在欧美等发达国家，中小企业公益基金有着非常成功的经验，国内深圳、大连、张家港等城市也先后建立了此类型的基金，通过公共服务公益基金，帮扶小企业的做法是存在的，因为大企业也是从小企业成长起来的。

第二节
制造企业更具抗风险能力

随着我国家电行业的迅猛发展，产业链相对完备，是金融机构开展供应链金融业务的首选领域之一。我国家电行业由早期的跟进模仿到后来的自主创新，实力逐渐增强，与国外家电行业相比，具有相对完备的产业链优势。随着产业分工的精细化发展，家电行业供应链的上游主要是原材料、机械以及电子零配件的供应企业，下游主要是销售产品的经销商、电商以及卖场等终端销售企业。供应链的核心企业是家电制造企业。

家电制造企业在供应链成员中处于相对强势的地位，具有较强的议价能力。在原材料以及零部件的采购环节更多是采取供应商先供货的赊销结算模式，延缓现金流出，降低支付成本。在销售环节，一般采取现款现货、预付款分批发货等结算模式，采取订单式生产，加快销售资金回笼。在此背景下，家电行业供应链的上下游企业面临着巨大的融资需求，且上下游客户中以中小企业居多，这些企业因为规模较小、

“硬资产”不足、财务信息透明度较低等因素，很难融入以抵质押、担保为条件的现行融资体系当中。

因此，与传统融资相比，供应链金融的融资模式具有很强的融资优势。供应链金融融资模式可以为供应链环节中的单个企业或者上下游的多个企业提供全面的金融服务，促进供应链核心企业与上下游企业“产—供—销”链条的稳固和流转顺畅，进而提升整个供应链的效率和竞争力。由于家电行业供应链金融融资模式将家电制造企业的良好信用延伸到了上下游企业，其风险也会相应地扩散。

长期来看，我国家电行业的下游需求与居民可支配收入水平、消费结构升级以及房地产行业景气度密切相关。此外，我国家电行业的发展受行业政策的影响较大，“家电下乡”“以旧换新”“节能补贴”等激励政策相继出台，有效促进了家电行业下游需求的快速增长。因此，国家的宏观经济发展状况、行业政策对家电行业的支持程度等都会影响企业的风险状况。

家电产品的零部件较多，原材料供应商集中度低，且下游经销商分布广泛，供应链关系质量风险较大。家电制造企业作为核心企业与上下游中小企业贸易关系的密切程度决定了融资企业在供应链环节中的地位情况以及供应链整体的稳定性。对于上下游中小企业而言，供应链关系是企业正常经营的重要保障，同时也是资金方债权得以实现的重要基础。核心企业与上下游企业的合作频率、合作期限，以及融资企业的产品可替代性等因素，都会影响双方贸易关系的强度、持久度以及关系质量。

供应链金融融资模式下主要的融资方式为融通仓、保兑仓以及应收账款融资等，在融通仓、保兑仓融资模式下，由于质押物是供应链金融业务中唯一的实物担保，对于资金方而言，质押物是融资企业无法偿还债务时最重要的还款保证，所以应重点考察质押物的价格稳定性、变现能力以及易损程度。在应收账款融资模式下，需对应收账款的平均账龄、退货比率以及坏账比率进行定量分析。

除小家电行业外，白电和黑电行业发展时间较长，处于成熟阶段，行业竞争较为激烈，产品同质化现象严重。家电制造企业对供应链整体链条具有掌控作用，上游零配件供应商以及下游经销商的资信状况在很大程度上依赖家电制造企业的综合状况，而且在家电制造企业提供担保或者履行相应义务的情况下，可以降低资金方面临的信用风险。相比之下，家电行业的上下游企业议价能力和盈利空间有限，通过对供应商以及经销商的经营管理状况、创富能力、偿债能力以及信用记录等信息进行评价，可以反映融资企业的综合状况。家电行业上下游的中小企业作为债务主体，其信用水平越高，与核心企业合作的程度越深入，贸易背景的真实性越准确，资金方面临的信用风险将越小。

我国经济逐步进入“新常态”，消费升级促进了家电行业的迅速发展。供应链金融可有效解决中小企业信用难以评价或信用不足的问题，进而缓解中小企业的融资压力，为家电行业上下游的中小企业提供金融支持。对评级机构而言，促使资金方与供应链成员形成多方共赢的局面，实现金融资本与实业经济的高度契合，对供应链金融融资模式下的中小企业信用风险进行准确、客观的评估也愈发重要。

第三节 集群中小企业的融资优势

雷军曾说“站在风口上，猪都能飞起来”，互联网行业一直不断有新的风口涌现出来，除了一些希望成就一番事业的创业者在找风口，还有很多手握重金的投资公司也在找风口，于是，经常是双方一拍即合，下注开始赌。不过，到最后大多数的风并没有刮起来，猪一个个摔死。“家园网”自称是中国第三大电商平台，创立于2015年，这家公司的扩张特点，就是用烧钱开路，不断地开拓新模式，先后涉猎家居、家装、家电、家政等等十多个行业，每次新上一个产品，都说要颠覆行业，能帮助行业解决各种痛点。反正就是不断地以业务来画饼，而后投资人掏钱。在线下也是疯狂扩张，2年时间，在全国开出24家分公司，拥有一千多家中介房，员工1000多人。在外界看来，这是一家非常具有实力和前景的互联网公司。

涉足这么多行业，开了这么多分公司，却没有一家能盈利的。2016年还请赵薇代言，大规模投放广告，仅仅这一年就烧掉了16亿。当然，最后的结果可想而知，钱烧完了，资金链断裂了，开始大规模的关店，砍掉业务线、裁员，直到后面拖欠员工工资、房租、供应商款等等总计5000多万。创始人杨波直接失联了。

其实，家园网的失败是必然的，一个业务还没打开局面，就不断地布局新业务，而后骗取投资人的钱。想一口气吃成个大胖子，却根基不稳，最后瞬间崩塌。家园网的倒下，足以给到创业者和投资者很多教训，任何没有主业务，却不断扩充新业务线的都是骗子。不管是不是风口，只要脚踏实地地专注于一块业务，并做好了，才去开拓新的业务，这才是真正的有心创业者。

加强对企业的信用调查和数据采集、信用评级等，才能从根本上杜绝因内部管理漏洞和不规范而产生的风险。核心企业是供应链融资业务的信用载体，一切融资活动均为对核心企业信用的捆绑，并以此作为对供应链成员企业提供金融服务解决方案的系统性安排。因此，核心企业至少具备以下条件：一是核心企业本身资质良好，符合银行授信要求，有能力为供应链成员提供担保或有效调配；二是必须在产业链中对上、下游企业具有支配地位，并形成一个稳固的供需网络，且自身具有较强的市场竞争力；三是主营业务需符合国家产业政策及银行风险偏好；四是有明确的供应商和经营商的准入和退出制度，对供应链成员设定面向共同价值的奖励和惩罚措施；五是可为银行筛选具体的授信对象，并在贷后管理中提供有关授信人的实时信息，供应链成员可以享受核心企业提供的排他性的特殊优惠政策，如订单保障、涨价/跌价补偿、销售返点、排产优先、品牌支持等。

由于供应链融资的信用基础是基于供应链整体管理程度和核心企业的管理与信用实力，因此随着融资工具向上下游延伸，风险也会相应扩散。供应链某一成员出现问题，其影响可能会非常迅速地蔓延到整条供应链，因此供应链成员的实力也直接影响融资能力。银行会对其严格审核，通过调阅财务报表、查看过去的交易记录、实地调查等多种手段，选择与核心企业合作关系紧密度高、履约能力较强、履约记录和资信良好的上下游企业进行金融合作；剔除潜在的不良成员，保证供应链金融服务的健康发展。

因为中小企业资产规模小、贷款抵押率低，不确定性高、抗风险能力弱，贷款需求数量多而额度小、交易成本大，这些都将导致金融机构降低对其融资意愿。近几十年来，无论是在其他国家还是在我国，中小企业越来越表现出产业集群特点，如美国硅谷、意大利中部地区、北京中关村、我国长三角和珠三角地区以及福建的石狮、晋江、莆田等，其产业集群显示出的效应越来越受到关注。由于产业集群能为企业创造一种独特的产业环境，中小企业集聚成群后就形成了与单个的中小企业截然不同的独特融资优势，因而有助于企业克服其孤立和分散的主要弱点，这在很大的程度上提升了中小企业融资能力。正是基于这种考虑，结合当前产业集群迅速发展的趋势，从企业集群协作发展角度出发，将中小企业置身于相互关联的产业集群中，提出集群式融资思路，可以有效解决中小企业资信问题复杂、规模小和渠道窄等融资的尴尬局面。

产业集群所产生的外部经济增强了中小企业融资能力。中小企业在产业集群中可获得的外部经济有两个来源：其一是技术外部经济，即集群内的企业通过其他企业的技术外溢或从边干边学中获得技术和知识，从而带来生产率的提高和成本的下降。其二是货币外部经济，即集群内企业从聚集中所获得的市场规模效应。一个企业可与处于同一集群内的其他企业共享任何价值活动（如联合采购、共享装配设施）。如果共享好处高于成本，而且竞争对手难以在这种共享的方面相匹敌，那么共享活动就能产生持续的竞争优势。

此外，企业集群降低了银行的交易成本和贷款利率。如果银行只给几家中小企业贷款，那么银行对企业资信调查和对企业发展前景预测的成本费用较高，会影响银行贷款的积极性和意愿。但集群内众多的企业从事同一个行业，银行可以在行业协会、地方政府的产业规划中获得更多、更完备的信息，银行通过对同一行业的许多企业贷款，从规模经济中收益，这样通过经济外部性和规模经济，降低了银行从事信贷业务的交易成本。尽管单笔业务的收益小，但批量大而风险小，会使银行倾向于支持企业集群的信贷活动。由于相对于单一中小企业贷款风险小，其贷款利率也会相对低。

在产业集群内部，企业组织之间以及人与人之间的交流和接触频繁，各家企业在产业链中所处的生产环节和市场份额都具有相应的稳定性和较高的关联性，这就使得各个企业的专有信息之间存在相应程度的联系，了解一家企业的信息就相当于掌握其他企业信息的80%，从而加速了信息的流动，使信息传播的渠道更为通畅，单个的企业就能通过更多的渠道低成本地向外传播信息。特别有些地方，在得到当地政府的支持后，成立了有效率的行业协会组织，银行也可以从这些协会获得丰富的相关信息，如企业经营行为、信誉和业主品行等多个方面。总之，集群内的信息集聚与扩散效应使金融机构在搜寻信息的过程中，产生规模收益，节约信息收集成本，减少信息不对称。

“根植性”即企业集群对特定区域环境关系（如制度安排、社会历史观、价值观念、风俗、隐含经验知识、关系网络等）的依赖性。这种依赖性使企业经济行为根植于网络与制度中。“根植性”所包括的制度背景、企业间的非市场关系等非经济要素（如信任、习俗、文化结构等）在企业融资行为中起着重要的作用。在一个成熟的集群中，每个企业都有其专业化的市场、协作配套商以及销售商和顾客，企业很难离开这种产业文化背景和制度环境。因此，集群内企业的行为往往具有某种“锁定效应”，不太会出现滥用银行贷款、随意更改投资计划等情况。银行给集群内众多中小企业贷款，根据大数定律，坏账比例会是一个相对稳定的值，而且，银行在同类企业中可以从容地比较后再进行选择，对企业资金的需要量、贷款期限、频度等更容易掌握，因而能使银行的经营风险降低。

产业集群内的信贷风险在整体上表现为一个产业的风险，而产业发展有自身的特殊周期和规律，产业风险具有一定的可预测性，而且相对单个企业经营状况来说，发生变异的系数要小得多。灵活的产权及设备转让市场为信贷风险提供了事后弥补机制。产业集群中的中小企业围绕同一产品系列发展，许多专业性的抵押物在集群内部比较容易体现价值。在中小企业无力偿还时，银行可将这些抵押物直接出售给集群内的其他企业。

前面提到，供应链金融服务强调的是对产业链整体的信用捆绑，首先要理顺产业链上相关企业的信息流、资金流，必须要准确掌握产业链上企业发展状况以及企业间关系，加强信息交流与共享，提高信息沟通效率。一方面家电供应链上企业之间应建立多种信息传递渠道，加强信息交流、沟通及信息共享力度以消除信息扭曲和信息失真，保证供应链流转顺畅。另一方面在银行内部建立起风险分担和利益补偿机制，充分调动银行内部机构之间合作的积极性，充分发挥银行网络优势，从而降低银行对家电供应链金融风险的不确定性并有效防范风险。

融资风险主要来源于核心企业风险、合作伙伴风险以及合作风险，而核心企业风险主要来源于其经营风险和信用风险，合作风险最主要来源于合同风险。因此，对于产业集群而言，一方面信贷机构会持续动态评估核心企业的经营风险，包括企业的一贯行为或者资金周转困难以及重大项目的产生等情况，以便及时调整银行对核心企业及其上下游企业的信贷策略；其次通过核心企业的数据共享，持续监控上下游合作伙伴的销售数据，了解核心上下游合作伙伴结构的变化，及时调整银行的信贷对象和信贷规模。

供应链融资从控制贸易活动现金流入手，在客户开发过程中，不孤立对单个客户进行评估和授信，通过仔细分析交易链各节点财务特征，借助真实贸易活动的关联性，对交易链条各企业主体进行评估和授信，以交叉风险控制替代单一客户的个别风险控制，例如，通过要求企业封闭使用银行贷款控制资金用途，通过指定回款账户，锁定还款来源等，有效实施对物流、信息流和资金流的封闭运行。银行在给整个供应链融资的过程中能够掌握整个供应链企业一定的经营信息，减少企业和银行的信息不对称，提高防范风险的能力。

针对我国目前中小企业产业集群的具体情况，建立相应的有政府参与的中小金融机构是解决中小企业融资难的对策之一。在融资方式上，可以以长期的信贷资金融通为主，也可考虑设立投资性机构，通过认购中小企业股票、可转换债券等方式向中小企业投资，以充实这些企业的自有资本。

由于我国中小企业产业集群多是自发形成的，集群竞争优势主要来源为低价劳动力和土地等自然资源，处于全球产业链和价值链的低端，集群内产业链各环节企业同质化竞争严重、竞争合作效率低。在全球区域竞争与产业链竞争时代，竞争优势主要体现在区域竞争力与产业链效率上，因此必须通过产业链的整合来提升产业集群整体以及企业个体的竞争力。

随着市场需求的不断变化，传统的生产方式已难以与其相匹配。在这种情况下，高度关联处于同一或相近地域的产业集群可以在很大程度上解决这一问题。产业集群的高度关联，则需要进一步改进优化产业集群及集群内部企业模式。产业集群及其内部企业的柔性生产方式和专业化分工，能够降低成本提高效率，更快地满足不断变化的市场需求，增强产业集群及其内部企业的竞争优势。产业集群是经济发展的产物，是一种经济现象的重要体现。产业集群的形成有助于企业之间的信息、知识、技术等资源的共享，提高技术创新能力，尤其在优化资源配置、增强区域竞争力方面，作用尤为显著。欧美等发达国家在产业集群方面的研究，已经颇为深入，并取得了令人瞩目的成果。发达国家实施的产业集群政策促进了集群的产生与发展，并使产业集群形成了一定的规模。鉴于发达国家在产业集群取得的成果，我国也认识到产业集群在经济发展与企业发展中的重要性，并对产业集群进行探索研究，力图找出一套适合我国国情的产业集群模式。

近年来，在我国国家与地方政策的支持、行业的引导以及与企业的共同努力下，国内的产业集群快速发展，形成了以东部沿海为代表的一大批典型产业集群。但我国在产业集群发展过程中也出现了一系列问题。由于产业集群最初一般是基于市场自发形成，集群内部企业之间没有形成明确的分工协作关系，使得企业产品同质化严重，产业集群内产业链不完整，存在断环和孤环问题，产业链不同环节组合也缺乏科学性，导致产业链整体竞争力的提升障碍重重。中小企业是我国国民经济的重要组成部分，是推动中国国民经济发展的重要力量，也成为全球产业链的重要环节。中小企业产业集群也随着中小企业的发展而不断发展，但是由于产业链的不完整与产业链分化组合不科学，影响企业间分工合作的深化，导致产业集群的协同效应功能难以最大限度地发挥，限制了产业集群竞争力的提高，中小企业资金和技术的局限性也使中小企业的发展受到限制。因此，中小企业如何抓住产业集群的形成和发展的契机，通过产业链的高效整合实现以大整合促进大生产，以大生产促进产业分工，加快产业升级，提升企业竞争力，是当前中小企业产业发展的一个重要课题。

案例九

集众电采助力开启西南家电辉煌时代

2019年7月23日，广州白天鹅宾馆。由柳州市政府主办，津晶控股集团携手广东省家电商会协办的柳州市粤港澳大湾区智能家电产业专题推介会，在广州白天鹅宾馆召开。广西壮族自治区政府副主席费志荣，广西壮族自治区副秘书长黄值建，柳州市市长吴炜，柳江区区委书记区军雄，广东省家电商会执行副会长谢德盛，津晶控股集团董事长江国民等嘉宾出席了本次会议。

会议围绕柳州轻工业产业战略定位的重大项目——柳江区粤桂智能家电产业集聚区。园区选址在新兴工业园柳石路东片区，规划用地面积1000亩。项目分为三大块：一是冰箱、洗衣机项目，二是空调项目，三是引进20家以上配套企业。项目竣工投产后，可实现年产冰箱、洗衣机约300万台套，家用、商用空调约300万台套，3年内预计实现年销售收入65亿元以上，5年内实现销售收入100亿元以上。目前，已有多个企业入驻该园区，如：津晶控股，东洋，上海双鹿上菱等。

集团董事长江国民在会上表示："粤桂智能家电产业集聚区，是柳州市柳江区与津晶控股集团携手打造百亿智能家电产业项目的大胆实践，是津晶控股集团家电产业

津晶控股集团董事长江国民在粤港澳大湾区智能家电产业专题推介会发言

链的重要战略布局，是“四纬一体·互联互通”独创商业模式的充分体现。项目从对接落地到建成投产仅用不到三个月时间，在这期间，我们感受到了柳州市解放思想、担当务实的发展精神；柳江区真诚热情、锲而不舍的工作作风；体会到了效率优先、高效便捷的“保姆式”服务；也享受到了优化营商环境的扶持政策、完善的产业配套设施带来的巨大便利。”

就企业服务、减少经营负担方面，我司高层近日同柳州政府相关领导深入交换了意见。津晶推崇线下线上并行发展，产业与互联网完美结合，家电产业园是平台“四维一体”模式的实体基础，政府为园区企业提供优良的经营生产环境，便捷效率的服务；园区发挥集聚效应，凝聚、培育、壮大家电产业，提升工业配套、经营、研发能力；集众电采则通过线上，依托互联网科技技术，为供应链企业打开窗口，整合产业资源，提供全方位的线上服务保障。领导同志对此产业互联网模式表示认可，后续将通过持续沟通，给予一定政策扶持。

会议结束前，现场已有多家企业达成合作意向，相信在多方的努力下，粤桂智能家电产业集聚区势必成为拉动柳州轻工业的又一驾马车。柳州智能家电产业与集众电采供应链互联网平台的紧密结合，必将带来充满想象的未来。

第四篇

转型

家电产业集群的成长支撑

按照美国哈佛大学迈克尔·波特的观点，产业集群是指在某一特定领域中（通常以一个主导产业为核心），大量产业联系密切的企业以及相关支撑的机构在空间上集聚，并形成强劲、持续竞争优势的现象。换句话说，集群是指在某一特定区域下的一个特别领域，存在着一群相互关联的公司、供应商、关联产业和专业化的制度和协会。

派克（F.G.Pyke）等人认为：产业集群是在生产过程中相互关联的企业聚集，通常在一个产业内，并且根植于地方社区。产业集群包括一批对竞争起重要作用的、相互联系的产业和其他实体。产业集群通常向下延伸至销售渠道和客户，并侧面扩展到辅助性产品的制造商，以及与技能、技术或投入相关的产业公司，提供专业化培训、教育、信息研究和技术支持的政府和其他机构。在国外的产业集群定义中，从术语的使用上产业集群与企业集群的含义相同，而且使用产业集群概念更普遍一些。因为在产业集群中，除了企业外，还存在大量的组织和机构，如协会、商会、各类中心、大学和研究机构等，因此采用企业集群的概念并不能表达集群所赋有的丰富内涵。

在借鉴国外产业集群的定义基础上，国内学者从不同角度提出了以下产业集群的概念：产业集群是一种新的产业组织形式。小企业产业集群是指很多自主而又相互关联的小企业由于专业分工和协作关系在某一地理空间内高度聚集而形成的产业组织，这种组织的结构介于纯市场和纯科层组织之间。另一种说法是产业集群是在一定区域内形成的企业网络。慕继丰、吴思华、赖士葆等从企业网络的角度考察了产业集群现象。企业网络是指一批具有相互联系的企业和机构在某一地理区域的集中，是具有共同的产业文化和价值的企业在一定地域空间内的集聚。相邻的企业通过根植在该地的经济和社会环境中，通过企业互动和信息与知识共享从而形成集群。以此为基础，产业群是一组在地理上相互靠近的相关联公司和相关联机构，这些企业因为具有共性和互补性而联系在一起，集群具有专业化特征。产业集群是具有高度创新能力的社会生产系统。

简而言之，产业集群是相互作用、相互依存的产业集团构成的生产或社会系统；集群内的企业有着非常活跃的创新交换过程，知识转移和分享非常频繁，是一个知识分享的密集区。集群通常有很强的科技基础，提倡创新和创业文化。产业集群内企业在地理上接近，但仅有地理上的集聚不一定发展形成产业集群，产业集群最重要的是形成产业链，以产业链的结构在集群内发展。企业处于产业链不同的环节，产业链环节上的企业围绕产业链在一定空间内群集分工高度专业化，构成合作与竞争并存的网络，产生规模经济与协同效应。

粤桂智能家电产业集聚区项目由津晶控股集团投资建设，总投资25亿元，主要生产、销售津晶及同行业品牌冰箱、洗衣机、空调等智能家电产品，项目竣工投产后三年内预计实现年销售收入65亿元以上，五年内实现销售收入100亿元以上。

津晶控股集团智能产业园鸟瞰图

第一节
共生互助：造就行业持续竞争力

产业集群一般分为三个不断渐进的集聚层次阶段，首先为产业集群形成和发展基础阶段，即产业集聚，企业在地理空间上集聚，耦合程度相当低；其次为产业集群演进发展，产业集群已经成为一个整体组织，集群内企业分工垂直专业化高度发展，集群内配套服务体系基本完善；最后是在模块化作用下各个产业集群之间通过合作、优势互补等形成实现价值增值的产业链，产业集群的优势和产业的竞争力得到增强。

目前，由于依据的标准与角度不同，对于产业集群的分类也多种多样，依据集群的产业性质分析，可以从三个方面来界定产业集群类型：一是传统的产业集群，这种产业集群基本上是传统的手工业或者劳动密集型的传统制造业，如服装、纺织，五金，制鞋、家具等行业，大量的中小企业在地理空间上相互集聚，构成一个互相关联的网络组织。二是高新技术产业集群，这种产业集群是知识密集型的，主要特征是借助区域科研机构或者大学研究组织的智力资源进行高新技术的创新研究，集群内企业知识技术的转化上相互密切合作。三是资本与技术结合型产业集群。

依据产业组织结构分析，可以从两个方面来界定产业集群类型：一是大中小企业共生型产业集群，在这种产业集群内部，企业规模上既有大型企业，也有中小企业，产业集群是不同规模企业组成的综合体。大企业由于规模优势，技术改革或者产品创新实力比较强，因此竞争力高，在集群内一般为主导企业。而中小企业主要是为大型企业提供专业化生产外包或者配套体系。大企业与中小企业之间是一种共生互助，协调发展的关系。二是中小企业群生型产业集群，这种产业集群内聚集众多中小企业，中小企业间进行产业链的垂直分工，追求规模经济与协同效应，企业相互之间既有竞争又有合作，构成一个竞争力较强的有机组织结构。

依据集群形成与发展方式分析，产业集群可分为三类：意大利式、轮轴式、卫星式。意大利式产业集群是指区域内存在大量的中小型企业，产业分离程度较低，大部分企业均在产业链的统一链条工作，具有较强的专业化水平，企业间竞争较为激烈，企业对于外部经济环境和技术变革的适应性不强，具有路径依赖等特点。轮轴式产业集群是指区域内企业是由于一个或若干个核心企业的出现，吸引了众多中小企业的加盟，这些企业主要是为核心企业进行配套生产，因此，集群内部中小型企业对核心企业的依附性极强，集群内部出现鲜明的等级关系，中小企业间并无强烈的竞争情况发生，但它们之间鲜有合作关系。集群大量的交易主要通过契约、长期合同等方式存在于核心企业与中小企业之间，中小企业对核心企业的“黏结性”导致集群企业的根治性较差，一旦出现劳动力成本上升等问题，核心企业迁出集群就会导致集群整体性的衰败，并且，如果核心企业出现管理、产品质量等问题，将不可避免的影响集群内中小企业的生存。卫星式产业集群是指由于区域内部拥有较为廉价的劳动力等优势吸引外部企业在区域内投资建厂所形成的产业集群，企业之间并非相关产业的连续性发展，而是不同产品的生产厂商的集聚，故此集群的成长方式并非因产业链的不断完善而成长，集群内部企业之间均受外部总部远程控制，并无相关合作，导致集群内并不存在网络关系。

产业集群的发展优势来源于强劲的持续竞争力，这种持续的竞争力由三个相互联系的因素组成，即产业集群的高增长速度、高市场占有率、高生产效率。产业集群强劲的持续竞争力关键在于其内含的竞争优势，这种竞争优势主要体现在两个方面：一是产业集群的规模经济效应，集群内企业在产业关联基础上相互合作与竞争产生协同效应；二是产业集群的创新能力，集群内企业迫于同类竞争企业的竞争压力，努力推进技术、产品方面的创新，集群内企业通过与科研机构、高校院所的互相交流与作用，在区域内形成一个创新体系。

产业集群的发展要比单纯企业的“扎堆”具有发展优势，集群内部企业的经营状况，总体比集群外部的企业更为良好。产业集群主要具备创新优势、成本优势和自我增强的正反馈优势等三方面的优势，这三种优势形成于集群内部的知识溢出效应、空间集聚效应、社会网络根植性效应、外部范围经济效应、相互模仿与激励效应、衍生与吸聚效应等。

集群式创新是以专业化分工和协作为基础的同一产业或相关产业的企业，通过地理位置上的集中或靠近，产生创新聚集效应，从而获得集群创新优势的一种创新组织形式。具体来说，一是融资优势，即产业集群内的企业与单个企业相比具有融资的优势。由于产业集群内的企业地理位置在范围上比较接近，产业特征明显，因此银行更加容易调查了解到企业的效益。这样就使银行更容易对产业集群内的企业贷款，降低了中小企业信贷风险和交易成本。二是产品差异化优势。产业集群内的企业由于有技术、信息、知识、资源等方面的共享，从而更加容易建立具有差异的评价标准，从而形成产业化优势。三是区域营销优势。产业集群内企业具有规模经济和区域经济的优势，这使得他们利用产业集群的影响力，增强知名度。四是组织优势。可以将产业集群看作一种组织形式，这样的组织形式既避免了交易成本高、组织涣散、官僚化等缺点，又突破了资源的限制，形成了竞争优势。五是资源整合优势。产业集群会产生集聚效应，可以加强产业集群对资源的整合力度，提高资源利用率。六是对负面效应的规避能力。由于产业集群是一个利益共同体，任何一个企业的负面行为都将可能会影响到产业集群的整体利益，这种行为必然会受到产业集群内企业的惩罚与抵制，从而大大降低群内企业的机会主义行为和外部不经济行为。

第二节 重新定位：构建区域产业整合力

基于不同的视角，可以将产业链划分为不同种类。首先从作用的层次来看，可以将产业链分为宏观产业链、中观产业链和微观产业链。宏观产业链是指全球产业链或全国范围内某一行业的产业链，中观产业链是指区域内部或区际之间的产业链，微观产业链是指区域内某个经济主体或行业的产业链。其次，按产业链伸展的范围和内容可将产业链分为外部产业链和内部产业链。外部产业链指的是产业链延伸的范围超出了节点产业本身的范围，如煤化产业的上游链是煤炭采掘和煤炭精选，而下游链是化学纤维业，这些均超出了煤化业的产业范围。内部产业链指的是产业链以业务（某个工艺、某个生产阶段、某个经济活动）为节点向这一产业内的其他业务延伸所形成的产业链，延伸的范围处于该产业内，如供应链、研发链、销售链等，这些产业链所涉及的业务的共同特点是均处在节点业务所在产业范畴之内。

随着产业内外竞争的加剧，当产业内的某个企业的竞争力不断加强时，其企业就会重新去定位自己，从而去寻找减少成本和增强竞争力的方法。最简单的方法是逐渐形成产业企业内之间的交易，减少其市场交易。产业链整合指的是对产业内的企业分工与协作进行进一步的调整和协同，提高产业链的关联度，进而提升产业竞争力。它是以分工为基础的，运用专业化提高产业链的运作效能，使产业链形成持续的创新，增强市场控制力。

产业链整合按照整合的内容分为产业系统、产业内部、企业层面的整合。产业系统整合就是将整个产业看成一个整体系统，以经济技术为手段将产业系统整合起来，提高其关联度和抗风险的能力。产业内部层面的产业链整合指的某个产业是运用合作型竞争手段，通过分工合作，使产业链内的各个企业形成有效的协同，以提升产业的组织化。企业层面的产业链整合指的是企业内部构成要素、资源、职能之间的有机整合。以整合企业在产业链的位置为依据，可将产业链整合划分为纵向整合、横向整合、混合整合。纵向整合指的是产业链上的企业对其上下游企业进行一体化等合约的约束，把有关联的企业进行结合，实现纵向产业经济效益最大化。横向整合指的是产业链上同类型的企业之间通过某种约束方式进行联合，以提高产业关联度的方式，形成规模经济效应。混合产业链整合包含了上述两种整合方式，是两种的结合，以增强产业链和内部企业的竞争优势。

产业链描述的是产业内企业内部和企业之间为生产最终产品或服务所进行的价值增值过程。而产业链整合理论主要是对产业链整合过程中整合的动力、原因、方法、手段等的研究，以带动产业或产业内企业的价值增值活动。随着生产力的发展，社会分工越来越细化，几乎每种产品都是由几个不同的企业所共同完成。在技术进步日益迅速、市场竞争日益激烈的今天，产业链整合的现象越来越普遍，也越来越迅速。这时企业要想继续在市场占有一席地位，就必须进行产业链整合，以增强产业链内企业的竞争力。

如果中间投入品的供应是不确定的，并且产业链上游环节企业对中间投入品的实际供应掌握更有利的信息，产业链下游环节企业为了获得更多中间投入品的信息，就会产生后向一体化的动机。由于产业链上下游环节没有进行一体化的企业在纵向上都会附加上企业个体的边际成本造成纵向双重加价，会导致整个产业链的利润比一体化的产业链利润低，所以存在纵向的外部性。通过实施纵向约束比如生产企业对零售企业实行独家代理，排他性区域安排，零售价格控制等可以克服由于零售企业不愿让消费者搭便车而导致的横向外部性。

产业链中的企业通过对产业链关联环节企业实施纵向控制，扩大市场占有率，可以使企业自身利润最大化。产业链内的企业是一个节约成本的组织，注重资产的专用性，强调资产专用性会产生准租，机会主义者对准租的争夺产生了交易费用，产业链整合就是为了节约这种费用。纵向一体化可以节约市场上的交易费用，获得相对稳定的经营环境。但纵向一体化产生了一定的合并费用，使被纵向一体化的企业损失了激励和对原企业的经营控制权。经研究证明："那些一体化和非一体化企业会产生资源分配差别，被纵向一体化的企业对内部需求依赖性很强，缺乏对下游市场需求的敏感。"所以，企业在进行产业链整合时首先要进行内外交易费用的比较，在比较后决定采取什么方式的产业链整合。

企业优势和企业核心能力有着密切的关系。企业核心能力是组织内部技能和知识的体现，企业能力的大小决定着企业横向多角化经营的深度和广度。企业能力可以实现企业纵向一体化，因此分工可以在企业内部完成，也可以由产业链关联环节企业完成。但是最终产品很难依靠一个企业的资源与能力生产出来，企业需要整合内部和外外能力以获得成功。曼哈尼和潘汀通过区分"竞争性协同"和"特殊性协同"，证明了组织在将不同能力紧密结合起来的时候，能够创造价值，这种特殊性协同中心促进了对联合的需要。基于企业核心能力的竞争优势遭到削弱时，特殊性协同会向竞争性协同转化，交易成本与先前领域的联系发生变化，企业纵向分离的可能性增强。研究表明，当技术发生变迁的时候，企业有效率的边界是动态变化的，企业在技术变化的早期阶段进行后向整合是有利的，这可以使企业尽快吸取新技术；但是当技术已经发生不连续的变迁，可能使得原有能力过时的时候，非一体化是一个更好的选择。

产业链整合有利于提高产业链内企业的关联度，提高企业间的协同效率，增强企业竞争力，从而为整个产业链获得更稳固的竞争优势地位。

产业空间集聚与产业结构的联系非常紧密，产业区域化很大程度上加速了产业链形成，企业可以在外部专门提供中间产品的供应商处直接获得生产所需的中间产品，没有必要再全部自己生产；在一些发展比较充分的产业集群中，由于投入的专业化、良好的相关产业政策、比较完善的产业服务体系形成的良性竞争环境和相关需求压力，企业发现可以把企业内部管理替换为外部市场交易，只需要把自己具有比较优势的生产部分作为主营目标，把其他的生产环节分离出去，这样就能集中主要精力发展企业核心竞争力，从而大大提高生产效率，获取更为丰厚的利润。从企业分离出来的生产环节专门由一个企业负责，形成专业的中间产品投入企业，再加上进驻产业集群内部的中间产品投入企业及一部分在集群内部形成的配套服务企业，于是便出现了纵向分工，形成产业链。

正是因为不同的企业间有不同的优势，企业间往往会分工合作，优势互补，这样企业便会倾向于向一个特定区域聚集，促使产业集群形成。如果仅仅是企业在地理位置上简单的堆积，没有基于企业之间产业链的形成，不能看作是已经形成产业集群。产业区域的企业不能经由产业链连接起来，就会发生企业生产相同的产品，导致产品向同质化发展，因此引发企业之间的恶性竞争。可见，产业链与产业集群之间是一种互为依赖，互相促进的关系，产业集群要形成必须要有产业链为基础，产业集群在形成过程中又进一步深化产业链上的企业分工，产业集群内部的产业链得到纵深发展，又反过来巩固提升集群效应。所以，经由产业链整合对产业链上的不同节点，企业之间分工协作产生的协同效果进行提升，来促进产业集群的集群效应和集群竞争力提高是一种必然手段。

一方面，如果在一个产业集群内部不存在产业链特征的话，产业集群内部的企业会蜂拥抢占产业链条上最简单化的生产，集群内部产品就会严重同质化，并由此引发集群内部企业的无序竞争。另一方面，如果集群内部不存在产业链网络特征的话，产业集群内部就会缺失竞争，在没有竞争压力的环境下，集群内部的效率会降低。产业集群内部企业借助产业集群进行产业链整合的可能性也恰恰是基于产业链与产业集群之间这种双向的密切联系。

第三节
品牌集群：领先升级占先发优势

中小企业产业集群的形成与发展过程，就是中小企业在一个区域内集聚加工生产具有相同性质和互相关联、具有上下游关系的同一产业产品形成特色产业集群的过程。中小企业产业集群的发展与集群内特色产业的发展具有同步性，由于这些特色产业集群内主要是中小企业，以单个企业而论，企业规模不大，没有规模效应，但是当大量中小企业聚集在一起进行相同产业的生产活动时，集群的产业规模效应就会显现出来，这种规模效应反过来诱使更多的中小企业进入该产业从而进一步扩大产业集群的规模。实际上，整个产业集群就犹如一个大工厂，在工厂内部各个中小企业就像工厂的某个部门通过各种正式或者非正式的协约进行专业化的经济活动，产业集群内部的中小企业之间由于专业化生产活动便产生了分工协作，正式基于集群内部企业间高度的专业分工协作促进了产业集群的演进与竞争力的提升，同时由于产业集群地理位置接近的特征，企业迫于相同企业之间竞争的直接感受，也会使竞争意识大大提高，最终形成企业之间在合作中竞争，在竞争中合作的局面。适度的合作与竞争是产业集群内企业个体及整个集群不断提升竞争力的主要演进机制。

目前，虽然我国的中小企业产业集群已形成一定的规模，但我国中小企业产业集群还处于发展初期，仍然存在很多问题，包括产业化组织程度低、产品技术含量低、品牌意识淡薄、产业集群发展程度低、缺乏竞争力、产业集群功能缺乏完整性、集群信息化进程滞后等问题。

在进入产业链竞争的时代，中小企业产业集群面临的主要问题就是配套产业链的不完整。当今，在全球产业链竞争战略视角下，我国制造业已经是世界分工体系中非常重要的构成部分。在全球产业链中，高附加值的节点是设计、品牌，销售等领域，而我国中小企业产业集群基本上是一种“中间大，两头小”的菱形组织，主要优势集中在低附加值的生产制造环节，处于产品价值链的低端。现有产业集群中的中小企业从事的基本是来料加工环节，没有参与设计、物流、销售领域，只是处于低附加值的加工环节。由于产业集群中的中小企业集中在生产制造环节竞争，只能依靠价格低廉去获取竞争优势，随着中国土地价格和劳动力工资的提高，这种优势也在渐渐消失，产业集群的企业只能依靠位于全球产业链中的核心企业，要想向全球产业链高附加值环节延伸扩展，就必须充分利用产业集群当地的比较优势进行产业链的整合。

规模经济能给当下的家电制造业带来更低的成本和更低的风险，还能实现对资源的重新优化配置，促使各种资源趋向合理流动。得益于专业化分工与协作经济性质，通过产业链整合一方面使得家电企业间分工协作，进行更进一步的专业化生产，有利于发挥规模经济的作用，另一方面，中小企业之间通过契约将企业个体内部化，使得交易费用降低。产业链整合的实质就是使产业链上的企业重新进行分工和协作，从而达到资源的合理流动，形成规模经济的目的。

任何产业的产业链运行机制都是依赖于驱动力，这种驱动力主要来源于产业链上下游企业的市场需求的“引力”或者“拉力”。其他学者曾经针对产业链驱动模式进行过专门探讨，对产业链驱动模式进行了区分，即生产者驱动产业链、购买者驱动产业链及二者兼有的中间类型产业链。生产者驱动模式，基于产业集群的中小企业产业链整合模式研究产业链，主要表现为生产者利用自己已经拥有的资本或者技术方面的优势，促使当地产业进行纵向分工形成垂直分工体系，主要通过投资来推动市场需求；购买者驱动模式产业链表现为购买者在产业链中占据主导地位，他们一般具备品牌优势以及发达的销售网络渠道，借此利用市场需求直接拉动产业链；中间驱动模式产业链表现为兼具生产者驱动与购买者驱动的混合特点的产业链驱动模式。

无论是何种驱动模式产业链，经过该产业链生产出的中间投入品、产品服务、最终产品只有在最后的环节被需求市场所接受认可才意味着整条产业链的运行达到了基本要求。就算是生产者驱动产业链也必须首先实现对市场需要的推动。所以，产业链运行的原动力终归来源于市场。不管中小企业处于产业链的位置与地位如何，由于产业链的柔性结构性质，如果企业单单依靠自身力量去消除其下游产业链上产生的不顺畅因素，必然起不到应有的作用，企业必须通过市场的力量去拉动产业链，只有通过产业链的整合才能提高对市场的快速反应能力。

随着经济全球化的不断加快和全球经济一体化不断深入，中小企业正面对越来越激烈的竞争，如何使中小企业在当前激烈的竞争环境下健康平稳发展，成为中小企业发展进程中必须面对的现实。企业核心竞争力是企业发展过程中持续获得竞争优势的来源，是企业实现客户价值最重要的资源。企业核心竞争力的影响因素可以分为四个方面：一是基础层面的要素禀赋；二是微观层面上的企业经营能力；三是中观层面，相关产业的聚合能力；四是宏观层面的国家政策法规及外部环境。在这四种因素的综合作用下，企业在面对市场竞争时，必须要依赖自我不断创新的能力，增强自身核心竞争力。传统核心竞争力理论认为企业核心竞争力是企业长期积淀而形成的，不易被改变，总是从企业个体而非产业角度探寻提升企业核心竞争力的方式。产业链竞争时代，企业应该通过某种方式实现与产业链上相互联系的企业之间的一定程度的整合，通过产业链整合把企业个体竞争优势聚集到产业链竞争力上，用产业链整体竞争替代企业个体竞争，借助产业链竞争力来培育提升企业核心竞争力。

中小企业在发展过程中，要顺应、适应竞争的全球化趋势，只有使自己融入经济全球化的过程中，才能获得最大的经济效益。我国中小企业在被动地融入全球产业链过程中处于全球产业价值链的低端环节，仅仅赚取10%的加工费。全球产业价值链呈现为“微笑曲线”，即两头上翘，中间处于底端。

在要素分工时期，国际分工中要素禀赋存在差异的企业根据个体所具有的生产要素优势参与全球经济活动，不再进行产品所有环节的经济活动，而是根据自身所具有的生产要素资源只进行产品生产过程中的特定环节。在要素分工模式里，生产一件最终产品的经济活动被分割成一连串互相联系的环节，从原材料到产品研究开发与设计，再到产品加工制造直至产品品牌营销、售后服务形成一个完整的全球产业链。从模块化分析，全球产业链可以分为三个模块，即产品研发模块、加工制造模块、产品流通模块。从产品研发到加工制造再到产品流通，不同类型的要素优势决定产业链上各个环节产品的附件价值的高低。

发达国家的企业利用自身的资本和技术优势控制着产业链的两端，根据比较优势原则进行产业链布局，把加工制造环节向发展中国家转移。发展中国家的企业由于不具备资本及核心技术优势，只能依靠自身具有的劳动力优势不得不“乐于”这种模式，只能进行加工贸易或者贴牌制造（OEM），从事全球加工制造加工环节的经济活动。但是出于全球产业链加工制造环节的加工贸易或者贴牌制造（OEM），需要投入大量自然资源和人力资源生产要素包括原材料、土地、厂房、设备、水、电等物化要素和简单活劳动，虽然这些投入巨大，甚至造成不可再生自然资源的耗竭以及自然环境的污染恶化，但是这些环节的创造的产品附加值很小，仅仅获取利润的极少部分，即10%—20%。而发达国家企业依靠占据产业链的产品设计模块和产品流通模块，赚取总利润的80%—90%。

从全球产业链来看，“微笑曲线”能逼真地显示出一个国家或地区的制造业企业在全球产业链中所处的位置与地位及获得利润的能力的高低程度，我国大部分制造业企业大部分处于被支配与控制的加工制造环节。我国中小企业由于在资金及技术方面的局限性，大多是从事传统制造产业，进行一般的加工制造，因为这些生产环节进入的门槛要求不高，只要掌握一般性技术就能生产运作。一般性的加工贸易和贴牌制造（OEM）对订单极其敏感，受制于全球产业链上的主导企业，很容易受外部经济形势影响，只有通过对所在行业的产业链进行整合才能改变其在全球产业链中的地位。

家电业即将结束单品时代，以家电集群方式满足并创造消费者需求，这一趋势在全国多个区域再次得到印证。以津晶为代表的中国家电业，在家电集群时代率先举旗，通过品牌集群向全球化进一步扩张蔓延。领先行业半个身位的津晶，用品牌协同效应向国内的不同市场开始渗透。除了占位以外，更多的是树立后家电时代的品牌标准体系。以品牌集群方式重新定义后家电时代，津晶背后有品牌、市场、资本这三股重要力量的支撑。推动家电产业品牌集群的背后，津晶凭借技术行走于江湖的特性，成为这个行业“第一个吃螃蟹”的企业。

案例十

津晶智造：集群作战的品牌力量

佛山南海区是广佛都市圈核心区，也是粤港澳大湾区世界级城市群中的重要一员，是华南重要的制造业基地，现有5万多家工业企业。有10个年产值超200亿元的产业，包括有色金属冶炼、汽车制造、电子设备等。所辖的7个镇每个镇均形成颇具特色的产业集群。南海区机械装备行业协会有会员企业250多家，主要由机械生产、经营及关联企业组成。柳州柳江在交通、产业结构、投资环境、承载条件、配套设施、营商环境等多方面都有招商优势，当前柳江区正大力实施工业高质量发展，积极承接珠三角产业转移，加快产业转型升级步伐，目前正处于撤县设区过渡期，处于同时享有市、县两级优惠政策的发展机遇期。

柳江区与津晶控股集团佛山市津晶电器有限公司联袂打造的智能家电产业集聚区，不仅标志着柳江区向融入粤港澳大湾区迈出了坚实步伐，同时，也会在柳江区工业高质量发展进程中注入新的活力，增添新的动能，写下浓墨重彩的一笔。

在智能家电领域，津晶控股集团早在2012年就开始布局。2012年，津晶推出智能云空调，拥有智能云空调大数据中心，同时也是空调行业云技术广东省地方标准的制定者；2015年，津晶建立空调“智能云+”生态系统。该项目的入驻，将引进更多先进的家电生产技术进入柳州，从而带动柳州市智能家电产业及其配套产业项目的发展，填补柳州市相关产业空白。此外，也将带动相关产业的投资，并拉动当地的就业。这也为柳州市在家电行业再出发，创造新的机遇。津晶控股集团是以家用空调、中央空调的研发、生产、销售为主，并向生活电器及冰洗（冰箱和洗衣机）等其他电器领域延伸的大型现代化企业。目前，该企业家用空调年设计产能达1000万套，是国内拥有包括压缩机在内的集群式空调产业链企业之一，业务遍及全球200多个国家和地区，目前已经发展成为年产值近200亿元的家电集团企业。

从3月28日签订项目投资框架协议到正式签约，相隔不到两个月，这足以说明双方合作的诚意与决心。柳州作为广西最大的工业城市，地理位置优越，工业基础雄厚。柳州市不仅面向西南，而且背靠东盟。该项目定位为西南基地，将覆盖我国西南、部分华南地区，以及东盟国家。柳州市及柳江区政府部门非常务实，给企业投资兴业提供了良好的政策。公司被柳州得天独厚的自然和丰厚的条件吸引，为柳州市和柳江区的开放包容、真诚热情感动，促成了公司来柳州投资兴业，共谋发展。

粤桂智能家电产业集聚区项目是津晶控股集团家电产业链的重要战略布局。项目建成后，业务范围将覆盖我国西南、华南地区，对于柳江融入“一带一路”，扩大对东南亚地区家电产品的出口，带动智能家电及其配套产业向柳江集聚，填补柳江区乃至柳州市产业空白，持续优化产业结构，推进柳江经济社会高质量发展具有重大而深远的意义。

有了津晶这一品牌的带动，智能家电产业集聚区的产业定位以“一品双智”为引领，积极对接粤港澳家电产业带，打造家电产业集群先发地区：“一品”即品牌引领，打造“品牌家电集群”，“双智”即打造“智能制造”和“智慧家居”的智能家电行业标杆。可以预见的是，未来柳江将以推动精益制造为核心，建设以家电智造创新中心为代表的生产性服务平台，高标准建成家电制造品牌家电智能展厅，重点发展智能制造、检验检测、电商服务三个板块业务，为企业提供智能制造一体化服务，并依托粤港澳大湾区的家电制造技术和高校技术研发，提升家电产业的核心竞争力。

在过去短短一年中，津晶在华南、华北皆有布局，也积极开拓海外市场，既有全球市场销售带来的荣耀，还有极致本土化带来的品牌溢价。

已经开工的宿迁经开区津晶智能家电产业园项目，计划总投资30亿元，主要从事各类智能家电产品的研发、生产和销售，项目建成后可实现年开票销售45亿元以上，项目建成后将成为当地智能家电产业的重要一环：一期工程先上的是冰箱、洗衣机、空调，同时计划在明年投资建设300万台的空调生产基地，整体的一期工程在明年下半年投入。项目是经济发展的重要支撑，加快速度，政企合力，像家电产业园项目这样的契合当地产业发展的项目呈现出更加健康、更加有序的态势，也将为高质量发展奠定了更加坚实的基础。

品牌集群不仅仅是业态的创新，更是资源整合的历史高度。通过遍布中国各区的产业集群以及品牌效应，津晶家电品牌的协同性将会进一步加强，在技术上，将会进一步打破家电行业全球技术互通的壁垒，带动行业良性发展。在品牌协同效应方面，将会进一步整合渠道，将所有渠道与旗下品牌共享，实现对全球市场与客户的覆盖。

对津晶来说，品牌集群效应的另一个意义在于，将实现品牌“走出去”与“请进来”的策略，弥补不同群体的市场空白。用市场的力量撬动品牌，用品牌集群的力量前行，津晶肯定会改变的是中国家电行业的市场格局。

7月19日，在柳州市委书记郑俊康、市长吴炜、副市长侯刚，柳江区委书记区军雄、区长玉秋静以及津晶控股集团董事长江国民等领导嘉宾的见证下，粤桂智能家电产业集聚区项目第一台津晶洗衣机下线仪式成功举行。这标志着曾经在柳州工业历史发展中有着重要地位的家电产业，实现了脱胎换骨、焕发了新的生机与活力！

据介绍，粤桂智能家电产业集聚区项目从5月份签约到7月份投产到第一台津晶洗衣机下线，仅用了不到三个月时间，创造了工业高质量发展的“柳江速度”。首台津晶洗衣机下线，标志着粤桂智能家电产业集聚区项目进入了新的更高发展阶段。

柳江区委书记区军雄表示，柳江将以津晶控股集团以第一台洗衣机下线为新的起点，不断增强核心竞争力，大力发展配套产业，延长产业链条，壮大产业规模，实现持续发展。柳江将一如既往地优化营商环境，为项目建设提供最好的环境、最优的服务，为企业发展壮大保驾护航。

当前，柳州持续贯彻落实自治区党委、区政府关于加快“东融”发展，全面对接融入粤港澳大湾区的重大部署，以打造成为广西对接融入粤港澳大湾区的开放型经济

第一台产自柳江的志高洗衣机下线啦！

新高地、东西协同发展新示范、先进要素集聚新空间为目标，充分发挥产业配套、交通物流等优势，不断优化营商环境，大力引进津晶控股集团共建粤桂智能家电产业集聚区，为柳州加快建设现代制造城，积极构建以先进制造业为主的产业新体系、实现工业高质量发展注入了强劲动力。

据悉，津晶控股集团是一家拥有多个家电品牌的国内外知名企业，柳州市与津晶控股集团合作建设粤桂智能家电产业集聚区，是津晶控股集团在智能家电商业领域的大胆实践项目，规划用地面积1000亩，总投资25亿元人民币。主要生产、销售津晶控股集团及同行业品牌冰箱、洗衣机、空调等智能家电产品。项目竣工投产后实现年产冰箱、洗衣机约300万台套，家用、商用空调约300万台套，三年内预计实现年销售收入65亿元以上，五年内实现销售收入100亿元以上。

结语

引领中国家电行业走在时代前列

回顾中国家电行业40年的变革，我们先来看一组数据：1978年，中国家电工业总产值只有4.2亿元。2017年中国家电全行业主营业务收入达到1.5万亿元，增长3500多倍；利润达1169亿元，增长近4000倍；出口总额为624亿美元，增长2200多倍。

这样强烈的数据反差，体现在产业发展和人民生活中同样是强烈而令人震撼的。1978年中国电冰箱年产量是2.8万台，电风扇年产量是1.3万台，洗衣机、空调的年产量只有几百台，冰箱和空调当时主要供医疗、科研单位使用，很少有家庭使用，全中国大部分家庭是没有家用电器的。当时中国人结婚的“三大件”是自行车、手表和缝纫机，极少数高干、高知家庭才有一两台家电。

十一届三中全会提出，全党的工作重点要转移到社会主义现代化建设上来，所以三中全会以后国民经济大发展，人民生活水平提高，也给家电工业的发展创造了有利条件。1978年以后，中国一些机构和企业通过出国考察，跟国外进行技术交流，开始进口散件组装，并引进国外的技术设备，这是家电工业加速发展的开端。

1983年，广州万宝率先从新加坡引进了一条二手电冰箱生产线，这个引进项目在全国产生了很大影响。当年投产以后，全国各地的轻工业局、家电公司、生产企业都去万宝学习，从此以后，全国家电行业掀起了一股引进国外设备的高潮，与此同时中国人对家电的购买量也逐渐上升，“老三大件”逐步被“新三大件”——冰箱、洗衣机和电视机取代。用上第一台家电的幸福感在20世纪80年代初期的中国家庭中快速蔓延，家电业发展速度远远超出了预期——1985年，我国冰箱产量就已经达到145万台，洗衣机产量达到了887万台；1988年，冰箱产量达到了755万台，洗衣机达到了1046万台，电风扇产量达到了4400万台——中国家电行业的发展创造了全球绝无仅有的高速度。

这样的高速一直延续到今天，40年前在规划中遥不可及的100万台冰箱年产量，如今只是一家中小型企业的产量标准，中国几乎全部家电产品的制造规模都处在全球遥遥领先的地位。20世纪80年代初期，当家电产品被老百姓接受时，家电的供不应求就开始出现，这种情况持续多年。当时买家电需要凭票购买，消费者没有选择的余地，能买到就不错了。市场上只要有家电，几乎都被抢购一空。家电业发展初期持续供不应求的状态导致了一系列问题的发生，一是全国各地盲目引进家电生产设备，大干快上；二是产量激增的同时，质量问题频发；三是产业野蛮生长，缺乏管理能力以及市场意识。

当20世纪80年代末、90年代初的国内经济大调整到来时，产能过剩、质量不过关、管理低效等问题在家电产业集中爆发出来。家电产品从短缺一下子变成了过剩，产品大量积压，很多企业陷入困境。这种情况也给企业敲响了警钟：只有增强家电企业的质量、创新、品牌意识，才能使家电行业成为我国经济体制和经济增长方式转变过程中最具活力的行业之一。

加入WTO让中国家电行业及时抓住了全球产业转移的历史机遇，承接了世界家电制造业转移的接力棒，确立了中国成为全球家电制造大国的地位。40年来，积极参与全球竞争，让中国家电工业在全球产业分工价值链中不断升级，从产品“走出去”到品牌“走出去”，进而实现全球生产、研发、品牌布局，呈现群体崛起势头。

事实上，中国家电从最初的引进技术到逐步拥有自主创新能力，再到现在努力通过创新引领全球产品态势，经历了两次重要的飞跃：第一次是在20世纪80年代末90年代初，经历产品积压、质量危机等一系列问题之后，中国家电企业痛定思痛，开始将产品创新提到了新的高度；第二次，则发生在2012年至今，在中国家电经历了大规模普及之后，市场再次出现供过于求，在消费理念快速升级的情况下，中国家电企业集中展现出以产品力提升为核心的转型战略，这样的转型甚至早于国家提出“供给侧改革”的时间。

40年来，中国家电行业培养出了一大批刻苦钻研的优秀家电科技工作者及产业工人队伍，这是中国家电行业快速崛起的宝贵财富；同时，也涌现出一批善于学习、具有超前眼光、有改革和创新精神的优秀企业家，引领中国家电行业走在时代的前列。当前中国经济面临转型，新一轮科技和产业革命正在兴起，世界政治经济充满不确定性，所有这些，将给中国家电行业带来前所未有的挑战。5G、物联网、大数据、人工智能等新技术正迅速走向规模化应用，智能社会、智能生活即将来临，所有这些将给中国家电行业带来新的发展机遇。

万物互联的智能生活近在咫尺，人工智能等新技术正深刻地改变人们的生活方式和生产方式。中国家电必须主动拥抱智能化的未来，用智能技术为家电行业赋能。要结合未来智能生活场景，融合应用各种前沿技术，为用户提供体验更好的智能家电。通过不断提升企业自动化、智能化、信息化水平，逐步实现决策、研发、供应链、制造、营销，服务全产业链的数字化、智能化，实现智能制造和智能管理。

中国要成为全球家电强国，必须拥有强大的自主品牌。只有努力提升中国家电品牌美誉度，用自主知识产权和核心技术奠定坚实的品牌基础，用一流的产品质量、设计和服务提升产品档次和用户体验，才能满足全球消费者的需要，提高中国家电品牌的国际影响力。

互联网等新技术的快速发展和应用，正在重构家电产业生态圈的合作方式，也让产业边界日益模糊。中国家电产业要以更加开放的理念、更加包容的胸怀、更加进取的精神，实现思维、意识和方法上的多维度跨界、融合，打造新型家电生态圈，实现优势互补，合作共赢。

40年来沧海桑田般的行业巨变，令每一个从业人员都备受震撼。中国的家电企业家，只有始终保持着极强的创新意识、超前的发展理念，才能不断突围和突破，实现新时期的新发展。

柳州立志重振家电产业：重点发展空调冰箱洗衣机，还要造电视机和小家电

发展思路

柳州将全面贯彻落实党中央、国务院关于建设制造强国的战略部署和全区工业高质量发展大会精神，通过龙头企业的引进，实现智能家电产业集聚，逐步形成覆盖全产业链的智能家电制造基地，打造立足西南，面向东盟，辐射“一带一路”的智能家电产业基地。

发展定位

以发展智能、健康、节能、环保的中高端电器为主线，重点发展空调、冰箱、洗衣机等白色家电，积极发展电视机等黑色家电、协调发展厨房和家居用小家电，形成白色家电、黑色家电、小家电等多点发展格局。同步发展智能家居生态硬件产品。

2019年10月12日，柳州市委书记郑俊康主持召开市委常委会会议，审议通过了《柳州市促进智能家电产业发展的若干措施》

发展目标

到2022年，全市智能家电产业规模达到100亿元，智能家电产业集群初步形成，上下游产业配套基本完善。到2025年，争取产业规模达到300亿元。

主要任务

（一）拓展合作深度与广度，培育壮大龙头企业。

（二）加大招商引资力度，构建完整产业链。

（三）鼓励提高本地配套率，提高产业综合实力。

（四）加强自主创新，提升行业整体技术水平。

（五）优化营商环境，加速产业发展。

保障措施

（一）支持企业转型升级。安排资金支持智能家电产业发展、提高财政资金对家电企业技改项目的补助比例、鼓励和引导市级产业发展基金以股权投资等方式支持家电重点项目建设。

（二）鼓励招商引资。根据新引进的项目投资额，最高给予300万元奖励。

（三）鼓励创新提质。鼓励企业加大研发平台建设力度，对获得国家级、自治区级认可的新建工程技术研究中心或企业技术中心或工业设计中心的企业，分别给予一次性奖励1000万元、300万元；鼓励企业做大做强，根据当年销售收入，最高给予200万元一次性奖励。